Golfregeln
ILLUSTRIERT
2010

INHALT

Vorwort	3
Die wichtigsten Änderungen	4
Einige Hinweise für die Benutzung des Regelbuchs	5
Eine kurze Einführung in die Golfregeln	6

ABSCHNITT I
ETIKETTE, VERHALTEN AUF DEM PLATZ — 10

ABSCHNITT II
ERKLÄRUNGEN — 13

ABSCHNITT III
REGELN — 24

Das Spiel
1. Das Spiel — 24
2. Lochspiel — 27
3. Zählspiel — 30

Schläger und Ball
4. Schläger — 32
5. Der Ball — 39

Die Verantwortlichkeit des Spielers
6. Der Spieler — 43
7. Üben — 52
8. Belehrung; Spiellinie angeben — 55
9. Auskunft über Schlagzahl — 57

Spielfolge
10. Spielfolge — 58

Abschlag
11. Abschlag — 62

Spielen des Balls
12. Ball suchen und identifizieren — 64
13. Ball spielen, wie er liegt — 68
14. Der Schlag nach dem Ball — 74
15. Neu eingesetzter Ball; falscher Ball — 79

Das Grün
16. Das Grün — 82
17. Der Flaggenstock — 88

Ball bewegt, abgelenkt oder aufgehalten
18. Ball in Ruhe bewegt — 92
19. Ball in Bewegung abgelenkt oder aufgehalten — 98

Erleichterung und Erleichterungsverfahren
20. Aufnehmen, Fallenlassen und Hinlegen; Spielen von falschem Ort — 103
21. Ball reinigen — 112
22. Ball unterstützt oder behindert Spiel — 112
23. Lose hinderliche Naturstoffe — 115
24. Hemmnisse — 117
25. Ungewöhnlich beschaffener Boden, eingebetteter Ball und falsches Grün — 127
26. Wasserhindernisse (einschließlich seitlicher Wasserhindernisse) — 135
27. Ball verloren oder im Aus; provisorischer Ball — 141
28. Ball unspielbar — 147

Besondere Spielformen
29. Dreier und Vierer — 150
30. Dreiball-, Bestball- und Vierball-Lochspiel — 152
31. Vierball-Zählspiel — 156
32. Wettspiele gegen Par und nach Stableford — 159

Wettspielordnung
33. Die Spielleitung — 161
34. Entscheidung in strittigen Fällen — 166

ANHANG
Inhalt — 169

Anhang I
A Platzregeln — 170
B Musterplatzregeln — 171
C Wettspielausschreibung — 179

Anhang II
Form von Schlägern — 185

Anhang III
Der Ball — 191

▶ VORWORT

Diese Ausgabe der „*Golfregeln Illustriert*" bezieht sich auf die Golfregeln, die ab 1. Januar 2008 gelten. Es hat eine Reihe von Änderungen in der letzten Überarbeitung der Regeln gegeben, hauptsächlich um bestimmte Regeln zu vereinfachen oder klarzustellen, bei denen es bisher Verständnisprobleme gegeben hatte. Diese Änderungen sind zusammen mit dem Inhalt einer Anzahl offizieller Entscheidungen in der jetzigen Auflage enthalten und sollen bei der Interpretation und Anwendung der Regeln helfen.

Während das *Regelbuch* notwendigerweise so kurz und knapp wie möglich gefasst ist und dazu gedacht ist, es einfach in der Tasche oder im Golfbag mit sich führen zu können, ist „Golfregeln Illustriert" als Nachschlagewerk und Begleiter des Regelbuches gedacht. Es wurde dazu entwickelt, durch Fotos, Zeichnungen und Beschreibungen von Regelfällen in Turnieren das Bewusstsein und das Verständnis für die Regeln zu fördern.

Dies ist die 14. Auflage von „*Golfregeln Illustriert*". Sein Stil und sein Format entwickeln sich nach der Resonanz von Golfspielern auf die früheren Ausgaben fort. Wir hoffen sehr, dass Sie die neue Ausgabe gerne lesen und davon profitieren.

Ebenso möchten wir Ihre Aufmerksamkeit auf den vierseitigen Text „Eine kurze Einführung in die Golfregeln" lenken, der seit 2008 erstmals im Regelbuch erscheint. Wer den Inhalt dieser Einführung beherrscht, hat ein großes Stück des Weges zum Verständnis der eigentlichen Golfregeln geschafft.

ALAN W. J. HOLMES
Chairman, Rules of Golf Committee,
R&A Rules Limited

R&A Rules Limited
Mit Wirkung vom 1. Januar 2004 wurden die Verantwortung und Zuständigkeit des Royal and Ancient Golf Club of St. Andrews in der Festlegung, der Interpretation und dem Erlassen von Entscheidungen zu den Golfregeln R&A Rules Limited übertragen.

Geschlecht
Die in den Golfregeln benutzte Bezeichnung des Geschlechts für irgendeine Person bezieht sich stets auf beide Geschlechter.

Golfspieler mit Behinderung
Die R&A-Veröffentlichung „Anpassung der Golfregeln für Golfspieler mit Behinderung" enthält die erlaubten Anpassungen der Golfregeln für behinderte Golfspieler und ist durch R&A Rules Limited erhältlich.

DIE WICHTIGSTEN ÄNDERUNGEN IN DER AUSGABE 2008

Allgemeines
Die Regeländerungen fallen allgemein in zwei Bereiche: (1) die, die das Verständnis der Regeln verbessern, und (2) die, die Strafen unter bestimmten Umständen reduzieren, damit diese verhältnismäßig sind.

Erklärungen
Belehrung
Erweitert, um den Austausch von Entfernungsangaben zu erlauben, da dies nicht als Belehrung angesehen wird.
Wettkampfarten
Erklärung zurückgezogen und durch zwei neue Erklärungen „Spielformen des Lochspiels" und „Spielformen des Zählspiels" ersetzt.
Verlorener Ball
Erweitert zur Verdeutlichung von Situationen des „Neu eingesetzten Balls" und Einbeziehung des Prinzips von „Strafschlag und Distanzverlust" (siehe entsprechende Änderungen in den Regeln 18-1, 24-3, 25-1c, 26 und 27-1).

Regeln
Regel 1-2 Beeinflussung des Balls
Anmerkung hinzugefügt, die verdeutlicht, was einen schwerwiegenden Verstoß gegen Regel 1-2 darstellt.
Regel 4-1 Form und Machart von Schlägern /
4-2 Veränderte Spieleigenschaften und Fremdstoff; Strafenvermerk
Die Strafe der Disqualifikation für das Mitführen, jedoch nicht Benutzen, eines nicht mit den Regeln in Einklang stehenden Schlägers oder eines Schlägers, der Regel 4-2 verletzt, wird auf die gleiche Strafe, wie für das Mitführen von mehr als 14 Schlägern reduziert.
Regel 12-1 Ball suchen; Ball sehen
Erweitert, um die Suche eines Balls im Hemmnis mit einzuschließen.
Regel 12-2 Ball identifizieren
Erweitert, um einem Spieler zu erlauben, seinen Ball zum Identifizieren im Hindernis aufzunehmen (siehe entsprechende Änderung zu Regel 15-3, strafloses Spielen eines falschen Balls im Hindernis entfällt).
Regel 13-4 Ball im Hindernis, Unzulässige Handlungen
Ausnahme 1 zur Verdeutlichung erweitert; Ausnahme 2 erweitert mit Verweis auf Regel 13-2 und die Bezugnahme auf „dem Spieler beim weiteren Spiel des Lochs von Nutzen ist" entfernt; Ausnahme 3 eingeführt, um einen Spieler unter bestimmten Umständen vor einer Strafe nach Regel 13-4a (Beschaffenheit des Hindernisses prüfen) zu befreien.
Regel 14-3 Künstliche Hilfsmittel, ungebräuchliche Ausrüstung und ungebräuchliche Nutzung von Ausrüstung
Erweitert um Verweis auf die ungebräuchliche Nutzung von Ausrüstung (siehe auch neue Ausnahme zur Nutzung von Ausrüstung in einer herkömmlichen Art und Weise) und neue Ausnahme eingefügt für Spieler mit Behinderung, die künstliche Hilfsmittel oder ungebräuchliche Ausrüstung verwenden.
Anmerkung hinzugefügt, die die Einführung einer Platzregel gestattet, die den Gebrauch von Entfernungsmessern zulässt; bisher nur durch eine Entscheidung zu den Golfregeln erlaubt.
Regel 15-2 Neu eingesetzter Ball
Ausnahme eingeführt, die eine „Doppelstrafe" vermeidet, wenn ein Spieler fälschlicherweise einen Ball einsetzt und diesen vom falschen Ort spielt (siehe entsprechende Änderung zu Regel 20-7c).
Regel 15-3 Falscher Ball
Erweitert; strafloses Spielen eines falschen Balls im Hindernis entfällt (siehe entsprechende Änderung in Regel 12-2, die das Identifizieren des Balls im Hindernis erlaubt).
Regel 16-1e Über oder auf der Puttlinie stehen
Ausnahme eingeführt, nach der keine Strafe anfällt, wenn die Handlung unabsichtlich war oder um zu vermeiden, auf der Puttlinie eines anderen Spielers zu stehen (bisher nur durch eine Entscheidung erlaubt).
Regel 18 Ball in Ruhe bewegt
Strafenvermerk ergänzt, um „Doppelstrafe" zu vermeiden, wenn ein Spieler seinen Ball ohne anwendbare Regel aufnimmt und fälschlich einen Ball ersetzt (siehe entsprechende Änderungen der Regeln 15-2 und 20-7c).
Regel 18-1 Ball in Ruhe bewegt; Durch Nicht zum Spiel Gehöriges
Anmerkung hinzugefügt, die das Verfahren verdeutlicht, falls ein Ball durch etwas Nicht zum Spiel Gehöriges bewegt sein könnte.
Regel 19-2 Ball in Bewegung abgelenkt oder aufgehalten; Durch Spieler, Partner, Caddie oder Ausrüstung
Strafe sowohl im Lochspiel wie auch Zählspiel auf einen Schlag reduziert.
Regel 20-3a Hinlegen und Zurücklegen; Durch wen und wohin
Strafe für das Hinlegen oder Zurücklegen eines Balls durch die falsche Person auf einen Schlag reduziert.
Regel 20-7c Vom falschen Ort spielen: Zählspiel
Anmerkung hinzugefügt, um „Doppelstrafe" zu vermeiden, wenn ein Spieler vom falschen Ort spielt und fälschlich einen Ball ersetzt (siehe entsprechende Änderung zu Regel 15-2).
Regel 24-1 Bewegliches Hemmnis
Es ist zulässig, den bedienten, entfernten oder hochgehaltenen Flaggenstock zu entfernen, wenn ein Ball in Bewegung ist.
Regel 24-3 Ball im Hemmnis nicht gefunden
Regel 25-1c Ball in ungewöhnlich beschaffenem Boden nicht gefunden
Regel 26 Wasserhindernisse (einschließlich seitlicher Wasserhindernisse)
Regel 27-1 Strafschlag und Distanzverlust; Ball im Aus, Ball nicht innerhalb von fünf Minuten gefunden

In den oben aufgeführten Regeln wurde der Begriff „berechtigte Anzeichen" durch „bekannt oder so gut wie sicher" ersetzt, wenn zu bestimmen ist, ob ein nicht gefundener Ball als in einem Hemmnis (Regel 24-3), in ungewöhnlich beschaffenem Boden (Regel 25-1c) oder in einem Wasserhindernis (Regel 26-1) angesehen werden darf. Siehe entsprechende Änderungen der Erklärung „Verlorener Ball" und Regel 18-1.

Anhang I
Schnittkanten von Grassoden
Neue Musterplatzregel hinzugefügt.

Zeitweilige unbewegliche Hemmnisse
Ziffer II der Musterplatzregel um eine zusätzliche Anforderung erweitert, dass Erleichterung wegen Beeinträchtigung nur gewährt wird, wenn sich das zeitweilige unbewegliche Hemmnis auf der Spiellinie des Spielers befindet.

Anhang II
Verstellbarkeit
Erweitert, um Möglichkeiten der Verstellbarkeit zusätzlich zu Gewichtsänderungen zuzulassen, vorbehaltlich der Beurteilung durch den R&A.

Schlägerkopf; Glatte Form
Erweitert, um die Bedeutung von „Glatte Form" zu verdeutlichen und einige unzulässige Merkmale aufzuführen; bisher in den Richtlinien zu Ausrüstungs-Regeln enthalten.

Schlägerkopf; Abmessungen, Volumen und Trägheitsmoment
Abschnitte ergänzt zu Trägheitsmoment und Abmessungen von Putterköpfen; bisher in den Richtlinien zu Ausrüstungs-Regeln und Testverfahren enthalten.

Schlägerkopf; Trampolineffekt und dynamische Eigenschaften
Neuer Abschnitt zum Trampolineffekt hinzugefügt. Der im „Pendel-Test-Verfahren" festgehaltene Grenzwert gilt nun für alle Schläger (außer Putter) und in allen Formen des Spiels; bisher in den Wettspielbedingungen geregelt.

EINIGE HINWEISE FÜR DIE BENUTZUNG DES REGELBUCHS

Es ist verständlich, dass nicht jeder, der ein Regelbuch besitzt, dieses von Anfang bis zum Ende liest. Die meisten Golfspieler schauen nur dann in das Regelbuch, wenn sie einen Regelfall auf dem Platz zu lösen haben. Um jedoch sicherzustellen, dass Sie ein Grundverständnis der Regeln haben und Golf in einer vernünftigen Art und Weise spielen, wird empfohlen, dass Sie zumindest die „Kurze Einführung in die Golfregeln" und den Abschnitt „Etikette" lesen, die in diesem Buch enthalten sind.

Um die richtige Antwort auf Regelfragen auf dem Platz zu erhalten, sollte Ihnen die Verwendung des Registers der Golfregeln helfen, die zutreffende Regel zu finden. Bewegt z. B. ein Spieler versehentlich seinen Ballmarker beim Aufnehmen des Balls auf dem Grün, so stellen Sie die zutreffenden Schlüsselwörter fest wie „Ballmarker", „Aufnehmen des Balls" und „Grün" und suchen dann im Register nach diesen Stichworten. Die zutreffende Regel (Regel 20-1) ist unter den Stichworten „Ballmarker" und „Aufnehmen des Balls" zu finden und das Lesen der Regel wird die richtige Antwort bestätigen.

Zusätzlich zum Feststellen der Schlüsselwörter und der Verwendung des Registers der Golfregeln werden die nachfolgenden Punkte Ihnen helfen, das Regelbuch effizient und richtig anzuwenden:

BEDEUTUNG DER EINZELNEN WÖRTER
Alle Wörter im Regelbuch sind sehr präzise und wohl überlegt ausgewählt. Man sollte die unterschiedliche Bedeutung der nachfolgend aufgeführten Wörter kennen und verstehen:
- „Darf, kann" (z. B., der Spieler darf seinen Schlag annullieren) bedeutet, dass die Handlung wahlweise ist
- „Sollte" (z. B., der Zähler sollte die Schlagzahlen vergleichen) ist eine Empfehlung, es ist aber nicht zwingend erforderlich
- „Muss" (z. B. die Schläger des Spielers müssen mit den Regeln übereinstimmen) bedeutet, es ist eine Anweisung und es gibt eine Strafe wenn es nicht befolgt wird

- „Ein Ball" (z. B. einen Ball hinter einer Stelle fallen lassen) heißt, man darf einen anderen Ball einsetzen (z. B. Regeln 26, 27 oder 28)
- „Der Ball" (z. B., der Spieler muss den Ball aufnehmen und fallen lassen), man darf keinen anderen Ball einsetzen (z. B. Regeln 24-2 oder 25-1)

DIE ERKLÄRUNGEN KENNEN
In den Erklärungen sind über fünfzig definierte Begriffe (z. B. Ungewöhnlich beschaffener Boden, Gelände) aufgeführt, die die Grundlage für das gesamte Regelwerk bilden. Eine gute Kenntnis dieser Begriffe, die in Kursivschrift gedruckt sind, ist besonders wichtig für die korrekte Anwendung der Golfregeln.

Der zugrunde liegende Sachverhalt
Damit man eine Regelfrage beantworten kann, muss man den Sachverhalt einwandfrei klären. Daher sollte man feststellen:
- Die Spielform (z. B. Lochspiel oder Zählspiel, Einzel, Vierer oder Vierball).
- Wer ist betroffen (z. B. der Spieler, sein Partner oder Caddie, etwas Nicht zum Spiel Gehöriges)?
- Wo hat sich der Vorfall zugetragen (z. B. auf dem Abschlag, in einem Bunker oder Wasserhindernis, auf dem Grün)?
- Was ist tatsächlich vorgefallen?
- Der zeitliche Ablauf des Vorfalls (z. B. hat der Spieler seine Zählkarte schon eingereicht, ist das Wettspiel beendet).

BEZUGNAHME AUF DAS REGELBUCH
Wie oben ausgeführt, sollte die Bezugnahme auf das Register des Regelbuchs und die zutreffende Regel in der Mehrzahl der Regelfragen, die auf dem Platz entstehen, die Antwort liefern. Im Zweifelsfall sollte man den Platz so bespielen, wie man ihn vorfindet und den Ball spielen, wie er liegt. Nach der Rückkehr ins Clubhaus sollten Sie den Fall der Spielleitung vortragen; es könnte sein, dass die Einsichtnahme in die „Entscheidungen zu den Golfregeln" hilft, Fragen zu beantworten, die sich nicht vollkommen klar mit dem Regelbuch selbst beantworten lassen.

EINE KURZE EINFÜHRUNG IN DIE GOLFREGELN

Da Golf ein Spiel ist, in dem die Spieler selbst die Regeln anwenden, sollten alle Spieler die Grundlagen der Golfregeln in dieser Einführung gut kennen. Diese Einführung ist jedoch kein Ersatz für die Golfregeln, die zu Hilfe genommen werden sollten, sobald Zweifel auftreten. Weitere Informationen zu den jeweiligen Punkten in dieser Einführung sind in der zutreffenden Regel zu finden.

Allgemeines

Vor Beginn der Runde:
- Lesen Sie die Platzregeln auf der Zählkarte oder am schwarzen Brett.
- Versehen Sie Ihren Ball mit einer Kennzeichnung zur Identifizierung. Viele Spieler verwenden einen Ball gleicher Marke und Typs; wenn Sie Ihren Ball nicht identifizieren können, gilt er als verloren. (Regeln 12-2 und 27-1)
- Zählen Sie ihre Schläger. Sie dürfen maximal 14 Schlager mitführen. (Regel 4-4)

Während der Runde:
- Fragen Sie niemanden nach „Belehrung" außer Ihren Partner (ein Spieler aus Ihrer Partei) oder Ihre Caddies. Geben Sie niemandem Belehrung außer ihrem Partner. Sie dürfen nach Informationen zu den Regeln, Entfernungen, Lage von Hindernissen, des Flaggenstocks usw. fragen. (Regel 8-1)
- Spielen Sie keine Übungsschläge während des Spielens eines Lochs. (Regel 7-2)

Am Ende der Runde:
- Vergewissern Sie sich im Lochspiel, dass das Ergebnis bekannt gegeben wird.
- Vergewissern Sie sich im Zählspiel, dass Ihre Zählkarte vollständig ausgefüllt ist und reichen Sie diese sobald wie möglich ein. (Regel 6-6)

DIE REGELN

Abschlag (Regel 11)

Spielen Sie Ihren Abschlag von einem Punkt zwischen und nicht vor den Abschlagmarkierungen.

Sie dürfen Ihren Abschlag von einer Stelle bis zu zwei Schlägerlängen hinter der Vorderkante der Abschlagmarkierungen spielen.

Spielen Sie Ihren Abschlag von außerhalb des Abschlags, so ist dies im Lochspiel straflos, aber der Gegner darf verlangen, dass Sie den Schlag wiederholen; im Zählspiel ziehen Sie sich zwei Strafschläge zu und der Fehler muss berichtigt werden, indem von innerhalb der Abschlagmarkierungen gespielt wird.

Spielen des Balls (Regeln 12, 13, 14, und 15)

Glauben Sie, ein Ball könnte Ihr Ball sein, sehen aber Ihre Kennzeichnung zur Identifizierung nicht, so dürfen Sie die Lage dieses Balls mit Zustimmung des Gegners oder Zählers markieren und ihn zum Identifizieren aufnehmen. (Regel 12-2)

Spielen Sie Ihren Ball, wie er liegt. Verbessern Sie nicht die Lage, den Raum des beabsichtigten Standes oder Schwunges oder Ihre Spiellinie durch Bewegen, Biegen oder Brechen von irgendetwas Befestigtem oder Wachsendem, außer beim redlichen Beziehen Ihrer Standposition oder im Schlag. Verbessern Sie nicht die Lage Ihres Balls indem Sie etwas niederdrücken. (Regel 13-2)

Ist Ihr Ball in einem Bunker oder Wasserhindernis, berühren sie nicht den Boden in einem dieser Hindernisse oder das Wasser im Wasserhindernis, weder mit der Hand noch dem Schläger vor Ihrem Abschwung. Bewegen Sie keine losen hinderlichen Naturstoffe. (Regel 13-4)

Sie müssen Ihren Schläger schwingen und einen Schlag nach dem Ball machen. Es ist nicht zulässig, den Ball zu stoßen, zu kratzen oder zu löffeln. (Regel 14-1)

Spielen Sie einen falschen Ball, so verlieren Sie im Lochspiel das Loch; im Zählspiel ziehen Sie sich zwei Strafschläge zu und müssen den Fehler berichtigen, indem Sie den richtigen Ball spielen. (Regel 15-3)

Auf dem Grün (Regeln 16 und 17)

Auf dem Grün dürfen Sie die Lage Ihres Balls kennzeichnen, ihn aufnehmen und reinigen. Legen Sie den Ball immer genau an dieselbe Stelle zurück. (Regel 16-1b)

Sie dürfen Balleinschlaglöcher und alte Lochpfropfen ausbessern, aber keine anderen Beschädigungen wie z. B. Spikemarken. (Regel 16-1c)

Beim Spielen eines Schlags auf dem Grün sollten Sie sich vergewissern, dass der Flaggenstock entfernt oder bedient wird. Der Flaggenstock darf auch bedient oder entfernt werden, wenn der Ball außerhalb des Grüns liegt. (Regel 17)

Ball in Ruhe bewegt (Regel 18)

Ist Ihr Ball im Spiel, so ziehen Sie sich im Allgemeinen einen Strafschlag zu, wenn Sie zufällig verursachen, dass Ihr Ball sich bewegt, ihn aufnehmen wenn es nicht zulässig ist oder wenn er sich bewegt, nachdem Sie ihn angesprochen haben. Sie müssen den Ball dann zurücklegen. Beachten Sie jedoch die Ausnahmen zu Regel 18-2a. (Regel 18-2)

Wird Ihr Ball in Ruhe durch etwas anderes bewegt oder wurde er durch einen anderen Ball bewegt, so legen Sie ihn straflos zurück.

Ball in Bewegung abgelenkt (Regel 19)

Wird ein von Ihnen geschlagener Ball von Ihnen, Ihrem Partner, Ihrem Caddie oder Ihrer Ausrüstung abgelenkt oder aufgehalten, so rechnen Sie sich einen Strafschlag an und spielen den Ball wie er liegt. (Regel 19-2)

Wird ein von Ihnen geschlagener Ball von einem anderen Ball in Ruhe abgelenkt oder aufgehalten, so ist dies straflos und der Ball wird gespielt wie er liegt, ausgenommen im Zählspiel, dort ziehen Sie sich zwei Strafschläge zu, wenn sowohl Ihr Ball und der andere Ball auf dem Grün lagen bevor sie spielten. (Regel 19-5a)

Aufnehmen, Fallenlassen und Hinlegen des Balls (Regel 20)

Bevor ein Ball aufgenommen wird, der danach zurückgelegt werden muss (z. B. wenn der Ball auf dem Grün aufgenommen wurde, um ihn zu reinigen), so muss die Lage des Balls gekennzeichnet werden. (Regel 20-1)

Wird der Ball aufgenommen, um ihn an einem anderen Ort fallen zu lassen oder hinzulegen (z. B. fallen lassen innerhalb zweier Schlägerlängen nach Regel „Ball unspielbar"), so wird nicht zwingend verlangt, seine Lage zu kennzeichnen, es wird jedoch empfohlen.

Stehen Sie beim Fallenlassen aufrecht, halten Sie den Ball mit ausgestrecktem Arm auf Schulterhöhe und lassen ihn fallen.

Ein fallen gelassener Ball muss erneut fallen gelassen werden, wenn er in eine Lage rollt, in der die Behinderung durch den Umstand besteht, von dem Erleichterung in Anspruch genommen wurde (z. B. ein unbewegliches Hemmnis);

wenn er mehr als zwei Schlägerlängen von dem Punkt zur Ruhe kommt, an dem er fallen gelassen wurde; oder

wenn er näher zum Loch zur Ruhe kommt als seine ursprüngliche Lage, dem nächsten Punkt der Erleichterung, oder dem Punkt, an dem er zuletzt die Grenze eines Wasserhindernisses gekreuzt hat.

Es gibt insgesamt neun Fälle, in denen ein fallen gelassener Ball erneut fallen gelassen werden muss. Sie sind alle in Regel 20-2c enthalten.

Wird ein Ball ein zweites Mal fallen gelassen

und rollt erneut in eine dieser o. g. Lagen, so legen Sie ihn dort hin, wo er beim zweiten Fallenlassen erstmals auf den Boden auftraf. (Regel 20-2c)

Ball unterstützt oder behindert Spiel (Regel 22)

Sie dürfen Ihren Ball aufnehmen oder einen anderen Ball aufnehmen lassen, wenn Sie der Ansicht sind, der Ball könne einen anderen Spieler unterstützen.

Sie dürfen nicht zustimmen, einen Ball an seinem Ort liegen zu lassen um damit einen anderen Spieler zu unterstützen.

Sie können jeden Ball aufnehmen lassen, wenn dieser Ihr Spiel behindern könnte.

Ein Ball, der aufgenommen wird, weil er als unterstützend oder behindernd angesehen wird, darf nicht gereinigt werden, es sei denn, er war vom Grün aufgenommen worden.

Lose hinderliche Naturstoffe (Regel 23)

Sie dürfen einen losen hinderlichen Naturstoff bewegen (z. B. natürliche lose Gegenstände wie Steine, lose Blätter und Äste), es sei denn, der lose hinderliche Naturstoff und der Ball liegen im gleichen Hindernis. Wenn Sie einen losen hinderlichen Naturstoff bewegen und dies verursacht eine Bewegung des Balls, so muss der Ball zurückgelegt werden und (außer der Ball lag auf dem Grün) Sie ziehen sich einen Strafschlag zu. (Regel 23-1)

Bewegliche Hemmnisse (Regel 24)

Bewegliche Hemmnisse (z. B. künstliche bewegliche Gegenstände wie Rechen, Dosen usw.) dürfen überall straflos entfernt werden. Wenn der Ball sich dabei bewegt, muss er straflos zurückgelegt werden. Liegt ein Ball auf einem beweglichen Hemmnis, darf er aufgenommen werden, das Hemmnis darf entfernt werden und der Ball wird straflos so nahe wie möglich dem Punkt unterhalb der Stelle fallen gelassen, an der der Ball auf dem Hemmnis lag. Auf dem Grün wird der Ball an diesem Punkt hingelegt.

Unbewegliche Hemmnisse und ungewöhnlich beschaffener Boden (Regeln 24-2 und 25-1)

Ein unbewegliches Hemmnis ist ein künstlicher unbeweglicher Gegenstand wie ein Gebäude oder ein Weg mit künstlich angelegter Oberfläche. (Beachten Sie jedoch die Platzregeln bezüglich des Status von Straßen und Wegen).

Ein ungewöhnlicher beschaffener Boden ist entweder zeitweiliges Wasser, Boden in Ausbesserung oder ein Loch, Aufgeworfenes oder Laufweg eines Erdgänge grabenden Tieres, Reptils oder Vogels.

Ausgenommen, der Ball liegt in einem Wasserhindernis, wird straflose Erleichterung von unbeweglichen Hemmnissen oder ungewöhnlich beschaffenem Boden gewährt, wenn ein solcher Umstand physisch die Lage des Balls, Ihren Stand oder Ihren Schwung behindert. Sie dürfen den Ball aufnehmen und ihn innerhalb einer Schlägerlänge des „nächstgelegenen Punkts der Erleichterung" fallen lassen (siehe Erklärung „nächstgelegener Punkt der Erleichterung"), jedoch nicht näher zum Loch als der nächstgelegene Punkt der Erleichterung (siehe Skizze oben).

Liegt der Ball auf dem Grün, so wird er an den nächstgelegenen Punkt der Erleichterung gelegt. Es gibt keine Erleichterung für eine Beeinträchtigung der Spiellinie, es sei denn, sowohl der Ball wie auch der Umstand liegen auf dem Grün.

Liegt der Ball im Bunker, können Sie als zusätzliche Möglichkeit von dem Umstand hinter dem Bunker mit einem Strafschlag Erleichterung nehmen.

Wasserhindernisse (Regel 26)

Liegt Ihr Ball in einen Wasserhindernis (gelbe Pfähle und / oder Linien), so dürfen Sie den Ball spielen wie er liegt oder unter Hinzurechnung eines Strafschlags

- einen Ball dort spielen, von wo aus Sie in das Hindernis geschlagen haben, oder
- in beliebiger Entfernung hinter dem Hindernis einen Ball fallen lassen, auf einer geraden Linie zwischen dem Loch, dem Punkt, an dem der Ball zuletzt die Grenze des Hindernisses überschritten hatte, und der Stelle, an der der Ball fallen gelassen wird.

Liegt Ihr Ball in einem seitlichen Wasserhindernis (rote Pfähle und/oder Linien), so dürfen Sie zusätzlich zu den Optionen für einen Ball im Wasserhindernis (siehe oben) einen Ball unter Hinzurechnung eines Strafschlags fallen lassen innerhalb von zwei Schlägerlängen von dem Punkt, und nicht näher zum Loch als dieser,

- an dem der Ball zuletzt die Grenze des Hindernisses gekreuzt hat, oder
- auf der gegenüberliegenden Seite des Hindernisses, der gleichweit vom Loch entfernt liegt wie der Punkt, an dem der Ball zuletzt die Grenze des Hindernisses gekreuzt hat.

Ball verloren oder Aus; provisorischer Ball (Regel 27)

Überprüfen Sie die Platzregeln auf der Zählkarte, um die Ausgrenzen des Platzes zu kennen.

Ist Ihr Ball außerhalb eines Wasserhindernisses verloren oder Aus, so müssen Sie unter Hinzurechnung eines Strafschlags einen neuen Ball von der Stelle spielen, an der der letzte Schlag gespielt wurde, d. h. mit Strafschlag und Distanzverlust.

Sie dürfen einen Ball fünf Minuten suchen, nach deren Ablauf er verloren ist, sofern er nicht gefunden oder identifiziert wurde.

NÄCHSTGELEGENER PUNKT DER ERLEICHTERUNG

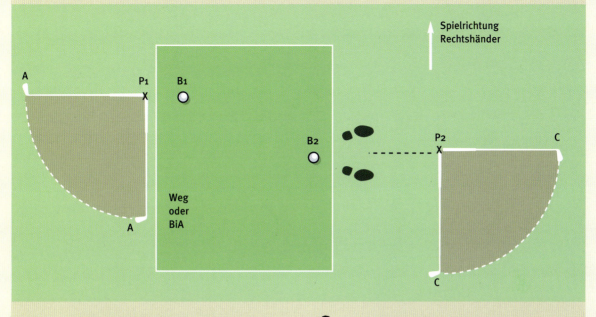

B1 = Lage des Balls auf einer Straße, in Boden in Ausbesserung (BiA) o. ä.
P1 = nächster Punkt der Erleichterung
P1 A–A = schraffierter Bereich, innerhalb dem der Ball fallen zu lassen ist, im Radius von einer Schlägerlänge um P1, gemessen mit einem beliebigen Schläger
B2 = Lage des Balls auf einer Straße, in Boden in Ausbesserung (BiA) o. ä..

• ------ = angenommener Stand, um von P2 mit dem Schläger zu spielen, mit dem der Spieler vermutlich den Schlag machen wird
P2 = nächster Punkt der Erleichterung
P2 C–C = schraffierter Bereich, innerhalb dem der Ball fallen zu lassen ist, im Radius von einer Schlägerlänge um P2, gemessen mit einem beliebigen Schläger

Glauben Sie nach einem Schlag, Ihr Ball könnte außerhalb eines Wasserhindernisses verloren oder Aus sein, so sollten Sie einen „provisorischen Ball" spielen. Sie müssen ankündigen, dass dies ein provisorischer Ball ist und ihn spielen, bevor Sie nach vorne gehen, um den ursprünglichen Ball zu suchen.

Wenn es deutlich wird, dass der ursprüngliche Ball verloren (außer in einem Wasserhindernis) oder Aus ist, so müssen Sie das Spiel unter Hinzurechnung von einem Strafschlag mit dem provisorischen Ball fortsetzen. Wenn der ursprüngliche Ball auf dem Platz gefunden wird, so müssen Sie das Spiel mit diesem Ball fortsetzen und dürfen den provisorischen Ball nicht mehr spielen.

Ball unspielbar (Regel 28)

Ist Ihr Ball in einem Wasserhindernis, ist die Regel „Ball unspielbar" nicht anwendbar und Sie müssen nach der Regel „Wasserhindernisse" verfahren, wenn Sie Erleichterung in Anspruch nehmen.
Halten Sie an anderer Stelle auf dem Platz Ihren Ball für unspielbar, dürfen Sie unter Hinzurechnung eines Strafschlags

- einen Ball dort spielen, von wo aus der letzte Schlag gespielt wurde, oder
- in beliebiger Entfernung hinter dem Punkt, an dem der Ball lag, einen Ball fallen lassen, auf einer geraden Linie zwischen dem Loch, dem Punkt, an dem der Ball zuletzt lag und der Stelle, an der der Ball fallen gelassen wird, oder
- einen Ball innerhalb von zwei Schlägerlängen von der Stelle, an der der Ball lag, nicht näher zum Loch fallen lassen.

Ist Ihr Ball in einem Bunker, so können Sie wie oben beschrieben verfahren, jedoch muss der Ball im Bunker fallen gelassen werden, wenn Sie ihn auf der Linie zurück oder innerhalb zweier Schlägerlängen fallen lassen.

Etikette

Wenn Sie es noch nicht getan haben, so sollten Sie den Abschnitt „Etikette" lesen: Keine weiteren Regeln, sondern eine praktische Anleitung, den Platz sicher und in angemessener Zeit zu spielen, mit Rücksichtnahme auf andere Spieler und unter sorgfältiger Behandlung des Platzes.

ABSCHNITT 1
ETIKETTE; VERHALTEN AUF DEM PLATZ

Einleitung
Dieser Abschnitt stellt Richtlinien für das Verhalten auf, das beim Golfspielen erwartet wird. Wenn diese Richtlinien eingehalten werden, können alle Spieler die größtmögliche Spielfreude erreichen. Das vorherrschende Prinzip ist, dass auf dem Platz stets Rücksicht auf andere Spieler genommen werden sollte.

Der „wahre Geist des Golfspiels" (Spirit of the Game)
Golf wird überwiegend ohne die Anwesenheit eines Schiedsrichters oder Unparteiischen gespielt. Das Spiel beruht auf dem ehrlichen Bemühen jedes einzelnen Spielers, Rücksicht auf andere Spieler zu nehmen und nach den Regeln zu spielen. Alle Spieler sollten sich diszipliniert verhalten und jederzeit Höflichkeit und Sportsgeist erkennen lassen, gleichgültig, wie ehrgeizig sie sein mögen. Dies ist der „wahre Geist des Golfspiels" (Spirit of the Game).

Sicherheit
Spieler sollten sich vergewissern, dass niemand nahe bei ihnen oder sonst wie so steht, dass ihn Schläger, Ball oder irgendetwas (wie Steine, Sand, Zweige etc.), was beim Schlag oder Schwung bewegt wird, treffen könnten, wenn sie einen Schlag oder Übungsschwung machen.

Spieler sollten nicht spielen, bis die Spieler vor ihnen außer Reichweite sind.

Spieler sollten immer auf Platzarbeiter in ihrer Nähe oder in Spielrichtung achten, wenn sie einen Schlag spielen, der diese gefährden könnte.

Schlägt ein Spieler einen Ball in eine Richtung, in der er jemanden treffen könnte, sollte er sofort eine Warnung rufen. Der übliche Warnruf in einer solchen Situation lautet „Fore".

Rücksicht auf andere Spieler
Nicht stören oder ablenken Spieler sollten immer Rücksicht auf andere Spieler auf dem Platz nehmen und deren Spiel nicht durch Bewegungen, Gespräche oder vermeidbare Geräusche stören.

Spieler sollten spielbereit sein, sobald sie an der Reihe sind. Dies kann erreicht werden, indem schon die Puttlinie gelesen wird, während andere Spieler spielen, immer vorausgesetzt, dass dies nicht zu einer Störung oder Ablenkung führt. Hier puttet Phil Mickelson, während Tiger Woods sich auf den Putt vorbereitet.

Spieler sollten sicherstellen, dass keine von ihnen auf den Platz mitgenommenen elektronischen Geräte andere Spieler ablenken.

Auf dem Abschlag sollte ein Spieler seinen Ball nicht aufsetzen, bevor er an der Reihe ist.

Andere Spieler sollten nicht nahe oder direkt hinter dem Ball des Spielers oder direkt hinter dem Loch stehen, wenn dieser dabei ist, seinen Schlag auszuführen.

Auf dem Grün Auf dem Grün sollten Spieler nicht auf oder nahe bei der Puttlinie eines anderen Spielers stehen oder ihren Schatten auf die Puttlinie werfen, wenn ein anderer Spieler spielt.

Spieler sollten in der Nähe des Grüns bleiben, bis alle Spieler dieses Loch beendet haben.

Aufschreiben der Schlagzahlen Ein Spieler, der im Zählspiel als Zähler eingesetzt ist, sollte, falls notwendig, auf dem Weg zum nächsten Abschlag das Ergebnis des letzten Lochs mit dem Spieler abgleichen und aufschreiben.

Spieltempo

Zügig spielen und Anschluss halten Spieler sollten ein zügiges Spieltempo einhalten. Die Spielleitung kann Richtlinien zur Spielgeschwindigkeit aufstellen, an die sich alle Spieler halten sollten.

Es liegt in der Verantwortung einer Spielergruppe, Anschluss an die Gruppe vor sich zu halten. Fällt sie ein ganzes Loch hinter der Gruppe vor sich zurück und hält sie die ihr folgende Gruppe auf, sollte sie dieser das Durchspielen anbieten, gleich wie viele Spieler in dieser Gruppe spielen. Falls eine Spielergruppe zwar kein ganzes Loch vor sich frei hat, es aber dennoch deutlich wird, dass die nachfolgende Spielergruppe schneller spielen kann, so sollte der nachfolgenden Gruppe das Durchspielen ermöglicht werden.

Auf den Schlag vorbereitet sein Spieler sollten unmittelbar bereit sein, ihren Schlag zu spielen, wenn sie an der Reihe sind. Wenn sie auf oder nahe dem Grün sind, sollten sie ihre Golftaschen oder -wagen an einer Stelle abstellen, die es ihnen ermöglicht, schnell vom Grün zum nächsten Abschlag zu gelangen. Sofort nach Beendigung eines Lochs sollten die Spieler das Grün verlassen.

Ball verloren Glaubt ein Spieler, dass sein Ball außerhalb eines Wasserhindernisses verloren oder im Aus sein kann, so sollte er, um Zeit zu sparen, einen provisorischen Ball spielen.

Spieler, die einen Ball suchen, sollten nachfolgenden Spielern unverzüglich ein Zeichen zum Überholen geben, wenn der gesuchte Ball offensichtlich nicht sogleich zu finden ist. Sie sollten nicht zunächst fünf Minuten suchen, bevor sie überholen lassen. Ihr Spiel sollten sie erst fortsetzen, wenn die nachfolgenden Spieler überholt haben und außer Reichweite sind.

VORRECHT AUF DEM GOLFPLATZ

Sofern nicht von der Spielleitung anders bestimmt, wird

SCHONUNG DES GOLFPLATZES

Divots sind einzusetzen (1), Balleinschlaglöcher auf dem Grün sind sorgfältig zu beheben (2) und Fußabdrücke sowie andere Unebenheiten sind bei Verlassen des Bunkers einzuebnen (3). Beim Herausnehmen des Balles aus dem Loch nicht auf den Putter stützen (4).

das Vorrecht auf dem Platz durch das Spieltempo einer Spielergruppe bestimmt.

Jedes Spiel über die volle Runde hat den Anspruch, dass ihm Gelegenheit gegeben wird, jedes Spiel über eine kürzere Runde zu überholen. Der Begriff „Gruppe" bzw. „Spielergruppe" schließt einen Einzelspieler ein.

SCHONUNG DES GOLFPLATZES

Bunker einebnen Vor Verlassen eines Bunkers sollten Spieler alle von ihnen oder in der näheren Umgebung von anderen Spielern verursachten Unebenheiten und Fußspuren sorgfältig einebnen. Ist eine Harke in der Nähe des Bunkers verfügbar, so sollte die Harke benutzt werden.

Ausbessern von Divots, Balleinschlaglöchern und Schäden durch Schuhe Ein Spieler sollte gewährleisten, dass jede von ihm beschädigte oder herausgeschlagene Grasnarbe (Divot) sofort wieder eingesetzt und niedergedrückt wird und dass alle durch Einschlag eines Balls hervorgerufenen Schäden auf dem Grün sorgfältig behoben werden (gleich, ob diese vom Ball des Spielers verursacht wurden oder nicht). Sobald sämtliche Spieler der Gruppe das Loch zu Ende gespielt haben, sollten durch Golfschuhe entstandene Schäden auf dem Grün behoben werden.

Vermeidung von unnötigen Beschädigungen Spieler sollten vermeiden, den Platz durch Herausschlagen von Grasnarbe bei Übungsschwüngen oder Schlagen

des Schlägers in den Boden – aus Ärger oder einem anderen Grund – zu beschädigen.
Die Spieler sollten gewährleisten, dass beim Ablegen von Golftaschen oder Flaggenstöcken die Grüns nicht Schaden nehmen. Um das Loch nicht zu beschädigen, sollten Spieler und deren Caddies nicht zu nahe am Loch stehen und den Flaggenstock sorgfältig bedienen sowie den Ball vorsichtig aus dem Loch nehmen. Der Schlägerkopf sollte nicht dazu benutzt werden, den Ball aus dem Loch zu nehmen.
Spieler sollten sich auf dem Grün nicht auf ihren Schläger stützen, vor allem nicht, wenn sie den Ball aus dem Loch nehmen. Der Flaggenstock sollte ordnungsgemäß in das Loch zurückgesteckt werden, bevor die Spieler das Grün verlassen.
Örtliche Vorschriften über die Benutzung von Golfwagen sind streng zu befolgen.

Zusammenfassung, Strafen für Verstoß
Befolgen Spieler die Richtlinien in diesem Abschnitt, wird das Spiel für jeden angenehmer.
Missachtet ein Spieler fortgesetzt diese Richtlinien während einer Runde oder über einen gewissen Zeitraum zum Nachteil anderer, so wird der Spielleitung empfohlen, geeignete disziplinarische Maßnahmen gegen diesen Spieler zu erlassen. Solche Maßnahmen können z. B. aus einem Spielverbot auf dem Platz für eine gewisse Zeit oder in einer Sperre für eine Anzahl von Wettspielen bestehen. Dies erscheint im Interesse der Mehrheit aller anderen Spieler, die Golf in Übereinstimmung mit den vorgenannten Richtlinien spielen wollen, gerechtfertigt.
Im Fall eines schwerwiegenden Verstoßes gegen die Etikette kann die Spielleitung einen Spieler nach Regel 33-7 disqualifizieren.

▸ ETIKETTE
HÄUFIG GESTELLTE FRAGEN

F Hat ein Einzelspieler irgendein Vorrecht auf dem Platz?
A Unterschiedlich: Spieler spielen in unterschiedlichen Geschwindigkeiten. Obwohl Spieler nicht gezwungen sein sollten, um den Platz rennen, so sollten sie sich doch bewusst sein, dass gleichzeitig auch andere Spieler auf dem Platz spielen. Sie sollten deshalb diesen Spielern gegenüber gesunden Menschenverstand und Höflichkeit zeigen.
Der Abschnitt „Etikette" empfiehlt, dass, vorbehaltlich einer anderen Regelung durch die Spielleitung, das Vorrecht auf dem Platz durch die Spielgeschwindigkeit einer Gruppe bestimmt wird. Der Begriff „Gruppe" schließt einen Einzelspieler mit ein. Der Abschnitt „Spieltempo" der Etikette sagt außerdem, dass „es in der Verantwortung einer Spielergruppe liegt, Anschluss an die Gruppe vor sich zu halten. Wenn sie mehr als ein Loch Rückstand zu der Gruppe vor sich hat und das Spiel der Gruppe hinter sich verzögert, so sollte sie die Gruppe hinter sich einladen, durchzuspielen, gleich wie viele Spieler in dieser Gruppe spielen. Hat eine Gruppe nicht mehr als ein Loch Rückstand, aber es ist zu erkennen, dass die Gruppe hinter ihr schneller spielen kann, so sollte sie die schnellere Gruppe einladen, durchzuspielen." Deshalb sollte eine langsame Gruppe eine schnellere Gruppe durchspielen lassen, wo immer es möglich ist, und Einzelspieler sollten die gleichen Rechte haben wie alle anderen Spieler.

ABSCHNITT 2
ERKLÄRUNGEN

Die Erklärungen sind alphabetisch geordnet. In den Regeln selbst sind die für die Anwendung einer Regel wichtigsten Erklärungen in *Kursivschrift* wiedergegeben.

Abschlag „Abschlag" ist der Ort, an dem das zu spielende Loch beginnt. Der Abschlag ist eine rechteckige Fläche, zwei Schlägerlängen tief, deren Vorder- und Seitenbegrenzungen durch die Außenseiten von zwei Abschlagmarkierungen bezeichnet werden. Ein Ball befindet sich außerhalb des Abschlags, wenn er vollständig außerhalb liegt.

Ansprechen des Balls Ein Spieler hat den Ball „angesprochen", sobald er *Standposition* bezogen und auch den Schläger aufgesetzt hat, ausgenommen in einem *Hindernis*, in dem ein Spieler den Ball mit Beziehen der *Standposition* angesprochen hat.

Aus „Aus" ist jenseits der Grenzen des *Platzes* oder jeder Teil des *Platzes*, der durch die *Spielleitung* als Aus gekennzeichnet ist.

Wird Aus durch Pfähle oder einen Zaun oder als jenseits von Pfählen oder einem Zaun bezeichnet, so verläuft die Auslinie auf Bodenebene entlang den platzseitig vordersten Punkten der Pfähle bzw. Zaunpfosten ohne Berücksichtigung schräg laufender Stützpfosten. Wenn sowohl Pfähle als auch Linien benutzt werden, um Aus anzuzeigen, so bezeichnen die Pfähle das Aus und die Linien kennzeichnen die Grenze. Wird Aus durch eine Bodenlinie gekennzeichnet, so ist die Linie selbst Aus. Aus erstreckt sich von der Auslinie senkrecht nach oben und unten.

Ein Ball ist im Aus, wenn er vollständig im Aus liegt. Ein Spieler darf im Aus stehen, um einen nicht im Aus liegenden Ball zu spielen.

Gegenstände zur Kennzeichnung des Aus wie Mauern, Zäune, Pfähle und Geländer sind keine *Hemmnisse* und gelten als befestigt. Pfähle zur Bezeichnung von Aus sind keine *Hemmnisse* und gelten als befestigt.

Anmerkung 1: Pfähle oder Linien zur Kennzeichnung von Aus sollten weiß sein.
Anmerkung 2: Eine Spielleitung kann in einer Platzregel festlegen, dass Pfähle, die Aus bezeichnen aber nicht kennzeichnen, bewegliche Hemmnisse sind.

ANSPRECHEN DES BALLS

Ausgenommen in einem Hindernis, hat ein Spieler den Ball angesprochen, wenn er seinen Stand eingenommen und den Schläger aufgesetzt hat.

In einem Bunker oder Wasserhindernis hat der Spieler den Ball angesprochen, wenn er seinen Stand eingenommen hat.

Der Spieler hat sich entschieden, seinen Putter nicht aufzusetzen. Deshalb hat er seinen Ball nicht „angesprochen" und erhält zum Beispiel keine Strafe nach Regel 18–2.b.

BUNKER

Tim Clarke spielt bei der Open Championship 2006 aus einem der Bunker im Royal Liverpool Golfclub. Eine Bunkerwand, die aus Grassoden besteht, ist nicht Teil des Bunkers, gleich ob sie grasbedeckt sind oder aus blanker Erde bestehen.

Ausrüstung „Ausrüstung" ist alles, was vom Spieler benutzt, am Körper oder mit sich getragen wird oder für den Spieler von seinem Partner oder einem ihrer Caddies getragen wird, ausgenommen jeder Ball, den er an dem zu spielenden Loch gespielt hat, und jeder kleine Gegenstand wie Münze oder *Tee*, wenn er benutzt wurde, um die Lage eines Balls oder die Ausdehnung einer Fläche zu kennzeichnen, innerhalb der ein Ball fallen gelassen werden muss. Ausrüstung schließt Golfwagen ein, gleich ob motorisiert oder nicht.

Anmerkung 1: Ein an dem zu spielenden Loch gespielter Ball ist Ausrüstung, solange er aufgenommen und noch nicht wieder ins Spiel gebracht wurde.

Anmerkung 2: Wird ein Golfwagen von zwei oder mehreren Spielern geteilt, so gelten der Golfwagen und alles darin als Ausrüstung eines der Spieler, die sich den Golfwagen teilen.

Wird der Golfwagen von einem der Spieler (oder dem Partner eines der Spieler), die sich den Golfwagen teilen, bewegt, so gilt der Golfwagen und alles darin als Ausrüstung dieses Spielers. Anderenfalls gelten der von den Spielern geteilte Golfwagen und alles darin als Ausrüstung des Spielers, dessen Ball (oder dessen Partners Ball) betroffen ist.

Ball eingelocht Siehe: „*Einlochen*".

Ball gilt als bewegt Siehe: „*Bewegen, bewegt*".

Ball verloren Siehe „*Verlorener Ball*".

Ball im Spiel Ein Ball ist „im Spiel", sobald der Spieler auf dem *Abschlag* einen Schlag ausgeführt hat. Er bleibt im Spiel, bis er *eingelocht* ist, es sei denn, er ist *verloren*, im Aus, oder er wurde aufgenommen oder durch einen anderen Ball ersetzt, gleich, ob der Ersatz erlaubt ist oder nicht; ein so *neu eingesetzter Ball* wird Ball im Spiel. Wird ein Ball von außerhalb des Abschlags gespielt, wenn der Spieler ein Loch beginnt oder bei dem Versuch diesen Fehler zu beheben, ist der Ball, nicht im Spiel; Regel 11-4 oder 11-5 finden Anwendung. Anderenfalls beinhaltet der Begriff *Ball im Spiel* einen Ball der von außerhalb des Abschlags gespielt wird, wenn der Spieler seinen nächsten Schlag vom Abschlag spielen will oder muss.

Ausnahme im Lochspiel: Ball im Spiel schließt einen

CADDIE

Ein Caddie trägt die Schläger des Spielers und darf Rat bei Schlägerwahl, Bestimmung der Spielrichtung und Lesen der Puttlinie anbieten.

Ball ein, der vom Spieler bei Beginn eines Lochs von außerhalb des *Abschlags* gespielt wurde, wenn der Gegner nicht verlangt, dass dieser *Schlag* entsprechend Regel 11-4a annulliert wird.

Ball verloren Siehe: *„Verlorener Ball"*.

Belehrung „Belehrung" ist jede Art von Rat oder Anregung, die einen Spieler in seiner Entscheidung über sein Spiel, die Schlägerwahl oder die Art der Ausführung eines *Schlags* beeinflussen könnte.

Auskunft über die *Regeln*, Entfernungen oder über allgemein Kenntliches wie die Lage von *Hindernissen* oder die Position des *Flaggenstocks* auf dem *Grün* ist nicht Belehrung.

Beobachter „Beobachter" ist jemand, den die *Spielleitung* bestimmt hat, einem *Platzrichter* bei der Entscheidung von Tatfragen zur Seite zu stehen und ihm jeden *Regelverstoß* zu melden. Ein Beobachter soll nicht den *Flaggenstock* bedienen, am *Loch* stehen oder dessen Lage anzeigen, und soll auch nicht den Ball aufnehmen oder dessen Lage kennzeichnen.

Bestball Siehe: *„Spielformen des Lochspiels"*.

Bewegen, bewegt Ein Ball gilt als *„bewegt"*, wenn er seine Lage verlässt und anderswo zur Ruhe kommt.

Bewerber „Bewerber" ist ein Spieler im Zählwettspiel. „Mitbewerber" ist jede Person, mit der zusammen der Bewerber spielt. Keiner ist *Partner* des anderen.

In Zählspiel-*Vierern* und *Vierball*-Wettspielen schließt, soweit es der Zusammenhang gestattet, der Begriff „Bewerber" oder „Mitbewerber" den *Partner* ein.

Boden in Ausbesserung „Boden in Ausbesserung" ist jeder Teil des *Platzes*, der auf Anordnung der *Spielleitung* als solcher gekennzeichnet oder durch deren befugte Vertreter dazu erklärt wurde. Jeglicher Boden und jederlei Gras, Busch und Baum oder Sonstiges, das wächst, in dem Boden in Ausbesserung, gehören zu dem Boden in Ausbesserung. Boden in Ausbesserung schließt auch zur Beseitigung angehäuftes Material und von Platzpflegern gemachte Löcher mit ein, auch wenn dies nicht entsprechend gekennzeichnet ist. Schnittgut und anderes auf dem Platz liegen gelassene Material, das sich selbst überlassen und nicht zum Abtransport bestimmt wurde, ist kein Boden in Ausbesserung, es sei denn, es wäre so gekennzeichnet.

Wird die Grenze von Boden in Ausbesserung durch Pfähle gekennzeichnet, so befinden sich diese Pfähle in Boden in Ausbesserung und die Grenze wird durch die Verbindung der nächstgelegenen äußeren Punkte der Pfähle auf Bodenhöhe gekennzeichnet. Werden sowohl Pfähle als auch Linien benutzt, um Boden in Ausbesserung anzuzeigen, so bezeichnen die Pfähle den Boden in Ausbesserung und die Linien kennzeichnen die Grenze. Wird die Grenze von Boden in Ausbesserung durch eine Linie auf dem Boden gekennzeichnet, so ist die Linie selbst in Boden in Ausbesserung. Die Grenze von Boden in Ausbesserung erstreckt sich senkrecht nach unten, nicht jedoch nach oben.

ZEITWEILIGES WASSER

Zeitweiliges Wasser ist „ungewöhnlich beschaffener Boden" und ein Spieler kann von diesem Umstand Erleichterung nach Regel 25–1 in Anspruch nehmen.

AUSRÜSTUNG

Ein kleiner Gegenstand wie eine Münze oder ein Tee, mit dem der Bereich gekennzeichnet wird, in dem ein Ball fallen gelassen werden soll, ist keine „Ausrüstung" des Spielers.

BODEN IN AUSBESSERUNG

Ein Ball ist im Boden in Ausbesserung, wenn er darin liegt oder ihn mit irgendeinem Teil berührt.

Pfähle, die Boden in Ausbesserung bezeichnen oder dessen Grenzen kennzeichnen, sind Hemmnisse.

Anmerkung: Die *Spielleitung* darf durch Platzregel bestimmen, dass von Boden in Ausbesserung oder von einem geschützten Biotop, das als Boden in Ausbesserung bezeichnet ist, nicht gespielt werden darf.

Bunker Ein „Bunker" ist ein *Hindernis* in der Form einer besonders hergerichteten, oft vertieften Bodenstelle, von der Grasnarbe oder Erdreich entfernt und durch Sand oder dergleichen ersetzt wurde. Grasbewachsener Boden angrenzend an einen oder in einem Bunker einschließlich aufgeschichteter Grassoden (gleich ob grasbewachsen oder nicht) ist nicht Bestandteil des Bunkers. Eine Wand oder ein Rand eines Bunkers, welche(r) nicht mit Gras bewachsen ist, ist Teil des Bunkers.

Die Grenze eines Bunkers erstreckt sich senkrecht nach unten, aber nicht nach oben.

Ein Ball ist im Bunker, wenn er darin liegt oder ihn mit irgendeinem Teil berührt.

Caddie „Caddie" ist jemand, der den Spieler in Übereinstimmung mit den *Golfregeln* unterstützt. Dies kann das Tragen oder den Umgang mit den Schlägern des Spielers während des Spiels einschließen.

Ist ein Caddie von mehr als einem Spieler eingesetzt, so gilt er stets als Caddie desjenigen sich den Caddie teilenden Spielers, dessen Ball (oder dessen Partners Ball) betroffen ist, und von ihm getragene *Ausrüstung* gilt als *Ausrüstung* des betreffenden Spielers, ausgenommen der Caddie handelt auf besondere Weisung eines anderen Spielers (oder dem Partner eines anderen Spielers) mit dem der Caddie geteilt wird; im letztgenannten Fall gilt er als Caddie jenes anderen Spielers.

Dreiball Siehe: *„Spielformen des Lochspiels"*.

Dreier Siehe: *„Spielformen des Lochspiels"*.

Ehre Der Spieler, der als Erster vom *Abschlag* zu spielen berechtigt ist, hat – wie man sagt – die „Ehre".

Einlochen Ein Ball ist „eingelocht", wenn er innerhalb des Lochumfangs zur Ruhe gekommen ist und sich vollständig unterhalb der Ebene des Lochrands befindet.

Einzel Siehe: *„Spielformen des Lochspiels"* und *„Spielformen des Zählspiels"*.

Erdgänge grabendes Tier Ein „Erdgänge grabendes Tier" ist ein Tier (mit Ausnahme von einem Wurm, Insekt oder Ähnlichem), das einen Bau als Unterkunft oder zu seinem Schutz anlegt, z. B. ein Kaninchen, Maulwurf, Murmeltier, Erdhörnchen oder Salamander.
Anmerkung: Ein Loch von einem Tier, das keine Erdgänge gräbt, z. B. von einem Hund, gilt nicht als *ungewöhnlich beschaffener Boden*, es sei denn, es wurde als *Boden in Ausbesserung* gekennzeichnet oder dazu erklärt.

Falscher Ball „Falscher Ball" ist jeder andere Ball als der des Spielers
- *Ball im Spiel*;
- *provisorischer Ball*; oder
- nach Regel 3-3 oder Regel 20-7c im Zählspiel gespielter zweiter Ball

und schließt mit ein:
- eines anderen Spielers Ball;
- einen aufgegebenen Ball; und
- des Spielers ursprünglichen aber nicht mehr im Spiel befindlichen Ball.

Anmerkung: *Ball im Spiel* ist auch ein *neu eingesetzter Ball*, der den im Spiel befindlichen Ball ersetzt hat, gleich ob der Ersatz erlaubt ist oder nicht.

Falsches Grün Ein „falsches Grün" ist jedes andere *Grün* als das des zu spielenden Lochs. Sofern von der *Spielleitung* nicht anders vorgeschrieben, schließt dieser Begriff ein Übungs- oder Annäherungsgrün auf dem *Platz* ein.

Festgesetzte Runde Die „festgesetzte Runde" besteht aus den in richtiger Reihenfolge gespielten Löchern des *Platzes*, sofern nicht von der *Spielleitung* anderweitig bestimmt. Die festgesetzte Runde geht über 18 Löcher, sofern nicht die *Spielleitung* eine geringere Anzahl bestimmt hat. Bezüglich Verlängerung der festgesetzten Runde im Lochspiel siehe Regel 2-3.

Flaggenstock Ein „Flaggenstock" ist ein beweglicher gerader Anzeiger mit oder ohne Flaggentuch bzw. sonst etwas daran, der in der Mitte des *Lochs* steckt, um dessen Lage anzuzeigen. Sein Querschnitt muss kreisförmig sein. Polsterungen oder anderes Aufschlag dämpfendes Material, das die Bewegung des Balls unangemessen beeinflussen könnte, sind nicht zulässig.

Gelände „Gelände" ist der gesamte Bereich des Platzes, ausgenommen
a) *Abschlag* und *Grün* des zu spielenden Lochs; und
b) sämtliche *Hindernisse* auf dem *Platz*.

Grün „Grün" ist der gesamte Boden des zu spielenden Lochs, der zum Putten besonders hergerichtet ist, oder andernfalls von der Spielleitung als solcher gekennzeichnet ist. Ein Ball ist auf dem Grün, wenn er mit irgendeinem Teil das Grün berührt.

Hemmnisse „Hemmnis" ist alles Künstliche, eingeschlossen die künstlich angelegten Oberflächen und Begrenzungen von Straßen und Wegen sowie künstlich hergestelltes Eis, jedoch ausgenommen
a) Gegenstände zum Bezeichnen des Aus wie Mauern, Zäune, Pfähle und Geländer;
b) jeder im *Aus* befindliche Teil eines unbeweglichen künstlichen Gegenstands; und
c) jede von der *Spielleitung* zum Bestandteil des *Platzes* erklärte Anlage.

Ein Hemmnis ist ein bewegliches Hemmnis, wenn es ohne übermäßige Anstrengung, ohne unangemessene Verzögerung des Spiels und ohne etwas zu beschädigen bewegt werden kann. Anderenfalls ist es ein unbewegliches Hemmnis.
 Anmerkung: Die *Spielleitung* darf durch Platzregel ein bewegliches Hemmnis zu einem unbeweglichen Hemmnis erklären.

Hindernisse Ein „Hindernis" ist jeder *Bunker* oder jedes *Wasserhindernis*.

Loch Das „Loch" muss einen Durchmesser von 108 mm haben und mindestens 101,6 mm tief sein. Wird ein Einsatz benutzt, so muss er mindestens 25,4 mm unter die Grünoberfläche eingelassen werden, sofern es nicht wegen der Bodenbeschaffenheit undurchführbar ist; der äußere Durchmesser darf 108 mm nicht überschreiten.

Lose hinderliche Naturstoffe „Lose hinderliche Naturstoffe" sind natürliche Gegenstände einschließlich
- Steine, Blätter, Zweige, Äste und dergleichen,
- Kot,
- Würmer, Insekten und Ähnliches sowie Aufgeworfenes und Haufen von ihnen,

sofern diese betreffenden Gegenstände weder
- befestigt noch wachsend,
- noch fest eingebettet sind,
- und auch nicht am Ball haften.

Sand und loses Erdreich sind auf dem Grün lose hinderliche Naturstoffe, jedoch nirgendwo sonst.

Schnee und natürliches Eis, nicht aber Reif, sind entweder *zeitweiliges Wasser* oder lose hinderliche Naturstoffe nach Wahl des Spielers.

Tau und Reif gelten nicht als lose hinderliche Naturstoffe.

Mitbewerber Siehe: *„Bewerber"*.

Nächstgelegener Punkt der Erleichterung Der „nächstgelegene Punkt der Erleichterung" ist der Bezugspunkt bei Inanspruchnahme von strafloser Erleichterung von Behinderung durch ein *unbewegliches Hemmnis* (Regel 24-2), einen *ungewöhnlich beschaffenen Boden* (Regel 25-1) oder ein *falsches Grün* (Regel 25-3).

Er ist der dem Ball nächstgelegene Punkt auf dem *Platz*,
a) der nicht näher zum *Loch* ist und
b) an dem, läge der Ball dort, keine Behinderung durch den Umstand, von dem Erleichterung in Anspruch genommen wird, bestehen würde. Letzteres gilt für den *Schlag*, wie ihn der Spieler an der ursprünglichen Stelle des Balls gemacht hätte, wenn es den behindernden Umstand dort nicht gegeben hätte.

Anmerkung: Um den nächstgelegenen Punkt der Erleichterung genau festzustellen, sollte der Spieler mit demjenigen Schläger, mit dem er seinen nächsten *Schlag* gemacht hätte, wenn es den Umstand dort nicht gegeben hätte, die Ansprechposition, die Spielrichtung und das Schwingen für diesen *Schlag* simulieren.

Neu eingesetzter Ball Ein „neu eingesetzter Ball" ist ein Ball, der ins Spiel gebracht wurde für den ursprünglichen Ball, der entweder im Spiel war, verloren wurde, im *Aus* war oder aufgenommen wurde.

Nicht zum Spiel Gehörig (Äußere Einwirkungen) Im Lochspiel ist „Nicht zum Spiel Gehörig" alles außer
- der Partei des Spielers oder Gegners,
- jeder Caddie beider Parteien,
- jeder von beiden Parteien an dem gespielten Loch gespielter Ball
- und jegliche Ausrüstung beider Parteien

Im Zählspiel ist „Nicht zum Spiel Gehörig" alles außer
- der Partei des Spielers,
- jeder Caddie dieser Partei,
- jeder von der Partei an dem gespielten Loch gespielte Ball
- und jegliche Ausrüstung der Partei

„Nicht zum Spiel Gehörig" schließt einen Platzrichter, einen Zähler, einen Beobachter und einen Vorcaddie mit ein. Weder Wind noch Wasser sind etwas „Nicht zum Spiel Gehöriges" (äußere Einwirkungen).

Partei Eine „Partei" ist ein Spieler oder zwei bzw. mehr Spieler, die *Partner* sind.

Partner „Partner" ist ein Spieler, der mit einem anderen Spieler zu einer *Partei* verbunden ist.

In einem Dreier, Vierer, Bestball- oder Vierballspiel schließt, soweit es der Zusammenhang gestattet, der Begriff Spieler den bzw. die Partner ein.

Platz „Platz" ist der gesamte Bereich innerhalb aller von der *Spielleitung* festgelegten Platzgrenzen (siehe Regel 33-2).

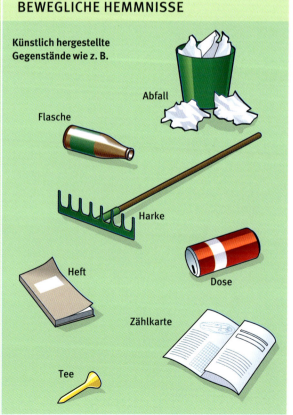

BALL GILT ALS BEWEGT

Dieser Ball hat sich nicht bewegt, da er nach Verlassen seiner Lage in diese zurückgerollt ist.

Dieser Ball hat sich bewegt, weil er seine ursprüngliche Lage verändert hat und in einer anderen Lage zur Ruhe kam; dass er sich ausschließlich vertikal bewegt hat, ist unerheblich.

Platzrichter „Platzrichter" ist jemand, den die *Spielleitung* bestimmt hat, Spieler zu begleiten, um Tatfragen zu entscheiden und den *Regeln* Geltung zu verschaffen. Er muss bei jedem Regelverstoß einschreiten, den er beobachtet oder der ihm gemeldet wird.

Ein Platzrichter soll nicht den *Flaggenstock* bedienen, am *Loch* stehen oder dessen Lage anzeigen und auch nicht den Ball aufnehmen oder dessen Lage kennzeichnen.

Provisorischer Ball Ein „Provisorischer Ball" ist ein Ball, der nach Regel 27-2 für einen Ball gespielt wird, der außerhalb eines *Wasserhindernisses verloren* oder im *Aus* sein kann.

Puttlinie „Puttlinie" ist die Linie, die nach der Absicht des Spielers sein Ball nach einem auf dem *Grün* gespielten *Schlag* nehmen soll. Ausgenommen im Sinne von Regel 16-1e umfasst die Puttlinie einen angemessenen Abstand beiderseits der beabsichtigten Linie. Die Puttlinie erstreckt sich nicht über das *Loch* hinaus.

R&A „R&A" steht für R&A Rules Limited.

Regel oder Regeln Der Begriff „Regel" schließt ein
a) die Golfregeln und ihre in den „Entscheidungen zu den Golfregeln" enthaltenen Auslegungen;
b) alle von der *Spielleitung* nach Regel 33-1 und Anhang I erlassenen Wettspielbedingungen;
c) alle von der *Spielleitung* nach Regel 33-8a und Anhang I erlassenen Platzregeln und
d) die Bestimmungen in den Anhängen II und III über Schläger und Ball und ihre Interpretationen, siehe „A Guide to the Rules on Clubs and Balls".

Schlag „Schlag" ist die Vorwärtsbewegung des Schlägers, ausgeführt in der Absicht, nach dem Ball zu schlagen und ihn zu *bewegen*. Bricht jedoch ein Spieler willentlich seinen Abschwung ab, bevor der Schlägerkopf den Ball erreicht, so hat er keinen Schlag gemacht.

Seitliches Wasserhindernis „Seitliches Wasserhindernis" ist ein *Wasserhindernis* bzw. derjenige Teil davon, an dem es aufgrund seiner Lage nicht möglich oder nach Auffassung der *Spielleitung* undurchführbar ist, einen Ball in Übereinstimmung mit Regel 26-1b hinter dem *Wasserhindernis* fallen zu lassen. Jeglicher Boden und alles Wasser innerhalb der Grenzen eines seitlichen Wasserhindernisses ist Teil des seitlichen Wasserhindernisses.

Wird die Grenze eines seitlichen Wasserhindernisses durch Pfähle gekennzeichnet, so befinden sich diese Pfähle in dem seitlichen Wasserhindernis und die Grenze wird durch die Verbindung der nächstgelegenen äußeren Punkte der Pfähle auf Bodenhöhe gekennzeichnet. Werden sowohl Pfähle als auch Linien benutzt, um ein seitliches Wasserhindernis anzuzeigen, so bezeichnen die Pfähle das seitliche Wasserhindernis und die Linien kennzeichnen dessen Grenze. Wird die Grenze eines seitlichen Wasserhindernisses durch eine Linie auf dem Boden gekennzeichnet, so ist die Linie selbst im seitlichen Wasserhindernis. Die Grenze eines seitlichen Wasserhindernisses erstreckt sich senkrecht nach oben und unten.

NÄCHSTGELEGENER PUNKT DER ERLEICHTERUNG

„Ja. Du hast den Schläger genommen, mit dem du den Schlag machen willst und du simulierst das Ansprechen des Balls für den Schlag. Auf diese Art und Weise bestimmst du den nächstgelegenen Punkt der Erleichterung von der Lage des Balls."

„Ich versuche, den nächstgelegenen Punkt der Erleichterung von diesem Hemmnis zu bestimmen. Verfahre ich hier richtig?"

PARTNER

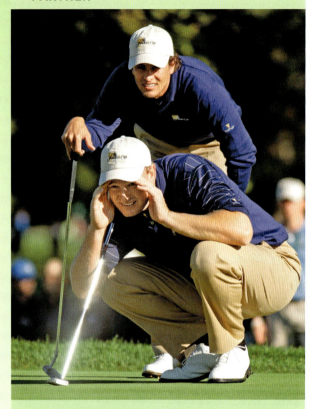

Ein Partner ist ein Spieler, der mit einem anderen Spieler zur gleichen Partei gehört.

Ein Ball ist im seitlichen Wasserhindernis, wenn er darin liegt oder es mit irgendeinem Teil berührt.

Pfähle, die ein seitliches Wasserhindernis bezeichnen oder dessen Grenze kennzeichnen, sind Hemmnisse.

Anmerkung 1: Derjenige Teil eines *Wasserhindernisses*, der als seitliches Wasserhindernis gespielt werden soll, muss unverwechselbar gekennzeichnet sein. Pfähle oder Linien zur Kennzeichnung oder Bezeichnung eines seitlichen Wasserhindernisses bzw. dessen Grenze müssen rot sein.

Anmerkung 2: Die *Spielleitung* darf durch Platzregel bestimmen, dass von einem geschützten Biotop, das als seitliches Wasserhindernis bezeichnet ist, nicht gespielt werden darf.

Anmerkung 3: Die *Spielleitung* darf ein seitliches Wasserhindernis als ein *Wasserhindernis* bezeichnen.

Spielformen des Lochspiels

Einzel: Ein Wettkampf, in dem ein Spieler gegen einen anderen Spieler spielt.

Dreier: Ein Wettkampf, in dem ein Spieler gegen zwei andere Spieler spielt und jede *Partei* nur einen Ball spielt.

Vierer: Ein Wettkampf, in dem zwei Spieler gegen zwei andere Spieler spielen und jede *Partei* nur einen Ball spielt.

Dreiball: Drei Spieler spielen gegeneinander, jeder spielt seinen eigenen Ball. Jeder Spieler spielt zwei voneinander unabhängige Lochspiele.

Bestball: Ein Wettkampf, in dem ein Spieler gegen den besseren Ball von zwei anderen Spielern oder den besten Ball von drei anderen Spielern spielt.

Vierball: Ein Wettkampf, in dem zwei Spieler ihren besseren Ball gegen den besseren Ball von zwei anderen Spielern spielen.

Spielformen des Zählspiels

Einzel: Ein Wettkampf, in dem jeder Bewerber für sich spielt.

Vierer: Ein Wettkampf, in dem zwei Bewerber als Partner einen Ball spielen.

Vierball: Ein Wettkampf, in dem zwei Bewerber als Partner jeder seinen eigenen Ball spielt. Das bessere Ergebnis der Partner ist das Ergebnis für das Loch. Wenn ein Partner das Loch nicht beendet, fällt keine Strafe an.

Anmerkung: Für Spiele gegen Par oder nach Stableford siehe Regel 32-1.

Spielleitung „Spielleitung" ist bei Wettspielen der verantwortliche Ausschuss, anderenfalls der für den *Platz* verantwortliche Ausschuss.

DEFINITION EINES SCHLAGES

Hier hat der Spieler, da er noch nicht im Abschwung ist, auch noch nicht mit dem „Schlag" begonnen. Mit dem Beginn des Abschwungs gilt die Bewegung als Schlag, es sei denn, der Spieler bricht vor dem Treffen des Balls den Abschwung willentlich ab.

ABSCHLAG

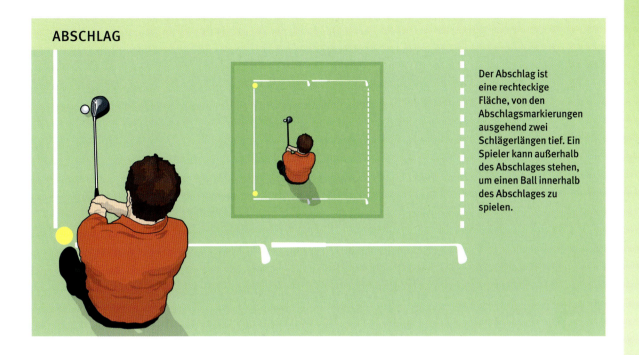

Der Abschlag ist eine rechteckige Fläche, von den Abschlagsmarkierungen ausgehend zwei Schlägerlängen tief. Ein Spieler kann außerhalb des Abschlages stehen, um einen Ball innerhalb des Abschlages zu spielen.

Spiellinie „Spiellinie" ist die Richtung, die nach der Absicht des Spielers sein Ball nach einem *Schlag* nehmen soll, zuzüglich eines angemessenen Abstands beiderseits der beabsichtigten Richtung. Die Spiellinie erstreckt sich vom Boden senkrecht nach oben, jedoch nicht über das *Loch* hinaus.

Spielzufall Wird ein Ball in Bewegung zufällig durch etwas *Nicht zum Spiel Gehöriges* abgelenkt oder aufgehalten, so gilt dies als „Spielzufall" (siehe Regel 19-1).

Standposition „Standposition" beziehen heißt, dass ein Spieler für und in Vorbereitung auf einen *Schlag* die Füße in Stellung bringt.

Strafschlag „Strafschlag" ist ein Schlag, der nach bestimmten *Regeln* der Schlagzahl eines Spielers oder einer *Partei* zugerechnet wird. Im *Dreier* oder *Vierer* wirken sich Strafschläge nicht auf die Spielfolge aus.

Tee Ein „Tee" ist ein Hilfsmittel, das dazu bestimmt ist, den Ball über den Boden zu erheben. Es darf nicht länger als 101,6 mm sein und es darf nicht so gestaltet oder hergestellt sein, dass es die *Spiellinie* anzeigen oder die Bewegung des Balls beeinflussen könnte.

Ungewöhnlich beschaffener Boden „Ungewöhnlich beschaffener Boden" bezeichnet folgende Umstände auf dem *Platz*: Zeitweiliges Wasser, Boden in Ausbesserung oder Loch, Aufgeworfenes oder Laufweg eines *Erdgänge grabenden Tiers*, eines Reptils oder eines Vogels.

Verlorener Ball Ein Ball gilt als „verloren", wenn
a) er binnen fünf Minuten, nachdem die *Partei* des Spielers oder deren *Caddies* die Suche danach begonnen haben, nicht gefunden oder nicht vom Spieler als sein eigener identifiziert ist; oder
b) der Spieler einen Schlag nach einem provisorischen Ball gemacht hat, von dem Ort, an dem sich der ursprüngliche Ball mutmaßlich befindet, oder von einem Punkt, der näher zum *Loch* liegt als dieser Ort (siehe Regel 27-2b); oder
c) der Spieler mit einem Strafschlag und Distanzverlust einen anderen Ball ins Spiel gebracht hat (siehe Regel 27-1a); oder
d) der Spieler einen anderen Ball ins Spiel gebracht hat, weil es bekannt oder so gut wie sicher ist, dass der nicht gefundene Ball
   - von etwas Nicht zum Spiel Gehörigen bewegt wurde (siehe Regel 18-1),
   - in einem Hemmnis ist (siehe Regel 24-3),
   - in ungewöhnlich beschaffenem Boden ist (siehe Regel 25-1c), oder
   - in einem Wasserhindernis ist (siehe Regel 26-1); oder
e) der Spieler einen Schlag nach einem *neu eingesetzten Ball* gemacht hat.

Beim Spielen eines *falschen Balls* zugebrachte Zeit wird nicht auf die zulässige Suchzeit von fünf Minuten angerechnet.

Vierball Siehe: „*Spielformen des Lochspiels*" und „*Spielformen des Zählspiels*".

Vierer Siehe: *„Spielformen des Lochspiels"* und *„Spielformen des Zählspiels"*.

Vorcaddie „Vorcaddie" ist jemand, den die *Spielleitung* eingesetzt hat, Spielern während des Spiels die Lage von Bällen anzugeben. Er ist *Nicht zum Spiel Gehörig*.

Wasserhindernis „Wasserhindernis" ist jedes Meer, jeder See, Teich, Fluss, Graben, Abzugsgraben oder sonstige offene Wasserlauf (Wasser enthaltend oder nicht) und alles Ähnliche auf dem *Platz*. Jeglicher Boden und alles Wasser innerhalb der Grenzen eines Wasserhindernisses ist Teil des Wasserhindernisses.

Wird die Grenze eines Wasserhindernisses durch Pfähle gekennzeichnet, so befinden sich diese Pfähle in dem Wasserhindernis und die Grenze wird durch die Verbindung der nächstgelegenen äußeren Punkte der Pfähle auf Bodenhöhe gekennzeichnet. Werden sowohl Pfähle als auch Linien benutzt, um ein Wasserhindernis anzuzeigen, so bezeichnen die Pfähle das Wasserhindernis und die Linien kennzeichnen die Grenze. Wird die Grenze eines Wasserhindernisses durch eine Linie auf dem Boden gekennzeichnet, so ist die Linie selbst im Wasserhindernis. Die Grenze eines Wasserhindernisses erstreckt sich senkrecht nach oben und unten.

Ein Ball ist im Wasserhindernis, wenn er darin liegt oder es mit irgendeinem Teil berührt.

Pfähle, die ein Wasserhindernis bezeichnen oder dessen Grenze kennzeichnen, sind Hemmnisse.

Anmerkung 1: Pfähle oder Linien zur Kennzeichnung oder Bezeichnung eines Wasserhindernisses bzw. dessen Grenze müssen gelb sein.

Anmerkung 2: Die *Spielleitung* darf durch Platzregel bestimmen, dass von einem geschützten Biotop, das als Wasserhindernis gekennzeichnet ist, nicht gespielt werden darf.

Zähler „Zähler" ist jemand, den die *Spielleitung* zum Aufschreiben der Schlagzahl eines *Bewerbers* im Zählspiel bestimmt hat. Er kann ein *Mitbewerber* sein. Er ist kein *Platzrichter*.

Zeitweiliges Wasser „Zeitweiliges Wasser" ist jede vorübergehende Wasseransammlung auf dem *Platz*, die nicht in einem *Wasserhindernis* ist, und die sichtbar ist, bevor oder nachdem der Spieler seine *Standposition* bezieht. Schnee und natürliches Eis, nicht aber Reif, sind entweder zeitweiliges Wasser oder *lose hinderliche Naturstoffe* nach Wahl des Spielers. Künstlich hergestelltes Eis ist *Hemmnis*. Tau und Reif gelten nicht als zeitweiliges Wasser.

Ein Ball ist in zeitweiligem Wasser, wenn er darin liegt oder es mit irgendeinem Teil berührt.

▶ ERKLÄRUNGEN
REGELFALL

Während seines Viertelfinalspiels mit Thomas Levet in der HSBC World Matchplay Championship 2004 lag der Ball von Padraig Harrington auf der Bahn 9 nahe an einem Baum. Der Ire befürchtete, dass die Äste des Baums den Raum seines beabsichtigten Schwungs behindern könnten, schien sich aber vor dem Ansprechen des Balls davon überzeugt zu haben, dass dies nicht der Fall sein würde. Während des Rückschwungs traf der Schläger des Spielers jedoch einen Ast, doch obwohl Harrington den Abschwung dann schon begonnen hatte, beschloss er während des Abschwungs, den Ball nicht zu schlagen. Da es ihm nicht mehr möglich war, den Schläger vor dem Ball anzuhalten, änderte er die Schwungbahn des Schlägers, um absichtlich über den Ball zu schlagen.

Harrington erklärte dem Platzrichter, der mit dieser Gruppe lief, dass er den Weg des Abschwungs absichtlich geändert habe, um den Ball zu verfehlen. In Übereinstimmung mit Entscheidung 14/1.5 entschied

In Wentworth verletzt sich Padraig Harrington beim Schlag nach einem dicht am Baum liegenden Ball an der Hand.

der Platzrichter, dass Harrington keinen Schlag gemacht habe, da er seine Absicht, den Ball zu schlagen, während des Abschwungs aufgegeben hatte. Es fiel auch keine Strafe nach Regel 13-2 an, da außerdem nichts geschehen war, was den Raum des beabsichtigten Schwungs verbessert hatte, als er den Baum traf.

Der Fall endete hiermit aber noch nicht. Als Harrington dann tatsächlich seinen Schlag spielte, traf er mit seiner Hand im Durchschwung den Baum. Mit Zustimmung des Platzrichters (nach Regel 6-8a) unterbrach Harrington sein Spiel für einige Minuten, um seinen blutenden Daumen verbinden zu lassen. Entscheidung 6-8a/3 bestätigt, dass es für eine Spielleitung möglich ist, einem Spieler 10 bis 15 Minuten Zeit zu geben, sich von einem Vorfall zu erholen.

▸ ERKLÄRUNGEN
HÄUFIG GESTELLTE FRAGEN

F. Wie bestimmt ein Spieler den nächstgelegenen Punkt der Erleichterung?
A. Nehmen wir an, der Ball eines Spielers liegt auf dem Fairway. Der Spieler würde straflose Erleichterung erhalten, wenn die Lage des Balls oder der Raum seines beabsichtigten Stands oder Schwungs z. B. von einem ungewöhnlichen beschaffenen Boden behindert wären (Regel 25-1). Wählt der Spieler die Erleichterung, so wird verlangt, dass er Erleichterung für alle drei Punkte (also „vollständige Erleichterung") nimmt. Er kann nicht wählen, nur Erleichterung von einem aber nicht von den anderen Punkten zu nehmen. Lag der Ball z. B. in zeitweiligem Wasser (ein ungewöhnlich beschaffener Boden), so muss der Spieler beim Bestimmen des nächstgelegenen Punktes der Erleichterung sicherstellen, dass der Ball sich dort nicht in dem zeitweiligem Wasser befindet und dass das zeitweilige Wasser auch nicht seinen Schwung oder Stand behindert. Er darf nicht nur für die Lage des Balls Erleichterung nehmen.

Um den nächstgelegenen Punkt der Erleichterung genau zu bestimmen, sollte der Spieler mit dem Schläger, mit dem er den nächsten Schlag gespielt hätte, wenn die Behinderung (zeitweiliges Wasser) nicht dort gewesen wäre, und er sollte die Standposition, die Spielrichtung und den Schwung für einen solchen Schlag simulieren, um sich zu vergewissern, dabei frei von Behinderung durch den entsprechenden Umstand zu sein.

Der nächstgelegene Punkt der Erleichterung ist die Stelle auf dem Platz, so nahe wie möglich zu der Stelle, an der der Ball liegt, der (I) nicht näher zum Loch liegt und (II), läge der Ball dort, keine Behinderung mehr von dem Umstand (in diesem Fall zeitweiliges Wasser) gegeben wäre.

F. Welchen Schläger muss ein Spieler nehmen, um den nächstgelegenen Punkt der Erleichterung auszumessen und zu bestimmen?

A. Um den „nächstgelegenen Punkt der Erleichterung" (siehe Erklärung dieses Begriffs) zu bestimmen, sollte der Spieler den Schläger nehmen, mit dem er den nächsten Schlag spielen würde. Dies ist eine Empfehlung, deshalb wird auch das Wort „sollte" und nicht „muss" verwendet und der Spieler zieht sich keine Strafe zu, nur weil er dieser Empfehlung nicht folgt. Verwendet der Spieler jedoch einen anderen Schläger, mit dem es z. B. völlig unvernünftig von ihm wäre, den nächsten Schlag zu spielen, so läuft er Gefahr, einen Punkt zu bestimmen, der nicht der richtige nächstgelegene Punkt der Erleichterung ist. Verfährt der Spieler so, könnte er als Folge davon den Ball an einer falschen Stelle fallen lassen und, falls er von dort spielt, sich die Strafe für das Spielen von einer falschen Stelle zuziehen.

Angenommen, der Ball des Spielers liegt 90 Meter vom Loch entfernt und er steht in zeitweiligem Wasser. Der Spieler ist nach Regel 25-1 zu strafloser Erleichterung aus dem zeitweiligen Wasser berechtigt. Er sollte sich nun vorstellen, das zeitweilige Wasser würde nicht dort sein und einfach den Schläger wählen, mit dem er üblicherweise an dieser Stelle spielen würde – z.B. eine Wedge. Die Wedge wäre deshalb der richtige Schläger zur genauen Bestimmung des nächstgelegenen Punkts der Erleichterung.

Andererseits darf der Spieler jeden Schläger verwenden, um die Fläche zum Fallenlassen des Balls von einer oder zwei Schlägerlängen (abhängig von der Regel) zu bestimmen.

Einige Regeln –z.B. „Unbewegliche Hemmnisse" (Regel 24-2) oder „Ungewöhnlich beschaffener Boden" (Regel 25-1) verlangen vom Spieler, den Ball innerhalb einer Schlägerlänge vom nächstgelegenen Punkt der Erleichterung fallen zu lassen. Andere Regeln, wie „Ball unspielbar" (Regel 28), verlangen vom Spieler einfach, einen Ball innerhalb einer bestimmten Anzahl von Schlägerlängen fallen zu lassen: Im Fall von Regel 28c innerhalb von zwei Schlägerlängen von der Stelle, an der der Ball liegt.

ABSCHNITT 3
DIE REGELN DES SPIELS

▶ REGEL 1
DAS SPIEL

ERKLÄRUNG
Feststehende Begriffe sind kursiv geschrieben und alphabetisch im Abschnitt II „Erklärungen" aufgeführt (siehe Seiten 13–24).

1-1 Allgemeines

Golf spielen ist, einen Ball mit einem Schläger durch einen *Schlag* oder aufeinander folgende Schläge in Übereinstimmung mit den *Regeln* vom *Abschlag* in das Loch zu spielen.

1-2 Beeinflussung des Balls

Kein Spieler oder *Caddie* darf irgendetwas unternehmen, um Lage oder Bewegung eines Balls zu beeinflussen, es sei denn in Übereinstimmung mit den *Regeln*.
(Fortbewegen loser hinderlicher Naturstoffe – siehe Regel 23-1.)
(Fortbewegen beweglicher Hemmnisse – siehe Regel 24-1.)

BILLIGKEIT – EINIGE BEISPIELE

* STRAFE
Für Verstoß gegen Regeln 1-2:
Lochspiel – Lochverlust;
Zählspiel – Zwei Schläge.
* Bei einem schwerwiegenden Verstoß gegen Regel 1-2 darf die Spielleitung die Strafe der Disqualifikation verhängen.

ANMERKUNG
Ein Spieler hat einen schwerwiegenden Verstoß gegen Regel 1-2 begangen, wenn die *Spielleitung* der Meinung ist, dass seine Handlung zur Beeinflussung der Lage oder Bewegung des Balls ihm oder einem anderen Spieler einen bedeutenden Vorteil oder einem anderen Spieler, außer seinem Partner, einen bedeutenden Nachteil verschafft hat.

1-3 Übereinkunft über Nichtanwendung von Regeln
Spieler dürfen nicht übereinkommen, die Anwendung irgendeiner *Regel* auszuschließen oder irgendeine Strafe außer Acht zu lassen.

STRAFE
FÜR Verstoß GEGEN REGEL 1-3:
Lochspiel – Disqualifikation beider Parteien;
Zählspiel – Disqualifikation beteiligter Bewerber.
(Übereinkunft zum Spielen außer Reihenfolge im Zählspiel – siehe Regel 10-2c.)

1-4 Nicht durch Regeln erfasste Einzelheiten

Wird irgendeine strittige Einzelheit nicht durch die *Regeln* erfasst, so sollte nach Billigkeit entschieden werden.

▸ REGEL 1

REGELFALL

Die Open Championship 2008 in Royal Birkdale wurde an allen vier Tagen durch starken Wind geprägt, der eine Anzahl von windbezogene Regelfälle verursachte.

Am ersten Tag markierte Lee Westwood seinen Ball auf dem sechsten Grün, nahm ihn auf und legte ihn zurück, aber bevor er seinen nächsten Schlag spielen konnte, wehte der Wind seinen Ball einen Abhang vor dem Grün hinab. Regel 20-3d bestimmt, dass ein hingelegter Ball, der auf dieser Stelle zur Ruhe kommt und sich anschließend bewegt, straflos gespielt werden muss wie er liegt, es sei denn, andere Bestimmungen der Regeln finden Anwendung.

Als Folge davon musste Westwood seinen Ball von der neuen Stelle außerhalb des Grüns spielen, wobei sich allerdings seine Stimmung besserte, als er seinen Chip zu einer 5 einlochte!

Am dritten Tag während der stürmischsten Phase der Woche kam der Ball von Frederik Jacobson in einem Bunker links auf dem 10. Fairway zur Ruhe. Noch bevor er den Bunker betreten hatte, um seinen Ball zu spielen, konnte man beobachten, dass sein Ball sich zweimal durch den Wind bewegte. Im Bunker, gilt ein Ball als vom Spieler angesprochen, wenn er nur seinen Stand eingenommen hat. Deshalb war Jacobson sehr besorgt, den Bunker zu betreten und sich möglicherweise eine Strafe zuzuziehen (nach Regel 18-2b: Ball nach dem Ansprechen bewegt), falls der Ball sich ein drittes Mal bewegen sollte, nachdem er den Bunker betreten hatte und den Stand eingenommen hatte.

Nach einer Besprechung mit dem Platzrichter, der diese Spielgruppe begleitete, betrat Jacobson den Bunker, nahm seinen Stand ein und der Ball bewegte sich tatsächlich nochmals. Normalerweise führt es zu einem Strafschlag, wenn der Ball sich nach dem Ansprechen bewegt und der Ball ist zurückzulegen. In einer anschließenden weiteren Besprechung mit einem auf dem Platz zur Unterstützung eingesetzten Platzrichter und David Rickman (Geschäftsführer für den Bereich Regelndes R&A) wurde aber entschieden, dass aufgrund der außergewöhnlichen Umstände und der Tatsache, dass nicht Jacobsons Handlungen die Bewegung des Ball verursacht hatten, nach Billigkeit (Regel 1-4) keine Strafe anfiel und der Ball von der neuen Stelle zu spielen sei.

▸ REGEL 1

HÄUFIG GESTELLTE FRAGEN

F Was bedeutet der Begriff „Billgkeit"?
A Billigkeit bedeutet, gleiche Vorkommnisse gleich zu behandeln. Einige Dinge werden nicht durch die Golfregeln erfasst, und in diesen Fällen muss die Entscheidung danach getroffen werden, was hier nach den Regeln fair wäre. Billigkeit ist jedoch kein Ersatz für die korrekte Anwendung einer Regel.

▶ REGEL 2
LOCHSPIEL

2-1 Allgemeines

Ein Spiel besteht aus einer *Partei*, die, wenn nicht von der *Spielleitung* anders bestimmt, über die *festgesetzte Runde* gegen eine andere *Partei* spielt.

Im Lochspiel wird lochweise gespielt.

Sofern die Regeln nichts anderes bestimmen, gewinnt ein Loch diejenige Partei, die mit weniger Schlägen ihren Ball einlocht. Im Vorgabespiel gewinnt das niedrigere Nettoergebnis das Loch.

Der Stand des Lochspiels wird durch die Begriffe „so viele Löcher auf", „gleich (all square)" und „so viele Löcher zu spielen" ausgedrückt.

Eine *Partei* ist „dormie", wenn sie so viele Löcher auf ist, wie noch zu spielen sind.

2-2 Halbiertes Loch

Ein Loch ist halbiert, wenn beide *Parteien* mit der gleichen *Schlagzahl einlochen*.

Hat ein Spieler *eingelocht* und kann sein Gegner mit einem *Schlag* halbieren, der Spieler zieht sich jedoch nach dem *Einlochen* eine Strafe zu, so ist das Loch halbiert.

ERKLÄRUNGEN

Feststehende Begriffe sind kursiv geschrieben und alphabetisch im Abschnitt II „Erklärungen" aufgeführt (siehe Seiten 13–24).

GEWINNER IM LOCHSPIEL: „SUDDEN DEATH PLAY-OFF"

„Guter Putt. Damit haben wir das Lochspiel geteilt. Unser lochweises Stechen beginnt am ersten Abschlag."

„Nein, wir haben das Lochspiel am 10. Abschlag begonnen, deshalb ist dies unser erstes Extraloch. Wie vorhin bekommst du dort einen Schlag vor."

2-3 Gewinner im Lochspiel

Ein Lochspiel ist gewonnen, wenn eine Partei mit mehr Löchern führt als noch zu spielen sind.

Zur Entscheidung bei Gleichstand darf die Spielleitung eine festgesetzte Runde um so viele Löcher verlängern, wie erforderlich sind, bis das Lochspiel gewonnen ist.

2-4 Schenken des Lochspiels, des Lochs oder des nächsten Schlags

Ein Spieler darf ein Lochspiel jederzeit vor Beginn oder Abschluss des Lochspiels schenken.

Ein Spieler darf ein Loch jederzeit vor Beginn oder Abschluss des Lochs schenken.

Ein Spieler darf seinem Gegner jederzeit den nächsten Schlag schenken, vorausgesetzt der Ball des Gegners ist zur Ruhe gekommen. Der Ball gilt als vom Gegner mit seinem nächsten *Schlag eingelocht* und jede *Partei* darf den Ball entfernen.

Ein Schenken darf weder zurückgewiesen noch widerrufen werden.

(Ball ragt über den Lochrand hinaus – siehe Regel 16-2.)

2-5 Zweifel oder Streit über Spielweise; Beanstandungen

Entstehen im Lochspiel zwischen den Spielern Zweifel oder Streit, so kann ein Spieler eine Beanstandung erheben. Ist kein befugter Vertreter der *Spielleitung* binnen angemessener Frist erreichbar, so müssen die Spieler das Spiel ohne Verzögerung fortsetzen. Eine Beanstandung wird von der *Spielleitung* nur berücksichtigt, wenn der beanstandende Spieler seinem Gegner mitteilt,
(I)   dass er eine Beanstandung erhebt,
(II) welche Tatsachen er beanstandet und
(III) dass er eine Regelentscheidung verlangt.

Die Beanstandung muss erhoben werden, bevor irgendein an dem Lochspiel beteiligter Spieler am nächsten *Abschlag* abschlägt, bzw., sofern es sich um das letzte Loch des Lochspiels handelt, bevor alle an dem Lochspiel beteiligten Spieler das *Grün* verlassen.

Eine spätere Beanstandung darf von der *Spielleitung* nicht berücksichtigt werden, es sei denn, sie beruht auf Tatsachen, die dem beanstandenden Spieler zuvor unbekannt waren, und ihm wurde von einem Gegner eine falsche Auskunft (Regeln 6-2a und 9) erteilt.

In keinem Fall wird jedoch eine spätere Beanstandung nach offizieller Bekanntgabe des Lochspielergebnisses berücksichtigt, ausgenommen der Gegner hätte nach Überzeugung der *Spielleitung* die falsche Auskunft wissentlich gegeben.

2-6 Grundstrafe

Sofern nichts anderes vorgesehen, ist die Strafe für Verstoß gegen eine *Regel* im Lochspiel Lochverlust.

▸ REGEL 2

REGELFALL

Das Schenken von Tony Jacklin's Putt durch Jack Nicklaus auf dem letzten Loch des Ryder Cups 1969 wird als eine der fairsten Gesten im Golf betrachtet und führte zum ersten Gleichstand in der Geschichte dieses Wettspiels. Zu Beginn des Schlusstags des Wettspiels im Royal Birkdale Golfclub (Lancashire, England) hatten die USA sowie Großbritannien/Irland jeweils acht Punkte erzielt. Die Lochspielzweier am Vormittag ergaben einen Vorsprung von zwei Punkten für Großbritannien/Irland, aber die USA reagierten am Nachmittag darauf, was den Stand des Spiels auf jeweils 15 Punkte brachte. Nur das Spiel von Nicklaus und Jacklin war noch auf dem Platz.

Tony Jacklin und Jack Nicklaus geben sich die Hand auf dem 18. Grün während des Ryder Cup 1969 in Royal Birkdale. Das Ergebnis des gesamten Spiels zwischen Großbritannien und Irland gegen die USA wurde durch den letzten Putt des letzten Lochspiels entschieden. Mit einem Gespür für die Bedeutung dieses Moments schenkte Nicklaus Jacklins´ Putt, was zum ersten Gleichstand in der Geschichte des Ryder Cups führte.

18 der 32 Ryder-Cup-Spiele endeten in diesem Jahr am 18. Loch, und hier war es, wo das dreitägige Wettspiel letztlich entschieden wurde.

Nicklaus schien das Spiel in der Hand zu haben, da Jacklin auf den letzten neun Löchern zurückfiel, aber der amtierende Open-Sieger Jacklin gab nicht nach. Tatsächlich spielte er einen Eagle auf dem 17. Loch, um wieder all square mit Nicklaus zu liegen. Auf dem Par 5 (18. Loch) verpasste er den Putt zum Birdie. Nicklaus lochte einen Putt von 1,20 Meter zum Par ein und ließ Jacklin einen kurzen Putt, um das Spiel zu teilen. Wenn er den Putt lochen würde, wäre es ein Gleichstand, aber wenn Jacklin das Loch verfehlen würde, hätten die Amerikaner gewonnen. Bevor Jacklin spielen konnte, schenkte Nicklaus den Putt dem Engländer und sicherte damit einen Gleichstand.

„Ich glaube nicht, dass Du diesen Putt vorbeigeschoben hättest", sagte Nicklaus angeblich, „aber unter diesen Umständen würde ich Dir nie eine Gelegenheit dazu gegeben haben."

„Die Länge dieses Putts hat sich in 30 Jahren verändert", berichtete Jacklin kürzlich gegenüber Journalisten. „Es wurde von 1,20 Meter gesprochen, aber in meiner Erinnerung war es ein halber Meter. Natürlich hätte ich das Loch verfehlen können, denn es gibt keine Gewissheit im Golf, vor allem nicht unter dem Druck eines Ryder Cups, aber ich glaube, ich hätte den Putt eingelocht. Aber Jack sah die Szene vor sich, wie ich zwei Monate vorher nach 18 Jahren der erste britische Spieler war, der wieder die Open gewonnen hatte, was in diesem Jahr in England zu einer enormen pro-britischen Stimmung im Ryder Cup führte. Jack wusste, dass der Putt 1969 auf dem letzten Loch für den Ryder Cup viel mehr bedeutete als nur, wer dieses letzte Spiel gewinnt oder verliert. Es war ein bedeutender Augenblick."

▸ REGEL 2
HÄUFIG GESTELLTE FRAGEN

F Können Sie einen zweiten Ball spielen wenn Sie sich unsicher sind, wie es beim Lochspiel weitergeht?
A Nein. Wenn kein Mitglied des Spielausschuss verfügbar ist, wird das Spiel ohne Rücksicht auf die möglichen Regeln fortgesetzt.

Wenn der Gegner damit nicht einverstanden ist, so darf er eine Forderung stellen. Diese Forderung sollte gestellt werden, bevor beide Spieler vom nächsten „Tee" aus spielen oder, wenn es sich um das letzte Loch handelt, bevor alle Spieler das Grün verlassen (REGEL 2-5).

▸ REGEL 3
ZÄHLSPIEL

ERKLÄRUNG
Feststehende Begriffe sind kursiv geschrieben und alphabetisch im Abschnitt II „Erklärungen" aufgeführt (siehe Seiten 13–24).

3-1 Allgemeines; Gewinner

Ein Zählwettspiel besteht aus Bewerbern, die jedes Loch einer oder mehrerer festgesetzten Runde oder Runden beenden und die für jede Runde eine Zählkarte einreichen, auf der eine Bruttoschlagzahl für jedes Loch eingetragen ist. Jeder Bewerber spielt gegen jeden anderen Bewerber in dem Wettspiel.

Gewinner ist derjenige *Bewerber*, der für die *festgesetzte(n) Runde(n)* die wenigsten *Schläge* benötigt.

In einem Wettspiel mit Vorgabe ist der Bewerber mit dem niedrigsten Netto-Ergebnis für die *festgesetzte(n) Runde(n)* der Gewinner.

3-2 Nicht eingelocht

Locht ein *Bewerber* an irgendeinem Loch nicht ein und behebt seinen Fehler nicht, bevor er einen *Schlag* vom nächsten *Abschlag* macht bzw., sofern es sich um das letzte Loch der Runde handelt, das Grün verlässt, **so ist er disqualifiziert.**

ZWEIFEL ÜBER SPIELWEISE IM ZÄHLSPIEL

3-3 Zweifel über Spielweise

3-3 a Verfahren

Im Zählspiel darf ein *Bewerber*, der beim Spielen eines Lochs im Zweifel ist, welches seine Rechte sind oder wie er zu spielen hat, straflos das Loch mit zwei Bällen beenden.
Nach Entstehen der Lage, die den Zweifel hervorruft, muss der *Bewerber* vor jeder weiteren Handlung seinem *Zähler* oder einem *Mitbewerber* ankündigen, dass er zwei Bälle spielen will und welcher Ball gelten soll, sofern es die *Regeln* gestatten.
Der Bewerber muss, bevor er seine Zählkarte einreicht, den Sachverhalt der *Spielleitung* melden. Versäumt er dies, **so ist er disqualifiziert**.

ANMERKUNG

Handelt der Bewerber, bevor er sich mit der zweifelhaften Situation befasst, so ist Regel 3-3 nicht anwendbar. Das Ergebnis mit dem ursprünglichen Ball zählt, oder, wenn der ursprüngliche Ball nicht einer der gespielten Bälle ist, zählt das Ergebnis mit dem zuerst ins Spiel gebrachten Ball, auch wenn die *Regeln* das Verfahren mit diesem Ball nicht zulassen. Der Bewerber zieht sich jedoch keine Strafe für das Spielen eines zweiten Balls zu und Strafschläge, die ausschließlich beim Spielen des zweiten Balls anfielen, werden nicht zu seinem Ergebnis hinzugezählt.

3-3 b Schlagzahl für das Loch

(i) Ist nach den *Regeln* die Spielweise mit dem Ball zulässig, den der *Bewerber* im Voraus ausgewählt hatte, so gilt die Schlagzahl mit dem ausgewählten Ball als seine Schlagzahl für das Loch. Anderenfalls gilt die Schlagzahl mit dem anderen Ball, wenn die *Regeln* das mit diesem Ball gewählte Verfahren erlauben.

(i) Versäumt der *Bewerber* im Voraus anzukündigen, dass er das Loch mit zwei Bällen beenden will oder welcher Ball gelten soll, so gilt die Schlagzahl mit dem ursprünglichen Ball, vorausgesetzt, er wurde in Übereinstimmung mit den *Regeln* gespielt. Ist der ursprüngliche Ball nicht einer der gespielten Bälle, gilt der erste ins Spiel gebrachte Ball, vorausgesetzt, er wurde in Übereinstimmung mit den *Regeln* gespielt. Anderenfalls gilt die Schlagzahl mit dem anderen Ball, wenn die *Regeln* das mit dem anderen Ball gewählte Verfahren erlauben.

> **ANMERKUNG 1**
> Spielt ein *Bewerber* einen zweiten Ball nach Regel 3-3, so werden *Schläge*, die nach Anwenden dieser Regel mit dem Ball anfielen, der nicht gewertet wird, nicht gezählt, und *Strafschläge*, die nur beim Spielen dieses Balls anfielen, bleiben außer Betracht.
>
> **ANMERKUNG 2**
> Ein nach Regel 3-3 gespielter zweiter Ball ist kein *provisorischer Ball* nach Regel 27-2.

3-4 Regelverweigerung
Weigert sich ein *Bewerber*, einer Regel nachzukommen, die eines anderen *Bewerbers* Rechte berührt, **so ist er disqualifiziert**.

3-5 Grundstrafe
Sofern nichts anderes vorgesehen, ist die Strafe für Verstoß gegen eine *Regel* im Zählspiel zwei Schläge.

▶ REGEL 4
SCHLÄGER

Erklärungen
Feststehende Begriffe sind kursiv geschrieben und alphabetisch im Abschnitt II „Erklärungen" aufgeführt (siehe Seiten 13–24).

Der *R&A* behält sich vor, jederzeit die Regeln zu Schlägern oder Bällen (siehe Anhang II und III) zu ändern sowie Auslegungen zu erlassen und zu ändern, die diese Regeln betreffen.

Ein Spieler, der Zweifel hat, ob ein Schläger zulässig ist, sollte den *R&A* zurate ziehen.

Ein Hersteller sollte dem *R&A* von einem Schläger, der hergestellt werden soll, ein Muster zur Entscheidung vorlegen, ob der Schläger in Einklang mit den Golfregeln steht. Jedes dem *R&A* übersandte Muster geht als Belegstück in dessen Eigentum über. Versäumt ein Hersteller, vor der Herstellung und/oder Vermarktung eines Schlägers ein Muster vorzulegen oder, falls er ein Muster eingesandt hatte, hierzu eine Entscheidung abzuwarten, so läuft der Hersteller Gefahr, dass der Schläger als nicht mit den Golfregeln in Einklang stehend erklärt wird.

4-1 Form und Machart von Schlägern
4-1 a Allgemeines
Die Schläger des Spielers müssen dieser Regel sowie den Einzelvorschriften und Auslegungsbestimmungen des Anhangs II entsprechen.

> **ANMERKUNG**
> *Die Spielleitung kann in den Wettspielbestimmungen (Regel 33-1) verlangen, dass jeder Driver, den der Spieler mit sich führt, einen Schlägerkopf haben muss, der durch Typ und Neigung der Schlagfläche (Loft) bezeichnet, und in der aktuellen „List of Conforming Driver Heads", die vom R&A herausgegeben wird, aufgeführt ist.*

UNZULÄSSIGER SCHLÄGER MITGEFÜHRT, ABER NICHT BENUTZT

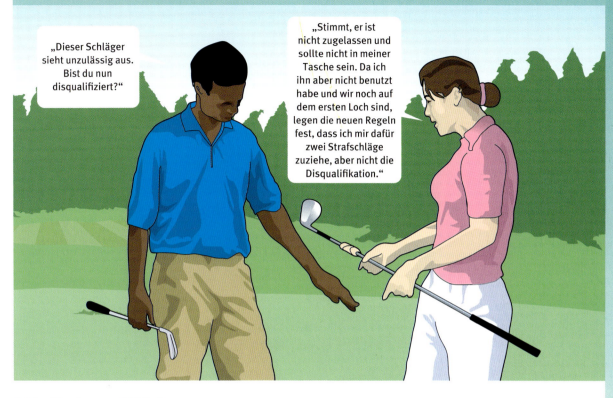

4-1 b Abnutzung und Abänderung
Für einen Schläger, der in neuem Zustand mit den *Regeln* in Einklang steht, gilt dies auch im Zustand der Abnutzung durch normalen Gebrauch. Jeder absichtlich veränderte Teil eines Schlägers gilt als neu und muss in dem abgeänderten Zustand den *Regeln* entsprechen.

4-2 Veränderte Spieleigenschaften und Fremdstoff
4-2 a Veränderte Spieleigenschaften
Während einer *festgesetzten Runde* dürfen die Spieleigenschaften eines Schlägers weder durch Abänderung noch auf irgendeine sonstige Weise absichtlich verändert werden.

4-2 b Fremdstoff
Fremdstoff darf nicht zu dem Zweck an der Schlagfläche angebracht werden, die Bewegung des Balls zu beeinflussen.

*** STRAFE
FÜR DAS MITFÜHREN EINES SCHLÄGERS, DER NICHT MIT REGEL 4-1 oder 4-2
IN EINKLANG STEHT, OHNE DIESEN ZU SPIELEN:**

Lochspiel — Nach Beendigung des Lochs, an dem der Verstoß festgestellt wurde, ist der Stand des Lochspiels zu berichtigen; dabei wird für jedes Loch, bei dem ein Verstoß vorkam, ein Loch abgezogen, höchstens jedoch zwei Löcher pro Runde.
Zählspiel — Zwei Schläge für jedes Loch, bei dem ein Verstoß vorkam, höchstens jedoch vier Schläge pro Runde.
Zählspiel oder Lochspiel — Bei einem Verstoß zwischen zwei Löchern wirkt sich die Strafe für das nächste Loch aus.
Wettspiele gegen Par — siehe Anmerkung 1 zu Regel 32-1a.
Wettspiele nach Stableford — siehe Anmerkung 1 zu Regel 32-1b.

*) Jeder unter Verstoß gegen Regel 4-1 oder 4-2 mitgeführte Schläger muss, nachdem festgestellt wurde, dass ein Verstoß vorlag, unverzüglich vom Spieler gegenüber seinem Gegner im Lochspiel oder seinem Zähler oder einem Mitbewerber im Zählspiel für neutralisiert erklärt werden. Unterlässt der Spieler dies, so ist er disqualifiziert.

FÜR DAS SPIELEN EINES SCHLAGS MIT EINEM SCHLÄGER, DER NICHT MIT REGEL 4-1 oder 4-2 IN EINKLANG STEHT: Disqualifikation.

4-3 Beschädigte Schläger: Instand setzen und Ersatz
4-3 a Beschädigung im normalen Spielverlauf

Wurde während einer *festgesetzten Runde* der Schläger eines Spielers im normalen Spielverlauf beschädigt, so darf der Spieler

(I) den Schläger für den Rest der *festgesetzten Runde* im beschädigten Zustand weiter gebrauchen oder

(II) den Schläger instand setzen oder instand setzen lassen, ohne das Spiel unangemessen zu verzögern oder

(III) als eine zusätzliche Wahlmöglichkeit, aber nur, wenn der Schläger spielunbrauchbar ist, den beschädigten Schläger durch einen beliebigen anderen Schläger ersetzen. Das Ersetzen eines Schlägers darf das Spiel nicht unangemessen verzögern und es darf nicht irgendein Schläger ausgeliehen werden, den irgendwer, der auf dem *Platz* spielt, zum Spielen ausgewählt hat.

STRAFE
FÜR Verstoß GEGEN REGEL 4-3a:
siehe Strafenvermerk zu Regel 4-4a oder b und Regel 4-4c.

SCHLÄGER SPIELUNBRAUCHBAR

Wird ein Schläger im normalen Spielverlauf beschädigt (z. B. bei einem Schlag oder Probeschwung) und ist er dadurch spielunbrauchbar, darf der Spieler ihn ohne Spielverzögerung reparieren, reparieren lassen oder ihn durch einen beliebigen anderen Schläger ersetzen. Jedoch darf er keinen Schläger ausleihen, den irgendwer, der auf dem Platz spielt, benutzt.

Wird ein Schläger anders als im normalen Spielgebrauch beschädigt und wird er dadurch unzulässig oder spielunbrauchbar, so darf er für den Rest der Runde nicht mehr benutzt werden.

Bei der WGC-CA Championship 2008 in Doral hatte Poulter einen Putt von 2,50 Meter Länge auf der Bahn 14 nicht eingelocht und befand sich auf dem Weg zum 15. Abschlag.
Dabei schlug Ian Poulters Putter heftig auf eine Straße, wobei sich ein Gewicht auf der Rückseite des Putters löste. Da sein Putter nicht im normalen Spielgebrauch beschädigt wurde, durfte Poulter den Putter für den Rest der Runde nicht mehr verwenden. Er puttete während den restlichen Löchern mit seiner Wedge.

„Das war so eine Sache", sagte er anschließend „ich ließ meinen Putter auf den Weg fallen, vielleicht auch mit ein bisschen Frust. Ich denke, Metall und Beton lassen sich nicht so gut mischen."

MEHR ALS 14 SCHLÄGER IM LOCHSPIEL

ANMERKUNG
Ein Schläger ist spielunbrauchbar, wenn er beträchtlich beschädigt ist, z. B. wenn der Schaft eingebeult, merklich verbogen oder in Stücke zerbrochen oder der Schlägerkopf lose, losgelöst oder merklich verformt ist oder der Griff sich löst. Ein Schläger ist nicht spielunbrauchbar, nur weil der Anstellwinkel oder die Abwinkelung der Schlagfläche des Schlägerkopfs verändert oder weil der Schlägerkopf verschrammt ist.

4-3 b Andere, nicht im normalen Spielverlauf entstandene Beschädigung
Wurde während einer *festgesetzten Runde* der Schläger eines Spielers auf andere Weise als im normalen Spielverlauf beschädigt, sodass er dadurch nicht in Einklang mit den *Regeln* steht oder dadurch seine Spieleigenschaften verändert sind, so darf er anschließend während der Runde nicht mehr gebraucht oder ersetzt werden.

4-3 c Beschädigung vor der Runde
Ein Spieler darf einen Schläger, der vor einer Runde beschädigt wurde, gebrauchen, vorausgesetzt, der Schläger steht in seinem beschädigten Zustand in Einklang mit den *Regeln*. Vor einer Runde eingetretener Schaden an einem Schläger darf während der Runde behoben werden, sofern sich dadurch die Spieleigenschaften nicht verändern und das Spiel nicht unangemessen verzögert wird.

STRAFE
FÜR Verstoß GEGEN REGEL 4-3b oder c: Disqualifikation.
(Unangemessene Verzögerung – siehe Regel 6-7.)

4-4 Höchstzahl von 14 Schlägern

4-4 a Auswahl und Hinzufügen von Schlägern

Der Spieler darf eine *festgesetzte Runde* nicht mit mehr als 14 Schlägern antreten. Er ist für diese Runde auf die ausgewählten Schläger beschränkt, jedoch darf er, sofern er mit weniger als 14 Schlägern angetreten ist, beliebig viele hinzufügen, vorausgesetzt die Gesamtzahl übersteigt nicht 14.

Das Hinzufügen eines Schlägers oder von Schlägern darf das Spiel nicht unangemessen verzögern (Regel 6-7) und der Spieler darf keinen Schläger hinzufügen oder ausleihen, den irgendwer, der auf dem *Platz* spielt, zum Spielen ausgewählt hat.

4-4 b Partner dürfen Schläger gemeinsam gebrauchen

Partner dürfen Schläger gemeinsam gebrauchen, sofern die Gesamtzahl der Schläger, die die *Partner* mitführen und gemeinsam gebrauchen, 14 nicht übersteigt.

> **STRAFE**
> **FÜR Verstoß GEGEN REGEL 4-4a oder b:**
> **UNBESCHADET DER ÜBERZAHL MITGEFÜHRTER SCHLÄGER**
> **Lochspiel** — Nach Beendigung des Lochs, an dem der Verstoß festgestellt wurde, ist der Stand des Lochspiels zu berichtigen; dabei wird für jedes Loch, bei dem ein Verstoß vorkam, ein Loch abgezogen, höchstens jedoch zwei Löcher pro Runde.
> **Zählspiel** — Zwei Schläge für jedes Loch, bei dem ein Verstoß vorkam, höchstens jedoch vier Schläge pro Runde.
> **Wettspiele gegen Par** — siehe Anmerkung 1 zu Regel 32-1a
> **Wettspiele nach Stableford** — siehe Anmerkung 1 zu Regel 32-1b.

4-4 c Überzähliger Schläger neutralisiert

Jeder unter Verstoß gegen Regel 4-3a (III) oder Regel 4-4 mitgeführte oder gebrauchte Schläger muss vom Spieler gegenüber seinem Gegner im Lochspiel oder seinem *Zähler* oder einem *Mitbewerber* im Zählspiel unverzüglich nach Feststellung des Verstoßes für neutralisiert erklärt werden. Der Spieler darf den oder die Schläger für den Rest der *festgesetzten Runde* nicht mehr gebrauchen.

> **STRAFE**
> **FÜR Verstoß GEGEN REGEL 4-4c:**
> Disqualifikation.

▸ REGEL 4

REGELFALL

In der Open Championship 2001 in Royal Lytham & St. Annes spielte Ian Woosnam seinen Abschlag auf dem ersten Loch (Par 3) etwa 15 Zentimeter ans Loch. Er führte zu Beginn der Runde das Wettspiel als gemeinsam Führender mit an, dann lochte er einen kurzen Putt ein, scheinbar zu einem Birdie: Ein fantastischer Start.

Als er auf dem zweiten Abschlag stand, drehte sich Woosnams Caddie Miles Byrne zu ihm um und sagte: „Du wirst in die Luft gehen. Wir haben 15 Schläger." Auf dem Übungsgelände hatte Woosnam zwei Driver ausprobiert und als er zum ersten Abschlag eilte, hatte er nicht seine Schläger gezählt, um sicherzustellen, dass er nicht mehr als die erlaubten 14 dabei hatte. So zog Woosnam sich zwei Strafschläge für das erste Loch zu und sein Birdie wurde zu einem Bogey. „Es fühlte sich an wie ein Schlag ins Gesicht" sagte er hinterher dazu.

Man kann nur raten, wie diese Strafe Woosnams Spiel beeinflusst hat. Aber wir wissen, dass Woosnam am Ende mit einem Ergebnis von 278 Schlägen auf einem geteilten dritten Platz landete. Wenn er mit 276 aufgehört hätte, wäre er alleiniger zweiter geworden und um 220.000 britische Pfund reicher, und er hätte sich für das europäische Team zum 34. Ryder Cup qualifiziert gehabt.

Während der dritten Runde der HSBC Champions 2008 in Shanghai wurde Anthony Kim disqualifiziert, da er einen Schlag mit einem Schläger gemacht hatte, der anders als im normalen Spielgebrauch beschädigt wurde.

Nach dem Abschlag auf dem 7. Loch ging er mit dem Driver in der Hand los und dabei schlug die Spitze des Schlägers auf einen Deckel der Beregnungsanlage. Auf dem nächsten Abschlag schlug er seinen Abschlag nur 135 Meter und auch

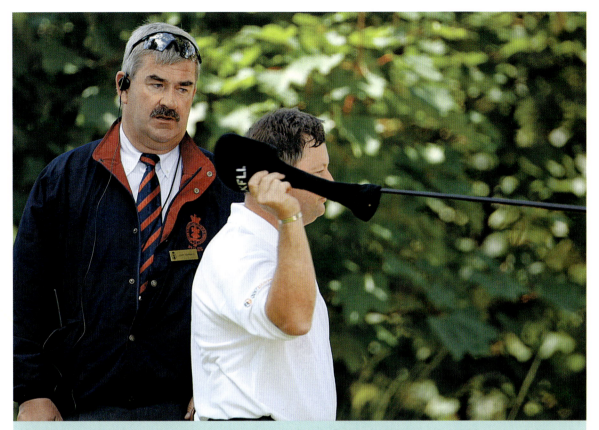

Ian Woosnam wird von John Paramor (Chief Referee, European PGA Tour), dem Platzrichter in seiner Spielergruppe, darüber informiert, dass die Strafe für das Mitführen von 15 Schlägern zwei Schläge beträgt. Nach Regel 4-4a darf ein Spieler nur 14 Schläger mitführen.

noch ins Aus. Als er seinen provisorischen Ball ganz schlecht traf, wurde ihm bewusst, dass mit dem Schläger etwas nicht stimmen konnte. Er beriet sich mit Andy McFee, Senior Referee der European Tour. Dieser erklärte Kim, dass er zwar nicht wissen konnte, dass sein Schläger beschädigt war, aber er sagte dem Spieler auch „Wenn Du mir sagst, dass der Schläger beschädigt ist und dass es auf diese Art und Weise geschah, dann ist dies eine Disqualifikation."

Regel 4-3b legt fest, dass Schläger, dessen Spieleigenschaften sich durch eine während der Runde anders als im normalen Spielgebrauch auftretende Beschädigung ändern, vom Spieler für den Rest der Runde nicht mehr gespielt oder ersetzt werden darf.

Unter dem Begriff „normaler Spielgebrauch" muss man sich einen Schlag, einen Übungsschwung oder Übungsschlag, das Herausholen oder Zurückstecken des Schlägers in die Tasche, ein Aufstützen oder ein versehentliches Hinfallen vorstellen. Die Entscheidungen 4-3/1 und 4-3/9 bestätigen jedoch, dass ein Werfen des Schlägers, mit ihm gegen etwas zu schlagen (außer im Schlag, Übungsschwung oder Übungsschlag), auf den Boden zu schlagen oder zu klopfen nicht als „normaler Spielgebrauch" angesehen werden.

Als Kim bestätigte, dass der Schläger mit Sicherheit verändert wurde und dass dies geschehen sein musste, als er den Schläger auf den Deckel der Beregnungsanlage geschlagen hatte, konnte McFee nicht anders entscheiden als den Spieler wegen des Regelverstoßes zu disqualifizieren.

Ein anderer Fall zur Regel 4 geschah im Ryder Cup 2006 während des Lochspiel-Einzels von Tiger Woods gegen Robert Karlsson. Auf dem siebten Loch rutschte Steve Williams, der Caddie von Tiger Woods, aus, als er sein Handtuch in ein Wasserhindernis am Grün tauchen wollte. Dadurch rutschte ihm auch das Eisen 9 aus der Hand, und es fiel in die Tiefen des Wassers.

Ein Schläger, der im normalen Spielgebrauch beschädigt wird und dadurch spielunbrauchbar wird, darf während der Runde ersetzt werden, vorausgesetzt das Ersetzen geschieht ohne Verzögerung des Spiels und der Ersatzschläger wird nicht von einer anderen auf dem Platz spielenden Person ausgeliehen (Regel 4-3a). Der Begriff „im normalen Spielgebrauch beschädigt" schließt auch Schläger mit ein, die durch Hinfallen beschädigt werden. (Entscheidung 4-3/1).

Allerdings war im Fall von Woods der Schläger gar nicht beschädigt und deshalb war Regel 4-3 nicht anwendbar. Der Schläger war in Wirklichkeit verloren worden und die Entscheidung 4-3/10 bestätigt, dass ein Schläger nicht ersetzt werden darf, wenn der Spieler die Runde mit 14 Schlägern beginnt und dann einen davon verliert.

Wäre Woods der Ansicht gewesen, der Schläger sei zu wichtig für ihn, um ihn im Wasser liegen zu lassen, so hätte er versuchen können, den Schläger wiederzuerlangen oder jemanden bitten können, dies zu versuchen, aber er hätte sein Spiel ohne Verzögerung fortsetzen müssen. Die Suchzeit von fünf Minuten für einen zu suchenden Golfball gilt nicht für

Anthony Kim erklärt, sein Schläger sei seiner Meinung nach beschädigt worden und die Spieleigenschaften hätten sich als Folge davon verändert. Unglücklicherweise führte die Tatsache zur Disqualifikation, dass Kim den Schläger in seiner beschädigten Form gespielt hatte (Regel 4-3b).

einen Schläger. Woods setzte das Spiel mit 13 Schlägern fort und sein Eisen 9 wurde ihm auf dem 15. Loch zurückgebracht, nachdem ein Taucher es eingesammelt hatte.

Während der Funai Classic 2005 im Walt Disney World Resort begann Kevin Stadler die Schlussrunde auf einem geteilten fünften Platz und hoffte, dass ihn ein dicker Scheck vom 176. Platz der Preisgeldrangliste unter die ersten 125 bringen würde, um eine Rückkehr zur Qualifying School zu vermeiden. Beim Spielen des ersten Lochs bemerkte Stadler, dass er die Runde mit einer Wedge begonnen hatte, die einen verbogenen Schaft hatte. Er berichtete dies einem Spielleitungsmitglied, eigentlich nur in der Absicht, zu fragen, ob er damit noch spielen dürfe.

Unglücklicherweise war die Situation für Stadler ernster als dies Regel 4-1 (Form und Machart von Schlägern) besagt, dass die Schläger eines Spielers den Regeln entsprechen müssen und zu jeder Zeit die Strafe der Disqualifikation für das Mitführen eines unzulässigen Schlägers vorsehen. Anhang II in den Golfregeln, in dem die allgemeinen Anforderungen an Golfschläger beschrieben werden, bestimmt, dass der Schaft vom oberen Ende bis zu einem Punkt nicht mehr als 12,5 Zentimeter über der Sohle gerade sein muss. Da Stadler einen unzulässigen Schläger mitführte, hatte die Spielleitung keine andere Wahl, als ihn zu disqualifizieren.

Die Tatsache, dass der Spieler keinen Schlag mit diesem Schläger gemacht hatte, führte bei Vielen zu Kritik an der Strenge der Regeln hinsichtlich unzulässiger Schläger. Anlässlich eines fast identischen Falls mit Dudley Hart im Jahr 2004 hatten der R&A und die USGA sogar schon vor dem Stadler-Fall eine Überarbeitung der Regel 4-1 angeregt. Als Ergebnis dieser Überarbeitung wurden die Regeln 2008 geändert, um eine mildere Strafe in dem Fall vorzusehen, dass der Spieler mit dem unzulässigen Schläger noch keinen Schlag gemacht hatte (s. Strafenvermerk zu Regel 4-1 und 4-2). Die Strafe für einen Schlag mit einem unzulässigen Schläger bleibt jedoch die Disqualifikation.

▶ REGEL 4
HÄUFIG GESTELLTE FRAGEN

F Darf ein Spieler sowohl mit linkshändigen wie auch mit rechtshändigen Schlägern spielen?
A Die Golfregeln schränken einen Spieler nicht in der Wahl seiner Schläger ein, wenn es darum geht, ob diese linkshändig oder rechtshändig sind. Der Spieler darf bis zu 14 Schläger auswählen (die zulässige Höchstzahl nach Regel 4-4) und diese können aus linkshändigen und rechtshändigen Schlägern bestehen. Einige Spieler bevorzugen es z. B. rechtshändig zu spielen, putten aber linkshändig und haben deshalb einen linkshändigen Putter. Dies ist nach den Regeln erlaubt, vorausgesetzt, dass die Gesamtzahl 14 nicht übersteigt und alle Schläger den Anforderungen der Regeln entsprechen.

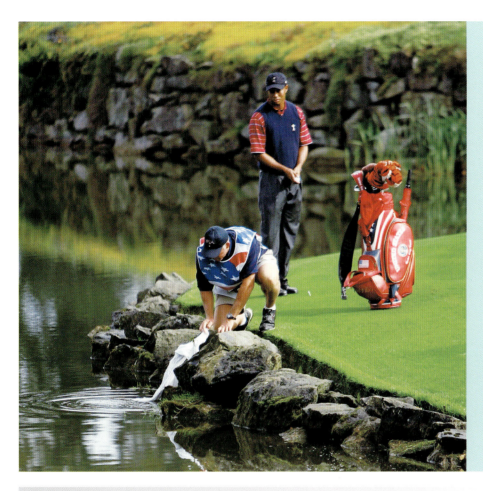

Betroffen schaut Tiger Woods zu, wie sein Eisen 9 aus der Hand seines Caddies in das Wasserhindernis am 7. Grün des K-Club fällt. Der Schläger wurde ihm am 15. Loch zurückgebracht.

► REGEL 5
DER BALL

5-1 Allgemeines
Der vom Spieler gespielte Ball muss den in Anhang III geforderten Spezifikationen entsprechen.

ERKLÄRUNGEN
Feststehende Begriffe sind kursiv geschrieben und alphabetisch im Abschnitt II „Erklärungen" aufgeführt (siehe Seiten 13–24).

ANMERKUNG
Die *Spielleitung* darf in der Wettspielausschreibung (Regel 33-1) festlegen, dass der vom Spieler gespielte Ball im aktuell gültigen Verzeichnis zugelassener Golfbälle des *R&A* aufgeführt ist.

5-2 Fremdstoff
Fremdstoff darf nicht zu dem Zweck an einem Ball angebracht werden, seine Spieleigenschaften zu verändern.

STRAFE
FÜR Verstoß GEGEN REGEL 5-1 ODER 5-2:
Disqualifikation.

5-3 Ball spielunbrauchbar

Ein Ball ist spielunbrauchbar, wenn er sichtbar eingekerbt, zerschlagen oder verformt ist. Ein Ball ist nicht lediglich deswegen spielunbrauchbar, weil Schmutz oder andere Stoffe daran haften, weil er verschrammt oder zerkratzt oder weil die Farbe beschädigt oder fleckig ist.

Hat ein Spieler Grund zu der Annahme, dass sein Ball beim Spielen des zu spielenden Lochs spielunbrauchbar wurde, so darf er ihn straflos aufnehmen, um entscheiden zu können, ob er spielunbrauchbar ist.

Vor dem Aufnehmen des Balls muss der Spieler die Absicht dazu seinem Gegner im Lochspiel bzw. seinem *Zähler* oder einem *Mitbewerber* im Zählspiel ankündigen und die Lage des Balls kennzeichnen. Sodann darf er den Ball aufnehmen und überprüfen, vorausgesetzt, er gibt dem Gegner, *Zähler* oder *Mitbewerber* Gelegenheit zum Prüfen des Balls sowie das Aufnehmen und Zurücklegen zu beobachten. Der Ball darf nicht gereinigt werden, wenn er nach Regel 5-3 aufgenommen wurde.

Versäumt der Spieler, dieses Verfahren ganz oder teilweise einzuhalten, oder nimmt er den Ball in der unbegründeten Annahme auf, dass er während des Spiels an dem gespielten Loch spielunbrauchbar geworden sei, **so zieht er sich einen Strafschlag zu.**

Ist entschieden, dass der Ball beim Spielen des zu spielenden *Lochs* spielunbrauchbar wurde, so darf der Spieler einen anderen Ball einsetzen und ihn an der Stelle hinlegen, an der der ursprüngliche Ball gelegen hatte. Anderenfalls muss der ursprüngliche Ball zurückgelegt werden. Ersetzt ein Spieler unzulässig einen Ball durch einen anderen Ball und macht er einen *Schlag* nach dem fälschlicherweise neu eingesetzten *Ball*, so zieht er sich die Grundstrafe für einen Verstoß gegen Regel 5-3 zu, jedoch keine weitere Strafe nach dieser *Regel* oder Regel 15-2.

BALL SPIELUNBRAUCHBAR

Springt ein Ball als Folge eines *Schlags* in Stücke, so ist der *Schlag* zu annullieren, und der Spieler muss straflos einen Ball so nahe wie möglich der Stelle spielen, an der der ursprüngliche Ball gespielt worden war (siehe Regel 20-5).

---

* STRAFE
FÜR Verstoß GEGEN REGEL 5-3:
Lochspiel — Lochverlust; **Zählspiel** — Zwei Schläge.
* Zieht sich ein Spieler die Grundstrafe für Verstoß gegen Regel 5-3 zu, so kommt keine zusätzliche Strafe nach dieser Regel hinzu.

ANMERKUNG 1
Will der Gegner, *Zähler* oder *Mitbewerber* einen Anspruch auf spielunbrauchbaren Ball bestreiten, so muss das geschehen, bevor der Spieler einen anderen Ball spielt.

ANMERKUNG 2
Wurde die ursprüngliche Lage eines Balls, der hingelegt oder zurückgelegt werden soll, verändert, siehe Regel 20-3b.
(Reinigen eines vom *Grün* oder nach einer anderen Regel aufgenommenen Balls – siehe Regel 21.)

▸ REGEL 5
REGELFALL

Bei fast allen hochrangigen Professional-Wettspielen legt die Spielleitung eine Wettspielbedingung fest, die als „Ein-Ball-Regel" bekannt ist (Golfregeln, Anhang I, Teil C, 1c). Diese Regel hält einen Spieler davon ab, während der festgesetzten Runde die Marke und den Typ seiner Golfbälle zu wechseln und beabsichtigt, den Spieler daran zu hindern, durch die Verwendung von Bällen mit unterschiedlichen Flugeigenschaften auf verschiedenen Löchern einen Vorteil zu gewinnen, indem er z.B. einen harten Ball auf langen Löchern und einen weicheren Ball auf kurzen Löchern spielt. Zusätzlich wird noch eine Wettspielbedingung eingeführt, die von dem Spieler verlangt, einen auf der „List of Conforming Golf Balls" (Golfregeln, Anhang I, Teil C, 1b) aufgeführten Ball zu spielen. Diese Liste enthält alle Bälle, die geprüft wurden und als regelkonform befunden wurden.

Im zweiten Durchgang des PGA Tour Qualifying Tournament 2008 merkte JP Hayes in der ersten Runde am 12. Loch, dass er einen anderen Ball spielte als den, mit dem er die Runde begonnen hatte (gleiche Marke, aber anderer Typ). Er bat um eine Regelentscheidung und es wurde festgestellt, dass er gegen die Ein-Ball-Regel verstoßen hatte und sich auf dem Loch zwei Strafschläge zugezogen hatte.

Später am Abend dachte Hayes darüber nach, wie dieser Ball in seine Tasche gekommen war und dadurch diesen Regelfall verursacht hatte. Es fiel ihm ein, dass der Ball ein Prototyp sein könnte. Er rief die Spielleitung an und am nächsten Morgen wurde nach erneuter Ansicht des Balls ermittelt, dass dieser Ball nicht auf der „List of Conforming Golf Balls" aufgeführt war. Dies führte zur Disqualifikation von Hayes in diesem Wettspiel und er verlor dadurch seine Tourkarte für das Jahr 2009.

Hayes gibt zu, äußerst genau auf seine Ausrüstung zu achten und kommentierte „Ich überprüfe mein Golfbag jeden Abend. Ich will wissen, was da drin ist. Das ist fast eine Art Therapie." Aber dieses Mal übersah Hayes einen Ball. Der Prototyp hätte einfach zu erkennen sein müssen, denn er trug zwar den Namen des Herstellers, aber keine Typenbezeichnung auf dem „Äquator", mit der er zu identifizieren gewesen wäre.

Als er zu seiner Selbstanzeige befragt wurde und auch den weiteren Schritt, Informationen dazu zu liefern, nach denen er disqualifiziert wurde, sagte Hayes „Ich denke, jeder hier (auf der PGA Tour) hätte so gehandelt."

Der Spieler muss seinem Gegner, Zähler oder Mitbewerber die Gelegenheit zur Untersuchung seines Balls geben, wenn er glaubt, dass sein Ball durch Beschädigungen spielunbrauchbar geworden ist. Kann keine Einigkeit darüber erzielt werden, kann ein Platzrichter gebeten werden, an dem Prozess der Entscheidungsfindung teilzunehmen.

► REGEL 5
HÄUFIG GESTELLTE FRAGEN

F Darf ich einen X-Out-Ball, einen wieder aufbereiteten Ball oder einen mit „ÜBEN" bedruckten Ball während einer Golfrunde spielen?

A „X-Out" ist die übliche Bezeichnung für einen Ball, den ein Hersteller nicht für perfekt hält (üblicherweise nur aus optischen Gründen, z. B. wegen Farb- oder Druckfehlern) und deshalb den Markennamen durchkreuzt. Ein wieder aufbereiteter Ball ist ein gebrauchter Ball, der gereinigt und als aufbereitet gekennzeichnet wurde. Solange keine schwerwiegenden Beweise vorliegen, dass ein X-Out-Ball oder ein wieder aufbereiteter Ball nicht den Regeln entspricht, darf ein solcher Ball benutzt werden. Falls in einem Wettspiel die Spielleitung die Wettspielbedingung in Kraft gesetzt hat, dass der vom Spieler benutzte Ball auf der „List of Conforming Golfballs" aufgeführt sein muss (s. Anmerkung zu Regel 5-1), so darf ein solcher Ball nicht benutzt werden, auch wenn der fragliche Ball (ohne den „X-Out"- oder „Aufbereitet"-Aufdruck) auf der Liste erscheint.
In den meisten Fällen sind „ÜBEN"-Bälle nur ganz normal gelistete, zugelassene Golfbälle, die mit dem Aufdruck „ÜBEN" bedruckt wurden (genau wie z. B. mit dem Logo eines Golfclubs). Solche Bälle dürfen auch benutzt werden, wenn die Spielleitung die Wettspielbedingung in Kraft gesetzt hat, dass der vom Spieler benutzte Ball auf der „List of Conforming Golfballs" aufgeführt sein muss.

F. Darf ein Spieler Bälle von einem Gegner oder Mitbewerber leihen, wenn er im Verlauf der Runde selbst keine Bälle mehr hat?

A. Die Golfregeln hindern einen Spieler nicht daran, sich einen Ball von einem Spieler auf dem Platz zu leihen. Die Regeln beschränken nur das Ausleihen von Schlägern, aber nicht von Bällen.

F. Wie ist der Status eines Balls, der nicht auf der List of Conforming Golf Balls aufgeführt ist?

A. Balltypen oder Marken, die nicht auf der aktuellen List of Conforming Golf Balls erscheinen, fallen in drei Kategorien:

1. Modelle, die nie von ihrem Hersteller zur Überprüfung vorgelegt wurden.
2. Modelle, die auf einer früheren Liste aufgeführt waren, aber nicht zur Aufnahme auf die aktuelle Liste vorgelegt wurden.
3. Modelle, die zur Überprüfung vorlagen und die nicht den Regeln und den Anforderungen aus Anhang III der Golfregeln entsprechenden.

Bälle in den Kategorien 1 und 2 werden als zulässig angesehen, es sei denn, es gäbe überzeugende Beweise für das Gegenteil. Alle Modelle aus Kategorie 3 gelten als unzulässig.

► REGEL 6
DER SPIELER

6-1 Regeln
Der Spieler und sein *Caddie* sind dafür verantwortlich, dass ihnen die *Regeln* bekannt sind. Während einer *festgesetzten Runde* zieht sich der Spieler für jeden Regelverstoß seines *Caddies* die jeweils anwendbare Strafe zu..

6-2 Vorgabe
6-2 a Lochspiel
Vor Antritt eines Lochspiels in einem Wettspiel mit Vorgabe sollten die Spieler gegenseitig ihre jeweiligen Vorgaben feststellen. Beginnt ein Spieler ein Lochspiel, nachdem er eine höhere Vorgabe angegeben hat als sie ihm zusteht, und wirkt sich dies auf die Anzahl der zu gewährenden oder in Anspruch zu nehmenden Vorgabeschläge aus, **so ist er disqualifiziert;** anderenfalls muss der Spieler mit der von ihm angegebenen Vorgabe zu Ende spielen.

ERKLÄRUNGEN
Feststehende Begriffe sind kursiv geschrieben und alphabetisch im Abschnitt II „Erklärungen" aufgeführt (siehe Seiten 13–24).

6-2 b Zählspiel

Bei jeder Runde eines Wettspiels mit Vorgabe muss sich der *Bewerber* vergewissern, dass seine Vorgabe auf seiner Zählkarte eingetragen ist, bevor sie der *Spielleitung* eingereicht wird. Ist vor der Einreichung keine Vorgabe eingetragen (Regel 6-6b) oder ist die eingetragene Vorgabe höher als die dem *Bewerber* zustehende und wirkt sich dies auf die Anzahl der erhaltenen Vorgabeschläge aus, **so ist er für das Wettspiel mit Vorgabe disqualifiziert;** anderenfalls gilt die Schlagzahl.

> **ANMERKUNG**
> Der Spieler ist dafür verantwortlich, dass er weiß, an welchen Löchern Vorgabeschläge gewährt oder in Anspruch genommen werden.

6-3 Abspielzeit und Spielergruppen

6-3 a Abspielzeit

Der Spieler muss zu der von der *Spielleitung* angesetzten Zeit abspielen.

6-3 b Spielergruppen

Im Zählspiel muss der *Bewerber* während der gesamten Runde in der Gruppe bleiben, die von der *Spielleitung* eingeteilt wurde, sofern nicht die *Spielleitung* einen Wechsel zulässt oder nachträglich genehmigt.

> **STRAFE**
> **FÜR Verstoß GEGEN REGEL 6-3:**
> Disqualifikation
> (Bestball- und Vierballspiel – siehe Regeln 30-3a und 31-2.)

> **ANMERKUNG**
> Die *Spielleitung* darf in der Ausschreibung eines Wettspiels (Regel 33-1) festlegen, dass ein Spieler, der spielbereit innerhalb von fünf Minuten nach seiner Abspielzeit am Ort seines Starts eintrifft, sofern Umstände die Aufhebung der Disqualifikationsstrafe nach Regel 33-7 nicht rechtfertigen, für Versäumen der Abspielzeit statt mit Disqualifikation **bestraft wird im Lochspiel mit Lochverlust am ersten Loch und im Zählspiel mit zwei Schlägen am ersten Loch.**

6-4 Caddie

Der Spieler darf sich von einem *Caddie* unterstützen lassen, jedoch stets nur einen *Caddie* zu gleicher Zeit haben.

> **STRAFE**
> **FÜR Verstoß GEGEN REGEL 6-4:**
> **Lochspiel** — Nach Beendigung des Lochs, an dem der Verstoß festgestellt wurde, wird der Stand des Lochspiels für jedes Loch, an dem ein Verstoß vorkam, durch Abzug eines Lochs korrigiert, jedoch höchstens um zwei Löcher für die Runde.
> **Zählspiel** — Zwei Schläge für jedes Loch, an dem ein Verstoß vorkam, jedoch höchstens vier Schläge für die Runde.
> **Lochspiel oder Zählspiel** — Für den Fall eines Verstoßes zwischen dem Spiel von zwei Löchern gilt die Strafe für das nächste Loch.
> Ein Spieler, der mehr als einen Caddie hat und gegen diese Regel verstößt, muss unmittelbar, nachdem ihm der Verstoß bekannt wird, sicherstellen,

dass er für den Rest der festgesetzten Runde nicht mehr als einen Caddie zu gleicher Zeit hat, anderenfalls ist er disqualifiziert.
Wettspiele gegen Par — siehe Anmerkung 1 zu Regel 32-1a.
Wettspiele nach Stableford — siehe Anmerkung 1 zu Regel 32-1b.

ANMERKUNG
Die *Spielleitung* darf in den Wettspielbedingungen (Regel 33-1) den Einsatz von *Caddies* untersagen oder einen Spieler in der Wahl seines *Caddies* beschränken.

6-5 Ball
Der Spieler ist dafür verantwortlich, dass er den richtigen Ball spielt. Jeder Spieler sollte seinen Ball kennzeichnen.

6-6 Schlagzahlen im Zählspiel
6-6 a Schlagzahlen aufschreiben
Nach jedem Loch sollte der *Zähler* die Schlagzahl mit dem *Bewerber* vergleichen und aufschreiben. Bei Beendigung der Runde muss der *Zähler* die Zählkarte unterschreiben und sie dem *Bewerber* aushändigen. Schreiben mehr als ein *Zähler* die Schlagzahlen auf, so muss jeder den Teil unterschreiben, für den er verantwortlich ist.

6-6 b Zählkarte unterschreiben und einreichen
Nach Beendigung der Runde sollte der *Bewerber* seine Schlagzahl für jedes Loch nachprüfen und alle zweifelhaften Einzelheiten mit der *Spielleitung* klären. Er muss die Unterschrift des *Zählers* oder der *Zähler* sicherstellen, die Zählkarte gegenzeichnen und sie so bald wie möglich der *Spielleitung* einreichen.

STRAFE
FÜR Verstoß GEGEN REGEL 6-6b:
Disqualifikation.

Steve Stricker bringt eine Markierung an seinem Ball an, da die Verantwortung zum Spiel des richtigen Balls beim Spieler liegt.

REGEL 6

6-6 c Änderung der Zählkarte

Auf einer Zählkarte darf nichts mehr geändert werden, nachdem der *Bewerber* sie der *Spielleitung* eingereicht hat.

6-6 d Falsche Schlagzahl für das Loch

Der *Bewerber* ist dafür verantwortlich, dass die für jedes Loch auf seiner Zählkarte aufgeschriebene Schlagzahl richtig ist. Reicht er für irgendein Loch eine niedrigere als die tatsächlich gespielte Schlagzahl ein, **so ist er disqualifiziert**. Reicht er für irgendein Loch eine höhere als die tatsächlich gespielte Schlagzahl ein, so gilt die eingereichte Schlagzahl.

ANMERKUNG 1
Für das Zusammenzählen der Schlagzahlen und die Anrechnung der auf der Zählkarte eingetragenen Vorgabe ist die *Spielleitung* verantwortlich – siehe Regel 33-5.

ANMERKUNG 2
Für *Vierball*-Zählspiel siehe auch Regel 31-3 und 31-7a.

6-7 Unangemessene Verzögerung; langsames Spiel

Der Spieler muss ohne unangemessene Verzögerung und in Übereinstimmung mit jeder von der *Spielleitung* für das Spieltempo ggf. erlassenen Richtlinie spielen. Zwischen der Beendigung eines Lochs und dem Abspielen am nächsten *Abschlag* darf der Spieler das Spiel nicht unangemessen verzögern.

UNANGEMESSENE VERZÖGERUNG

SCHLAGZAHLEN IM ZÄHLSPIEL

REGEL 6 — DIE REGELN DES SPIELS · DIE VERANTWORTLICHKEIT DES SPIELERS

COMPETITION: SPRING STROKE PLAY
DATE: 14 . 6 . 09
PLAYER: D. BROWN
HANDICAP: 10
Game No: 21

Hole	Yards	Par	Stroke Index	Score	W=+ L=– H=0 POINTS	Mar Score	Hole	Yards	Par	Stroke Index	Score	W=+ L=– H=0 POINTS	Mar Score
1	312	4	17	5		6	10	369	4	12	~~6~~ 5		
2	446	4	1	4		4	11	433	4	2	3		
3	310	4	13	4		3	12	361	4	14	4		
4	370	4	9	5	b	5	13	415	4	6	5		
5	478	5	3	6			14	155	3	16	6		
~~6~~ 7	429	4	11	4			15	338	4	8	5		
~~7~~ 6	385	4	5	3			16	316	4	10	4		
8	178	3	7	4			17	191	3	4	5		
9	354	4	15	6			18	508	5	18	7		
OUT	3262			41			IN	3086	35		44		
							OUT	3262	36		41		
							TOTAL	6348	71		85		
							HANDICAP				10		
							NETT				75		

Markers Signature: D.B.
Players Signature: Bill White

a, b, c, d, e & f

Verantwortlichkeit des Bewerbers:

1. Eintrag der korrekten Vorgabe auf der Zählkarte vor Rückgabe an die Spielleitung.
2. Überprüfung der Brutto-Schlagzahl für jedes Loch.
3. Sicherstellen, dass der Zähler und der Bewerber selbst die Karte vor Rückgabe an die Spielleitung unterzeichnet hat.

Verantwortlichkeit der Spielleitung:

1. Ausgabe einer Zählkarte an jeden Teilnehmer, die das Datum und den Namen des Bewerbers enthält.
2. Addition der Schlagzahl für jedes Loch und Anrechnung der Vorgabe.

Anmerkungen:

(a) Die Bezeichnungen der Löcher können geändert werden, wenn die Schlagzahl falsch eingetragen wurde.
(b) Der Zähler braucht seine eigene Schlagzahl nicht aufzuschreiben. Es empfiehlt sich jedoch.
(c) Änderungen auf der Zählkarte müssen nicht mit den Initialen des Zählers abgezeichnet werden.
(d) Der Bewerber ist nur für die Richtigkeit der Schlagzahlen an jedem Loch verantwortlich. Ermittelt der Bewerber eine falsche Gesamtschlagzahl oder ein falsches Nettoergebnis, muss die Spielleitung dies, ohne Strafe für den Spieler, berichtigen.
(e) Es ist straflos, wenn ein Zähler die Zählkarte in dem Feld unterzeichnet, das für den Bewerber vorgesehen ist und umgekehrt.
(f) Die Angabe von Initialen auf der Zählkarte ist eine ausreichende Unterzeichnung.

REGEL 6

SPIELUNTERBRECHUNG

ZÄHLSPIEL

„Stellen wir uns für 10 Minuten irgendwo unter."

„Nein, da wir ein Zählspiel spielen, müssen wir weiterspielen. Wir werden disqualifiziert, wenn wir uns unterstellen, nur weil wir sonst nass werden."

LOCHSPIEL

„Wir sind all square bei noch zwei zu spielenden Löchern, aber ich finde, es ist zu dunkel, um weiterzumachen. Warum wiederholen wir das Spiel nicht morgen?"

„Ich stimme zu, dass es zu dunkel ist. Da es ein Lochspiel ist, können wir die Runde morgen zu Ende spielen, aber wir müssen dort weiterspielen, wo wir aufhörten, und kein neues Spiel beginnen."

STRAFE
FÜR Verstoß GEGEN REGEL 6-7:
Lochspiel — Lochverlust; Zählspiel — Zwei Schläge.
Wettspiele gegen Par — siehe Anmerkung 2 zu Regel 32-1a.
Wettspiele nach Stableford — siehe Anmerkung 2 zu Regel 32-1b.
Bei anschließendem Verstoß — Disqualifikation.

ANMERKUNG 1
Verzögert der Spieler unangemessen das Spiel zwischen den Löchern, so verzögert er das Spiel des nächsten Lochs und zieht sich, außer bei Wettspielen gegen Par oder nach Stableford (siehe Regel 32), für jenes Loch die Strafe zu.

ANMERKUNG 2
Zur Verhinderung langsamen Spiels darf die *Spielleitung* in der Ausschreibung eines Wettspiels (Regel 33-1) Richtlinien für das Spieltempo erlassen, einschließlich zulässiger Höchstzeiten zur Vollendung einer *festgesetzten Runde*, eines Lochs oder eines *Schlags*.

Nur im Zählspiel darf die *Spielleitung* in einer solchen Ausschreibung die Strafe für Verstoß gegen diese Regel wie folgt abändern:
Erster Verstoß — Ein Schlag;
Zweiter Verstoß — Zwei Schläge.
Bei anschließendem Verstoß — Disqualifikation.

6-8 Spielunterbrechung; Wiederaufnahme des Spiels
6-8 a Erlaubt
Der Spieler darf das Spiel nicht unterbrechen, es sei denn
(I) die *Spielleitung* hat das Spiel ausgesetzt;
(II) er sieht Blitzgefahr als gegeben an;
(III) er benötigt eine Entscheidung der *Spielleitung* über eine zweifel-

hafte oder strittige Einzelheit (siehe Regeln 2-5 und 34-3); oder
(IV) aus anderem triftigen Grund wie plötzlichem Unwohlsein.
Schlechtes Wetter als solches ist kein triftiger Grund für Spielunterbrechung. Unterbricht der Spieler das Spiel ohne ausdrückliche Genehmigung der Spielleitung, so muss er dies der *Spielleitung* so bald wie durchführbar melden. Hält er sich daran, und erachtet die *Spielleitung* den Grund als hinlänglich, so verfällt er keiner Strafe, **anderenfalls ist er disqualifiziert.**

Ausnahme
im Lochspiel: Spieler, die ein Lochspiel in gegenseitiger Übereinkunft unterbrechen, verfallen nicht der Disqualifikation, sofern sie dadurch nicht das Wettspiel verzögern.

> **ANMERKUNG**
> Verlassen des *Platzes* ist als solches keine Spielunterbrechung.

6-8 b Verfahren bei Aussetzung des Spiels durch Spielleitung

Hat die *Spielleitung* das Spiel ausgesetzt, so dürfen die Spieler eines Lochspiels bzw. einer Spielergruppe, die sich zwischen dem Spielen von zwei Löchern befinden, das Spiel nicht wieder aufnehmen, bevor die *Spielleitung* eine Wiederaufnahme angeordnet hat. Befinden sie sich beim Spielen eines Lochs, so dürfen sie das Spiel unverzüglich unterbrechen oder das Spiel des Lochs fortsetzen, sofern dies ohne Verzögerung geschieht. Entscheiden sie sich für die Fortsetzung des Spiels an dem Loch, so dürfen sie das Spiel vor Beendigung des Lochs unterbrechen. In jeden Fall muss das Spiel nach Beendigung des Lochs unterbrochen werden.

Die Spieler müssen das Spiel wieder aufnehmen, wenn die *Spielleitung* eine Wiederaufnahme des Spiels angeordnet hat.

> **STRAFE**
> **FÜR Verstoß GEGEN REGEL 6-8b:**
> Disqualifikation.

> **ANMERKUNG**
> Die *Spielleitung* darf in der Ausschreibung eines Wettspiels (Regel 33-1) festlegen, dass bei drohender Gefahr nach Aussetzung des Spiels durch die *Spielleitung* das Spiel unverzüglich unterbrochen werden muss. Unterlässt es ein Spieler, das Spiel unverzüglich zu unterbrechen, **so ist er disqualifiziert,** sofern nicht die Aufhebung dieser Strafe nach Regel 33-7 gerechtfertigt ist.

6-8 c Ball aufnehmen bei Spielunterbrechung

Ein Spieler, der beim Spielen eines Lochs das Spiel nach Regel 6-8a unterbricht, darf straflos seinen Ball nur dann aufnehmen, wenn die *Spielleitung* das Spiel ausgesetzt hat oder wenn das Aufnehmen aus triftigem Grund erfolgt. Vor dem Aufnehmen des Balls muss dessen Lage vom Spieler gekennzeichnet werden. Unterbricht der Spieler das Spiel und nimmt er seinen Ball ohne ausdrückliche Genehmigung der *Spielleitung* auf, so muss er bei der Meldung an die *Spielleitung* (Regel 6-8a) gleichzeitig das Aufnehmen des Balls melden. Nimmt der Spieler den Ball ohne einen triftigen Grund auf, versäumt er, die Lage des Balls vor dem Aufnehmen zu kennzeichnen, oder versäumt er, das Aufnehmen des Balls zu melden, so zieht er sich einen Strafschlag zu.

6-8 d Verfahren bei Wiederaufnahme des Spiels

Das Spiel muss dort wieder aufgenommen werden, wo es unterbrochen wurde, auch an einem späteren Tag. Der Spieler muss entweder vor oder bei Wiederaufnahme des Spiels folgendermaßen verfahren

(i) wurde der Ball vom Spieler aufgenommen, so muss er, vorausgesetzt, er war nach Regel 6-8c zum Aufnehmen des Balls berechtigt, den ursprünglichen Ball oder einen neu eingesetzten Ball an die Stelle hinlegen, von der der ursprüngliche Ball aufgenommen worden war. Anderenfalls muss der ursprüngliche Ball zurückgelegt werden;

(i) hatte der Spieler seinen Ball nicht aufgenommen, so darf er, vorausgesetzt, er war nach Regel 6-8c zum Aufnehmen des Balls berechtigt, den Ball aufnehmen, reinigen und zurücklegen oder durch einen anderen Ball an der Stelle, von der der ursprüngliche Ball aufgenommen worden war, ersetzen. Bevor der Ball aufgenommen wird, muss der Spieler dessen Lage kennzeichnen, oder

(III) wurde während der Spielunterbrechung der Ball oder der Ballmarker des Spielers *bewegt* (auch durch Einwirkung von Wind oder Wasser), so muss ein Ball oder Ballmarker an die Stelle, von der der ursprüngliche Ball oder Ballmarker fortbewegt wurde, hingelegt werden.

ANMERKUNG
Kann die Stelle, an die der Ball hinzulegen ist, nicht bestimmt werden, so muss diese Stelle geschätzt werden und der Ball muss an die geschätzte Stelle hingelegt werden. Die Verfahrensweisen der Regel 20-3c finden hier keine Anwendung.

* STRAFE
FÜR Verstoß GEGEN REGEL 6-8d:
Lochspiel — Lochverlust; Zählspiel — Zwei Schläge.
*Hat sich ein Spieler die Grundstrafe für einen Verstoß gegen Regel 6-8d zugezogen, so fällt keine weitere Strafe nach Regel 6-8c an.

▸ REGEL 6
REGELFÄLLE

Als endgültiger Beweis der Leistung eines Spielers auf dem Platz im Zählspiel darf die Zählkarte nie ein Ergebnis aufweisen, das niedriger ist, als das tatsächlich gespielte. Sie muss vom Spieler unterschrieben und vom Zähler gegengezeichnet sein und so bald wie möglich bei der Spielleitung eingereicht werden. Ein Versäumnis einer dieser Anforderungen führt zur Disqualifikation.

Roberto de Vincenzo unterschrieb in den Masters 1968 ein zu hohes Ergebnis, was ihn zwar nicht disqualifizierte, aber es verhinderte, dass der Argentinier in ein Stechen mit Bob Goalby gehen durfte.

Der damals amtierende Open-Champion de Vincenzo spielte am Sonntag vor Goalby und lochte auf der Bahn 17 einen Putt von 1,50 Meter zum Birdie ein. Ein Bogey auf der 18 brachte ihn auf 11 unter Par und auf ein Gesamtergebnis von 277. Goalby spielte auf der 18 einen Putt von 1,50 Meter zum Par für eine 66 und ebenfalls ein Gesamtergebnis von 277.

Versehentlich hatte Tommy Aaron, der Mitbewerber und Zähler von de Vincenzo, auf der Bahn 17 eine „4" an Stelle der „3" für de Vincenzo aufgeschrieben. De Vincenzo hatte diesen Irrtum nicht bemerkt, unterschrieb die Karte und gab sie ab, um dann von dem Tisch, an dem die Karten vergleichen wurden, zu Interviews zu eilen. Kurz danach bemerkte Aaron den Irrtum und machte die Spielleitung darauf aufmerksam.

Bobby Jones, der Gründer des Augusta National Golfclubs suchte einen Weg, die kommende Regelentscheidung zu vermeiden, aber es konnte keiner gefunden werden. Nachdem die Zählkarte unterschrieben und eingereicht war, war die Entscheidung nach den Regeln eindeutig: Das höhere Ergebnis blieb bestehen. Goalby war der Masters-Sieger.

Eine Stunde später erzählte de Vincenzo den Medien: „Es war mein Fehler. Tommy weiß, wie ich mich dabei fühle: Sehr schlecht. Ich denke, diese Regel ist hart." Das Drama wurde dadurch gesteigert, dass es de Vincenzos 45. Geburtstag war.

Einer der unglücklichsten Regelfälle der letzten Zeit war die Disqualifikation von Jesper Parnevik und Mark Roe bei der Open 2003 in Royal St. George's war.

Ein untröstlicher Roberto de Vincenzo (links) denkt über „was gewesen wäre, wenn" nach, nachdem er eine Zählkarte mit einem höheren Ergebnis unterschrieben hatte, als er es tatsächlich in den Masters 1986 gespielt hatte. Der Sieger, Bob Goalby, erwartet die Verleihung des begehrten grünen Jacketts.

Parnevik und Roe erhielten auf dem ersten Abschlag vom Starter ihre Zählkarten, wie es bei der Open allgemein üblich ist und auch mit dem Verfahren auf der European Tour übereinstimmt. Unglücklicherweise versäumten die beiden Spieler, die Zählkarten auszutauschen. Als Folge davon schrieb jeder Spieler die Ergebnisse des anderen auf seine eigene Zählkarte. Nach Beendigung ihrer Runden prüften die Spieler ihre aufgeschriebenen Ergebnisse, unterschrieben die Karten und verließen den Bereich, in dem die Karten abzugeben waren. Regel 6-6d legt fest, dass ein Spieler für die Richtigkeit der Ergebnisse jedes Lochs auf seiner Zählkarte verantwortlich ist. Wenn er ein Ergebnis einreicht, das niedriger ist als das tatsächlich gespielte, so ist er disqualifiziert. Die Entscheidung 6-6d/4 stellt fest, dass Spieler immer disqualifiziert sind, wenn sie versäumen, die Zählkarten auszutauschen und dies dazu führt, dass jeder Spieler mindestens ein Ergebnis aufgeschrieben und unterzeichnet hat, das niedriger ist als das tatsächlich erspielte Ergebnis. Deshalb hatte die Spielleitung keine andere Wahl, als Parnevik und Roe zu disqualifizieren.

Es war maßlos enttäuschend, dass ein solcher Vorfall in der dritten Runde der Open geschehen musste, vor allem für Roe, der an dem Tag gut gespielt hatte und am letzten Tag in einer der Schlussgruppen gespielt hätte.

Der R&A bestätigte, dass viele der zu dem Ausgang dieses Falls von der Golfwelt geäußerten Meinungen Bestandteil der Überprüfung der Golfregeln durch den R&A waren. Die Änderung der Entscheidung 6-6d/4 im Jahr 2006 sollte ermöglichen, dass in einem Fall, in dem die Spieler versäumen, die Zählkarten auszutauschen und deshalb Zählkarten abgeben, auf denen der Name des Spielers nicht zu dem Ergebnis passt, als organisatorischer Fehler der Spieler zu werten ist, und dass die Spielleitung einfach die Namen der Spieler auf den Karten einsetzt, deren Ergebnisse auf der Karte stehen.

Jesper Parnevik und Mark Roe schütteln sich die Hände am Ende der dritten Runde bei der Open 2003 in Royal St. George's. Später erfuhren sie, dass sie beide nach Regel 6-6d disqualifiziert wurden, da sie versäumten, die Zählkarten auszutauschen.

▶ REGEL 6
HÄUFIG GESTELLTE FRAGEN

F Muss ein Spieler seine Vorgabe auf der Zählkarte in das dafür bestimmte Feld schreiben?
A Regel 6-2b verlangt zwar, dass der Spieler das Vorhandensein der Vorgabe auf seiner Zählkarte sicherstellen muss, aber sie bestimmt nicht, wo dies geschieht. Solange die Vorgabe irgendwo auf der Karte erscheint, hat der Spieler seine Pflicht erfüllt. Demnach kann ein Spieler nicht dafür disqualifiziert werden, dass er seine Vorgabe nicht in dem hierfür vorgesehenen Feld auf der Karte vermerkt.

F Kann ein Spieler dafür disqualifiziert werden, dass Änderungen auf seiner Zählkarte nicht abgezeichnet wurden?
A Eine Spielleitung kann nicht verlangen, dass Änderungen auf der Karte abgezeichnet werden. Deshalb sollte ein Spieler nicht dafür disqualifiziert werden, wenn dies unterlassen wurde.

F Kann ein Spieler dafür disqualifiziert werden, dass er sich weigert, seine Ergebnisse in einen Computer einzugeben oder für evtl. Fehler dabei?
A Die Golfregeln verlangen von einem Spieler nicht, seine Ergebnisse in einen Computer einzugeben. Deshalb darf ein Spieler nicht nach den Golfregeln bestraft oder disqualifiziert werden, wenn die Ergebnisse im Computer falsch sind oder gar nicht eingegeben werden. Der Vorstand kann jedoch disziplinarische Maßnahmen in der Wettspielordnung vorsehen (z. B. eine Sperre für das nächste Clubwettspiel),
falls Spieler ihre Ergebnisse nicht in den Computer eingeben.

▶ REGEL 7
ÜBEN

ERKLÄRUNGEN
Feststehende Begriffe sind kursiv geschrieben und alphabetisch im Abschnitt II „Erklärungen" aufgeführt (siehe Seiten 13–24).

7-1   Vor oder zwischen Runden
7-1 a   Lochspiel
An jedem Tag eines Lochwettspiels darf ein Spieler vor einer Runde auf dem Wettspielplatz üben.

7-1 b   Zählspiel
Vor einer Runde oder einem Stechen an jedem Tag eines Zählwettspiels darf ein *Bewerber* nicht auf dem Wettspielplatz üben oder die Oberfläche irgendeines *Grüns* des *Platzes* durch Rollen eines Balls oder Aufrauen oder Kratzen an der Oberfläche prüfen.

Werden zwei oder mehr Zählwettspielrunden an aufeinander folgenden Tagen gespielt, so ist zwischen jenen Runden einem *Bewerber* das Üben oder das Prüfen der Oberfläche irgendeines *Grüns* durch Rollen eines Balls oder Aufrauen oder Kratzen der Oberfläche auf keinem *Platz* gestattet, der im weiteren Verlauf des Wettspiels noch gespielt werden muss.

Ausnahme
Putten oder Chippen zu Übungszwecken auf oder nahe dem ersten *Abschlag* ist vor dem Abspielen zu einer Runde oder einem Stechen gestattet.

STRAFE
FÜR Verstoß GEGEN REGEL 7-1b:
Disqualifikation.

ANMERKUNG
Die *Spielleitung* darf in der Ausschreibung eines Wettspiels (Regel 33-1) das Üben auf dem Wettspielplatz an jedem Tag eines Lochwettspiels untersagen oder das Üben auf dem Wettspielplatz bzw. Teilen des *Platzes* (Regel 33-2c) an jedem Tag oder zwischen Runden eines Zählwettspiels gestatten.

7-2 Während der Runde

Ein Spieler darf beim Spielen eines Lochs keinen *Übungsschlag* machen. Zwischen dem Spielen von zwei Löchern darf ein Spieler keinen *Übungsschlag* machen, außer er übt Putten oder Chippen auf oder nahe

a. dem Grün des zuletzt gespielten Lochs,
b. jedem Übungsgrün oder
c. dem Abschlag des nächsten in der Runde zu spielenden Lochs,

sofern ein derartiger Übungsschlag nicht aus einem *Hindernis* gemacht wird und das Spiel nicht unangemessen verzögert wird (Regel 6-7).
Schläge zur Fortsetzung des Spiels an einem Loch, dessen Ergebnis bereits entschieden ist, sind keine *Übungsschläge*.

Ausnahme
Wurde das Spiel von der *Spielleitung* ausgesetzt, so darf der Spieler vor Wiederaufnahme des Spiels üben (a) wie in dieser Regel vorgesehen, (b) überall außerhalb des *Wettspielplatzes* und (c) anderweitig je nach Genehmigung der *Spielleitung*.

DIE VERANTWORTLICHKEIT DES SPIELERS

Putten oder Chippen auf oder nahe dem Abschlag des nächsten Loches ist während der Runde erlaubt, solange dies nicht das Spiel verzögert.

STRAFE
FÜR Verstoß GEGEN REGEL 7-2:
Lochspiel — Lochverlust;
Zählspiel — Zwei Schläge.
Wird der Verstoß zwischen dem Spielen von zwei Löchern begangen, so gilt die Strafe für das nächste Loch.

ANMERKUNG 1
Ein Übungsschwung ist kein Übungsschlag und darf überall ausgeführt werden, sofern der Spieler dadurch keine *Regel* verletzt.

ANMERKUNG 2
Die *Spielleitung* darf in den Wettspielbedingungen (Regel 33-1)
(a) das Üben auf oder nahe dem *Grün* des zuletzt gespielten Lochs und
(b) das Rollen eines Balls auf dem *Grün* des zuletzt gespielten Lochs
untersagen.

▸ REGEL 7
REGELFALL

Nach einer Spielunterbrechung in der Players Championship 2001 in Sawgrass mussten sowohl die letzte wie auch die vorletzte Spielergruppe auf der Bahn 10 das Spiel wieder aufnehmen. Tiger Woods spielte in der letzten Gruppe und wusste, dass die Gruppe vor ihm das Spiel zuerst fortsetzen würde, und dass er deshalb zusätzliche Zeit hatte, am 10. Abschlag zu erscheinen.

Die Spielleitung fürchtete, dass Tiger Woods weiter Übungsbälle auf der Driving Range schlagen würde, nachdem das Zeichen zur Spielfortsetzung gegeben worden war und informierte Woods, dass dies ein Verstoß gegen Regel 7-2 wäre. Das Spiel wurde ohne Regelfall wieder aufgenommen und Woods gewann die Players Championship mit einem Schlag Vorsprung vor Vijay Sing.

▸ REGEL 7
HÄUFIG GESTELLTE FRAGEN

F. Darf ein Spieler auf dem Wettspielplatz üben?
A. Vor einem Lochspiel darf ein Spieler auf dem Wettspielplatz üben, es sei denn, es wäre von der Spielleitung in den Wettspielbedingungen untersagt worden. Im Zählspiel darf ein Bewerber nicht vor dem Wettspiel auf dem Wettspielplatz üben oder die Oberfläche eines Grüns prüfen, es sei denn, es wäre von der Spielleitung in den Wettspielbedingungen erlaubt – siehe Anmerkung zu Regel 7-1.
Sowohl im Lochspiel wie auch im Zählspiel darf ein Spieler während der Runde beim Spielen des Lochs und auch zwischen den Löchern keinen Übungsschlag spielen. Ausgenommen hiervon ist die Zeit zwischen dem Spiel von zwei Löchern, in der der Spieler chippen oder putten auf oder nahe von:

- dem Grün des zuletzt gespielten Lochs,
- jeglichem Übungsgrün, oder
- dem Abschlag des nächsten zu spielenden Lochs machen darf. Sie sollten in den Wettspielbedingungen überprüfen ob die Spielleitung das Übern auf dem Platz eingeschränkt hat.

▶ REGEL 8
BELEHRUNG; SPIELLINIE ANGEBEN

8-1 Belehrung
Während einer *festgesetzten Runde* darf ein Spieler
(a) niemandem im Wettspiel, der auf dem *Platz* spielt, ausgenommen seinem *Partner*, *Belehrung* erteilen oder
(b) nicht von irgendjemand anderem außer seinem *Partner* oder einem ihrer *Caddies* *Belehrung* erbitten.

ERKLÄRUNGEN
Feststehende Begriffe sind kursiv geschrieben und alphabetisch im Abschnitt II „Erklärungen" aufgeführt (siehe Seiten 13–24).

8-2 Spiellinie angeben
8-2 a Außerhalb des Grüns
Außer auf dem *Grün* darf sich ein Spieler die *Spiellinie* von jedermann angeben lassen, doch darf niemand vom Spieler auf, nahe bei oder in der Verlängerung der Linie über das *Loch* hinaus in Position gebracht werden, während der *Schlag* gemacht wird. Jedes Zeichen, das vom Spieler oder mit seinem Wissen zum Angeben der Linie gesetzt wird, muss entfernt werden bevor der *Schlag* gemacht wird.

Ausnahme
Flaggenstock bedienen oder hochhalten – siehe Regel 17-1.

8-2 b Auf dem Grün
Befindet sich der Ball des Spielers auf dem *Grün*, so dürfen der Spieler, sein *Partner* oder einer ihrer *Caddies* vor dem Schlag, aber nicht während des *Schlags* eine Linie zum Putten angeben, wobei jedoch das *Grün* nicht berührt werden darf. Nirgendwo darf ein Zeichen zum Angeben einer Linie zum Putten gesetzt werden.

BELEHRUNG

Nach meinen Aufzeichnungen sind es von diesem Bunker noch 150 m bis zum Grün. Ich bin nicht sicher, welchen Schläger ich nehmen soll.

Frag mich nur nicht. Das wäre für dich strafbar als erbetene Belehrung.

REGEL 8
ANGEBEN DER SPIELLINIE

Ich glaube, ich werde putten. Kann ich auf der Kuppe eine Markierung anbringen, die mir die Spiellinie zeigt?

Nein, ich befürchte, das darfst du nicht.

**STRAFE
FÜR Regelverstoß:**
Lochspiel — Lochverlust;
Zählspiel — Zwei Schläge.

ANMERKUNG

Bei Mannschaftswettspielen darf die Spielleitung in der Ausschreibung eines Wettspiels (Regel 33-1) jeder einzelnen Mannschaft die Einsetzung einer Person gestatten, die ihren Mannschaftsteilnehmern Belehrung (einschließlich Angebens einer Linie zum Putten) erteilen darf. Die Spielleitung kann Bedingungen für die Einsetzung und die zulässigen Handlungen einer solchen Person erlassen. Sie muss der Spielleitung vor dem Erteilen von Belehrung benannt werden.

▶ REGEL 8
REGELFALL

Als er John Daly auf dem 11. Grün in Crooked Stick die Puttlinie zeigte, berührte dessen Caddie Jeff „Squeeky" Medlen in der dritten Runde der PGA Championship 1991 versehentlich das Grün mit dem Flaggenstock.

Als neunter Spieler auf der Warteliste war Daly in das Spielerfeld hineingerutscht, als Nich Price sich abgemeldet hatte, um bei der Geburt seines Kindes dabei zu sein. Drei andere Spieler vor ihm hatten aus verschiedenen Gründen abgesagt. Der unbekannte Mann aus Arkansas hatte sofort die Führung übernommen, nachdem er eine 69 und eine 67 in der ersten bzw. zweiten Runden gespielt hatte. Daly spielte am Samstag mit Bruce Lietzke und war auf dem Weg zu einer weiteren 69. Am 11. Loch zeigte Medlen Dalys Puttlinie für den ersten Putt mit der Hand an. In seiner anderen Hand hielt Medlen den Flaggenstock und berührte damit versehentlich das Grün. Der mögliche Regelverstoß wurde Millionen Zuschauern im Fernsehen übertragen und glücklicherweise auch zur Begutachtung aufgezeichnet. Mitglieder der Spielleitung, die fast unverzüglich von dem Geschehen alarmiert worden waren, trafen Daly nach der Runde, um den Fall zu besprechen und zu entscheiden, bevor Daly seine Karte abgegeben hatte.

Daly, Medlen, Lietzke und die Mitglieder der Spielleitung schauten die Videoaufzeichnung an. Das Band zeigte, dass Medlen den herausgenommenen Flaggenstock hielt und zuließ, dass dieser etwa einen Meter rechts neben dem Loch das Grün berührte, während er mit der anderen Hand die Puttlinie anzeigte. Regel 8-2 besagt, dass das Grün nicht berührt werden darf, während eine Puttlinie angezeigt wird.

Nachdem sie mit allen Beteiligten gesprochen hatten, waren die Mitglieder der Spielleitung davon überzeugt, dass keine Strafe angefallen war. Daly reichte seine Zählkarte mit einer 69 ein. Am nächsten Tag gewann er die PGA Championship mit drei Schlägen Vorsprung.

▸ REGEL 8
HÄUFIG GESTELLTE FRAGEN

F. Darf ein Spieler einen Schläger auf den Boden legen um sich daran auszurichten?

A. Ja, vorausgesetzt der Schläger wird wieder entfernt, bevor der Schlag gespielt wird. Anderenfalls läge ein Verstoß gegen Regel 8-2a vor.

▸ REGEL 9
AUSKUNFT ÜBER SCHLAGZAHL

9-1 Allgemeines
Die Anzahl der *Schläge*, die ein Spieler gemacht hat, schließt alle *Strafschläge* ein, die er sich zugezogen hat.

9-2 Lochspiel
9-2 a Auskunft über die Schlagzahl
Ein Gegner hat Anspruch darauf, vom Spieler beim Spielen eines Lochs dessen jeweiligen Stand der *Schlagzahl* und im Anschluss an das Spielen eines Lochs dessen *Schlagzahl* für das soeben beendete Loch zu erfahren.

9-2 b Falsche Auskunft
Ein Spieler darf seinem Gegner keine falsche Auskunft geben. Wenn ein Spieler falsche Auskunft gibt, verliert er das Loch.

ERKLÄRUNGEN
Feststehende Begriffe sind kursiv geschrieben und alphabetisch im Abschnitt II „Erklärungen" aufgeführt (siehe Seiten 13–24).

Eine falsche Auskunft gilt als gegeben, wenn ein Spieler
(I) es unterlässt, seinen Gegner so bald wie durchführbar davon in Kenntnis zu setzen, dass er sich eine Strafe zugezogen hat, außer a) er verfährt offenkundig nach einer *Regel*, die Strafe nach sich zieht, und dies wurde von seinem Gegner wahrgenommen, oder b) er berichtigt seinen Fehler, bevor sein Gegner seinen nächsten *Schlag* macht; oder
(II) beim Spielen eines Lochs falsche Auskunft über den Stand der Schlagzahl erteilt und diesen Fehler nicht berichtigt, bevor sein Gegner den nächsten *Schlag* gemacht hat, oder
(III) falsche Auskunft über die Schlagzahl für ein beendetes Loch erteilt und sich dies auf des Gegners Auffassung vom Ergebnis des Lochs auswirkt, solange er seinen Fehler nicht berichtigt, bevor irgendein Spieler vom nächsten *Abschlag* einen *Schlag* macht oder, sofern es sich um das letzte Loch des Lochspiels handelt, bevor alle Spieler das *Grün* verlassen.

REGEL 10

AUSKUNFT ÜBER SCHLAGZAHL

Ein Spieler hat auch dann falsche Auskunft erteilt, wenn er aus Unkenntnis einen *Strafschlag* nicht berücksichtigt, den er sich zugezogen hatte. Es liegt in der Verantwortung des Spielers, die Regeln zu kennen.

9-3 Zählspiel

Ein *Bewerber*, der sich eine Strafe zugezogen hat, sollte seinen *Zähler* sobald wie durchführbar davon in Kenntnis setzen..

▶ REGEL 10

SPIELFOLGE

ERKLÄRUNGEN
Feststehende Begriffe sind kursiv geschrieben und alphabetisch im Abschnitt II „Erklärungen" aufgeführt (siehe Seiten 13–24).

10-1 Lochspiel

10-1 a Zu Beginn des Lochs

Am ersten *Abschlag* ergibt sich die *Ehre* einer *Partei* aus der Aufstellung. Fehlt es an einer Aufstellung, so sollte um die Ehre gelost werden.

Die *Partei*, die ein Loch gewinnt, nimmt am nächsten *Abschlag* die *Ehre*. Wurde ein Loch halbiert, so behält diejenige *Partei* die *Ehre*, die sie am vorhergehenden *Abschlag* gehabt hat.

10-1 b Während des Spielens eines Lochs

Nachdem beide Spieler das Loch begonnen haben, wird der weiter vom *Loch* entfernte Ball zuerst gespielt. Sind die Bälle gleich weit vom *Loch* entfernt oder kann ihre jeweilige Entfernung zum *Loch* nicht bestimmt werden, so sollte gelost werden, welcher Ball zuerst gespielt wird.

Ausnahme

Regel 30-3b (*Bestball*- und *Vierball*-Lochspiel).

> **ANMERKUNG**
>
> Wird es bekannt, dass der ursprüngliche Ball nicht gespielt werden soll, wie er liegt, und muss der Spieler einen Ball so nahe wie möglich von der Stelle spielen, von der der ursprüngliche Ball zuletzt gespielt wurde (siehe Regel 20-5), wird die Spielfolge durch die Stelle bestimmt, von der der vorhergehende *Schlag* gemacht wurde. Darf ein Ball von einer anderen Stelle gespielt werden als derjenigen, von der der vorhergehende *Schlag* gemacht wurde, wird die Spielfolge durch die Stelle bestimmt, an der der ursprüngliche Ball zur Ruhe kam.

10-1 c Spielen außer Reihenfolge

Spielt ein Spieler, obwohl sein Gegner hätte spielen sollen, so ist das straflos, aber der Gegner darf unverzüglich verlangen, dass der Spieler den so gemachten *Schlag* annulliert und in richtiger Reihenfolge einen Ball so nahe wie möglich der Stelle spielt, von der der ursprüngliche Ball zuletzt gespielt worden war (siehe Regel 20-5).

10-2 Zählspiel

10-2 a Zu Beginn des Lochs

Am ersten *Abschlag* ergibt sich die *Ehre* eines *Bewerbers* aus der Aufstellung. Fehlt es an einer Aufstellung, so sollte um die *Ehre* gelost werden.

REIHENFOLGE DES SPIELS

Der *Bewerber* mit der niedrigsten Schlagzahl an einem Loch nimmt am nächsten *Abschlag* die *Ehre*. Der *Bewerber* mit der nächstniedrigen Schlagzahl spielt als Nächster und so fort. Haben zwei oder mehr *Bewerber* an einem Loch die gleiche Schlagzahl, so spielen sie am nächsten *Abschlag* in gleicher Reihenfolge ab wie am vorhergehenden.

Ausnahme

Regel 32-1 (Wettspiele mit Vorgabe gegen Par und nach Stableford)

10-2 b Während des Spielens eines Lochs

Haben die *Bewerber* das Spielen des Lochs begonnen, ist der am weitesten vom *Loch* entfernte Ball zuerst zu spielen. Liegen zwei oder mehr Bälle gleich weit vom *Loch* entfernt oder kann ihre jeweilige Entfernung zum *Loch* nicht bestimmt werden, so sollte gelost werden, welcher Ball zuerst gespielt wird.

Ausnahmen

Regel 22 (Ball unterstützt oder behindert Spiel) und 31-4 (Vierball-Zählspiel).

> **ANMERKUNG**
>
> Wird es bekannt, dass der ursprüngliche Ball nicht gespielt werden soll, wie er liegt, und muss der Bewerber einen Ball so nahe wie möglich von der Stelle spielen, von der der ursprüngliche Ball zuletzt gespielt wurde (siehe Regel 20-5), wird die Spielfolge durch die Stelle bestimmt, von der der vorhergehende *Schlag* gemacht wurde. Darf ein Ball von einer anderen Stelle gespielt werden als derjenigen, von der der vorhergehende *Schlag* gemacht wurde, wird die Spielfolge durch die Stelle bestimmt, an der der ursprüngliche Ball zur Ruhe kam.

10-2 c Spielen außer Reihenfolge

Spielt ein *Bewerber* außer Reihenfolge, so zieht er sich keine Strafe zu, und der Ball wird gespielt wie er liegt. Stellt jedoch die *Spielleitung* fest, dass *Bewerber* übereingekommen sind, außer Reihenfolge zu spielen, um einem von ihnen einen Vorteil zu verschaffen, so sind sie disqualifiziert.
(*Schlag* machen, solange ein anderer Ball nach einem auf dem *Grün* gespielten *Schlag* in Bewegung ist – siehe Regel 16-1f.)
(Falsche Reihenfolge im *Dreier-* und *Vierer-*Zählspiel – siehe Regel 29-3.)

10-3 Provisorischer oder anderer Ball vom Abschlag

Spielt ein Spieler einen *provisorischen Ball* oder einen anderen Ball vom *Abschlag*, so muss das geschehen, nachdem sein Gegner oder *Mitbewerber* seinen ersten *Schlag* gemacht hat. Beabsichtigen mehr als ein Spieler, einen provisorischen Ball zu spielen oder wenn es erforderlich wird, einen anderen Ball vom Abschlag zu spielen, so muss die ursprüngliche Reihenfolge beibehalten werden. Spielt ein Spieler einen *provisorischen* oder einen anderen *Ball* außer Reihenfolge, so gelten die Regeln 10-1c oder 10-2c.

▸ REGEL 10
REGELFALL

In den Vierern des Vormittags am zweiten Tag des Walker Cups 2003 in Ganton führten Gary Wolstenholme und Oliver Wilson gegen Trip Kuehne und Bill Haas. Kuehne spielte als erster vom zweiten Abschlag und machte einen langen Schlag, aber völlig aus der Richtung in dichtes Gebüsch. Wolstenholme folgte mit einem kürzeren Abschlag in einen Fairwaybunker. Als die Spieler an Ihren Bällen ankamen, begann eine

Suche nach dem Ball der Amerikaner. Noch vor Ende der Suchzeit spielte Wilson den Ball aus dem Bunker und Wolstenholme schlug diesen dann auf das Grün.

Zu diesem Zeitpunkt stellte die Mannschaft der USA die Frage, ob der Gastgeber-Vierer außer der Reihenfolge gespielt hätte, da Wolstenholme möglicherweise von einer Stelle gespielt habe, die näher zum Loch lag, als die Stelle, an der der verlorene Ball der USA gelegen haben könnte. Da der Ball der USA nicht gefunden werden konnte, musste seine Lage geschätzt werden, um die die richtige Spielreihenfolge zu bestimmen. Der Platzrichter dieser Spielergruppe entschied nach dieser Schätzung, dass der britisch-irische Ball weiter vom Loch entfernt lag und deshalb nicht außerhalb der Reihenfolge gespielt wurde.

Dadurch wurde offensichtlich, dass die Regeln von einer besseren Aufklärung einer solchen Situation profitieren würden. Deshalb besagt die Anmerkung zu Regel 10-2b nun, dass die Spielreihenfolge von dem Ort abhängt, an dem der ursprüngliche Ball zuletzt gespielt wurde, für den Fall, dass der ursprüngliche Ball nicht gespielt wird, wie er liegt (z. B. weil er nicht innerhalb von 5 Minuten gefunden wurde), und dass der Spieler einen Ball so nahe wie möglich von der Stelle spielen muss, an der der ursprüngliche Ball zuletzt gespielt wurde.

Damit wären in dem Walker-Cup-Fall in dem Moment, als der amerikanische Ball verloren wurde, dann die Spieler der USA an der Reihe gewesen, da sie wieder vom Abschlag hätten spielen müssen.

Bob Lewis, der Kapitän des Walker Cups 2003, ermittelt mit dem bei diesem Match mitgehenden Platzrichter, ob das britisch-irische Team außerhalb der Reihenfolge gespielt hat.

▸ REGEL 10
HÄUFIG GESTELLTE FRAGEN

F Wie wird in einem Netto-Zählwettspiel die Ehre bestimmt?
A Am ersten Loch wird die Ehre durch die Startaufstellung bestimmt. Danach richtete sich die Ehre nach dem niedrigsten Bruttoergebnis an jedem einzelnen Loch. Für Netto-Stableford-Wettspiele, siehe Seite 161.

▶ REGEL 11
ABSCHLAG

ERKLÄRUNGEN

Feststehende Begriffe sind kursiv geschrieben und alphabetisch im Abschnitt II „Erklärungen" aufgeführt (siehe Seiten 13–24).

11-1 Aufsetzen des Balls

Bringt ein Spieler einen Ball vom *Abschlag* ins Spiel, so muss dieser von innerhalb des Abschlags gespielt werden, entweder von der Oberfläche des Bodens oder von einem zulässigen *Tee* in oder auf der Oberfläche des Bodens.

Eine Bodenunebenheit (durch den Spieler geschaffen oder nicht) sowie Sand oder eine andere natürlich Substanz (durch den Spieler hingelegt oder nicht) ist eine Oberfläche des Bodens im Sinne dieser Regel.

Macht ein Spieler einen Schlag nach einem Ball auf einem unzulässigen Tee oder nach einem Ball, der nicht in der durch diese Regel erlaubten Art und Weise aufgesetzt wurde, **so ist er disqualifiziert.**

Ein Spieler darf außerhalb des *Abschlags* stehen, um einen Ball von innerhalb des Abschlags zu spielen.

11-2 Abschlagmarkierungen

Bevor ein Spieler mit irgendeinem Ball seinen ersten *Schlag* vom *Abschlag* des zu spielenden Lochs macht, gelten die Abschlagmarkierungen als befestigt. Bewegt der Spieler in einem derartigen Zusammenhang eine Abschlagmarkierung, bzw. duldet er, dass sie bewegt wird, um dadurch zu verhindern, dass sie seine *Standposition*, den Raum seines beabsichtigten Schwungs oder seine *Spiellinie* behindert, **so zieht er sich die Strafe für Verstoß gegen Regel 13-2 zu.**

11-3 Ball fällt vom Tee

Fällt ein *Ball*, der nicht *im Spiel* ist, vom *Tee* oder wird er vom Spieler beim *Ansprechen* vom *Tee* gestoßen, so darf er straflos wieder aufgesetzt werden. Wurde

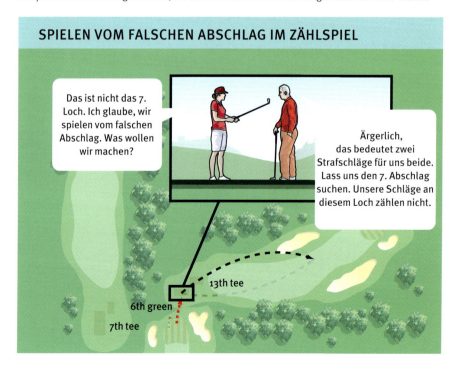

SPIELEN VOM FALSCHEN ABSCHLAG IM ZÄHLSPIEL

Das ist nicht das 7. Loch. Ich glaube, wir spielen vom falschen Abschlag. Was wollen wir machen?

Ärgerlich, das bedeutet zwei Strafschläge für uns beide. Lass uns den 7. Abschlag suchen. Unsere Schläge an diesem Loch zählen nicht.

jedoch dabei ein *Schlag* nach dem Ball gemacht, so zählt dieser *Schlag*, egal ob sich der Ball *bewegt* hat oder nicht, aber Strafe kommt nicht hinzu.

11-4 Spielen von außerhalb des Abschlags

11-4 a Lochspiel

Spielt ein Spieler zu Beginn eines Lochs einen Ball von außerhalb des *Abschlags*, so ist dies straflos, aber der Gegner darf unverzüglich verlangen, dass der Spieler den *Schlag* annulliert und einen Ball von innerhalb des *Abschlags* spielt.

11-4 b Zählspiel

Spielt ein *Bewerber* zu Beginn eines Lochs einen Ball von außerhalb des Abschlags, **so zieht er sich eine Strafe von zwei Schlägen zu** und muss dann einen Ball von innerhalb des Abschlags spielen.

Macht der *Bewerber* einen *Schlag* vom nächsten *Abschlag*, ohne zuvor seinen Fehler behoben zu haben, oder, sofern es sich um das letzte Loch der Runde handelt, verlässt er das *Grün*, ohne zuvor die Absicht zur Behebung seines Fehlers anzukündigen, so ist er disqualifiziert.

Der *Schlag* von außerhalb des *Abschlags* und alle weiteren Schläge des *Bewerbers* an dem Loch, bevor er den Fehler behoben hat, werden nicht auf seine Schlagzahl angerechnet.

11-5 Spielen von falschem Abschlag

Es gelten die Bestimmungen nach Regel 11-4.

▸ REGEL 11

REGELFALL

Die Atmosphäre während der US Open 1990 im Medinah Country Club war die ganze Woche über dramatisch und spannungsgeladen. Hale Irvin nahm all sein Talent zusammen, zurückblickend auf 33 Siege als Professional, einschließlich zweier US Open 1979 und 1974. Und tatsächlich lochte er einen 15-Meter-Putt auf dem 72. Loch ein und zwang Mike Donald damit zu einem Stechen, dessen einziger Sieg auf der PGA aus einem Spiel in Williamsburg (Virginia) im Vorjahr stammte.

Im Stechen verließen die Spieler das 17. Grün und Donald führte mit einem Schlag Vorsprung. Auf dem 18. Abschlag teete Donald vor den Abschlagsmarkierungen auf. Der Platzrichter bemerkte diesen Irrtum und Donald wurde aufgefordert, den Ball korrekt aufzuteen.

Regel 11 ist für das Zählspiel unmissverständlich. Spielt ein Bewerber von außerhalb des Abschlags, so zieht er sich eine Strafe von zwei Schlägen zu und muss anschließend einen Ball von innerhalb des Abschlags spielen. Wäre Donalds Irrtum einen Augenblick später aufgefallen, nachdem er bereits den Ball vor den Abschlagsmarkierungen gespielt hätte, wäre der Stand des Stechens durch die zwei Strafschläge umgedreht worden und Irwin hätte mit einem Schlag geführt.

Hale Irwin macht Freudensprünge, nachdem er den Siegputt am 91. Loch der US Open 1990 eingelocht hat.

Das Eingreifen des Platzrichters verhinderte den Regelverstoß, aber Donalds Bogey auf dem 90. Loch führte zu einem Ergebnis von 74 für beide Spieler. Nach den Wettspielbedingungen, die in dem Meldeformular erwähnt wurden, führte dies zum ersten „sudden death" bei der Ermittlung eines Siegers in der Geschichte der US Open.

Auf dem ersten Extraloch, dem 91. Loch der Meisterschaft, lochte Irwin einen

Putt von etwa 3 Metern zum Birdie ein und wurde der bis dahin älteste Sieger der US Open.

► REGEL 11
HÄUFIG GESTELLTE FRAGEN

F Was macht man, wenn man vom falschen Abschlag gespielt hat?

A Im Zählspiel muss der Fehler berichtigt werden und ein Ball unter Anrechnung von zwei Strafschlägen vom richtigen Abschlag gespielt werden. Der Schlag vom falschen Abschlag und weitere Schläge auf dem falschen Loch zählen nicht zum Ergebnis hinzu.

Im Lochspiel fällt keine Strafe an und das Spiel wird mit dem Ball vom falschen Abschlag fortgesetzt, es sei denn, der Gegner verlangt sofort, den Schlag zu annullieren und einen Ball vom richtigen Abschlag zu spielen.

► REGEL 12
BALL SUCHEN UND IDENTIFIZIEREN

ERKLÄRUNGEN

Feststehende Begriffe sind kursiv geschrieben und alphabetisch im Abschnitt II „Erklärungen" aufgeführt (siehe Seiten 13–24).

12-1 Ball suchen; Ball sehen

Beim Suchen seines Balls überall auf dem *Platz* darf der Spieler langes Gras, Binsen, Gebüsch, Ginster, Heide oder dergleichen berühren oder biegen, jedoch nur im erforderlichen Ausmaß, um seinen Ball finden und identifizieren zu können, und vorausgesetzt, dass dadurch die Lage des Balls, der Raum seines beabsichtigten *Stands* oder Schwungs oder seine *Spiellinie* nicht verbessert werden.

Ein Spieler hat nicht unbedingt Anspruch, seinen Ball sehen zu können, wenn er einen *Schlag* macht.

Ist ein Ball im Hindernis vermutlich von losen hinderlichen Naturstoffen oder Sand bedeckt, so darf der Spieler durch Tasten oder Harken mit einem Schläger oder sonst wie so viel lose hinderliche Naturstoffe oder Sand fortbewegen wie erforderlich, damit er einen Teil des Balls sehen kann. Wurde mehr fortbewegt, so ist das straflos, und der Ball muss wieder so bedeckt werden, dass nur ein Teil von ihm sichtbar ist. Wird bei solchem Fortbewegen der Ball bewegt, so ist das straflos; der Ball muss zurückgelegt und ggf. wieder bedeckt werden. Fortbewegen loser hinderlicher Naturstoffe außerhalb eines Hindernisses – siehe Regel 23-1.

Wird ein Ball, der in oder auf einem Hemmnis oder in einem *ungewöhnlich beschaffenen Boden* liegt, beim Suchen versehentlich *bewegt*, so ist das straflos; der Ball muss zurückgelegt werden, es sei denn, der Spieler entscheidet sich, nach zutreffender Regel 24-1b, 24-2b oder 25-1b zu verfahren. Legt der Spieler den Ball zurück, so darf er dennoch nach Regel 24-1b, 24-2b oder 25-1b verfahren, wenn diese anwendbar sind.

Wird vermutet, dass ein Ball im Wasser eines *Wasserhindernisses* liegt, so darf der Spieler mit einem Schläger oder sonst wie danach tasten. Wird der Ball beim Tasten *bewegt*, so muss er zurückgelegt werden, sofern sich der Spieler nicht entscheidet, nach Regel 26-1

BALL SUCHEN IM BUNKER

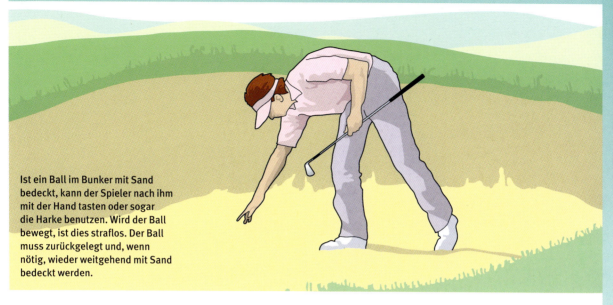

Ist ein Ball im Bunker mit Sand bedeckt, kann der Spieler nach ihm mit der Hand tasten oder sogar die Harke benutzen. Wird der Ball bewegt, ist dies straflos. Der Ball muss zurückgelegt und, wenn nötig, wieder weitgehend mit Sand bedeckt werden.

zu verfahren. Es ist straflos, wenn der Ball dabei *bewegt* wird, vorausgesetzt, das *Bewegen* des Balls ist unmittelbar auf die eigentliche Handlung des Tastens zurückzuführen. **Anderenfalls zieht der Spieler sich einen Strafschlag nach Regel 18-2a zu.**

STRAFE
FÜR Verstoß GEGEN REGEL 12-1:
Lochspiel – Lochverlust;
Zählspiel – Zwei Schläge.

12-2 Ball identifizieren

Der Spieler ist dafür verantwortlich, dass er den richtigen Ball spielt. Jeder Spieler sollte seinen Ball kennzeichnen.

Hat ein Spieler Grund zur Annahme, ein Ball in Ruhe sei sein Ball, und ist es notwendig, den Ball zum Identifizieren aufzunehmen, so darf er hierfür den Ball straflos aufnehmen.

Vor dem Aufnehmen des Balls muss der Spieler die Absicht dazu seinem Gegner im Lochspiel bzw. seinem *Zähler* oder einem *Mitbewerber* im Zählspiel ankündigen und die Lage des Balls kennzeichnen. Sodann darf er den Ball aufnehmen und identifizieren, sofern er Gegner, *Zähler* oder *Mitbewerber* Gelegenheit gibt, das Aufnehmen und Zurücklegen zu beobachten. Der Ball darf beim Aufnehmen nach Regel 12-2 nicht mehr als im zur Identifizierung erforderlichen Ausmaß gereinigt werden. Ist der aufgenommene Ball der Ball des Spielers und versäumt der Spieler, dieses Verfahren ganz oder teilweise einzuhalten, oder nimmt er seinen Ball zum Identifizieren auf, wenn dies nicht notwendig ist, **so zieht er sich einen Strafschlag zu.**

Ist der aufgenommene Ball der Ball des Spielers, so muss er diesen zurücklegen. Versäumt er dies, **zieht er sich die Grundstrafe für Verstoß gegen Regel 12-2 zu,** aber keine weitere Strafe nach dieser Regel.

ANMERKUNG
Wurde die ursprüngliche Lage des Balls, der hin- oder zurückzulegen ist, verändert, siehe Regel 20-3b.

REGEL 12

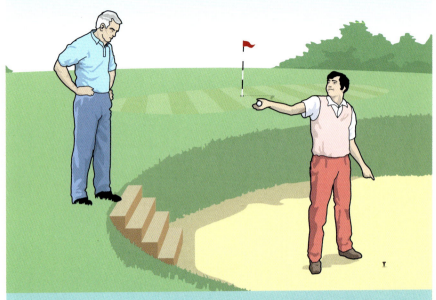

BALL IM BUNKER IDENTIFIZIEREN

Ein Spieler darf seinen Ball aufnehmen und identifizieren, auch wenn der Ball im Bunker oder einem Wasserhindernis liegt. Die Lage des Balls muss markiert werden und der Spieler muss seinen Gegner, Mitbewerber oder Zähler informieren, was er zu tun gedenkt, bevor er den Ball aufnimmt. Der Ball darf nicht mehr als zur Identifizierung notwendig gereinigt werden.

* **STRAFE**
FÜR Verstoß GEGEN REGEL 12-2:
Lochspiel –Lochverlust;
Zählspiel – Zwei Schläge.
* Wenn ein Spieler sich die Grundstrafe für Verstoß gegen Regel 12-2 zuzieht, fällt keine weitere Strafe nach dieser Regel an.

► REGEL 12

REGELFALL

Bei der Dubai Classic 2003 im Emirates Golfclub steckte Alastair Forsyth's Ball an einer Stelle in einer Palme, die nicht erreicht werden konnte. Als der Spieler den Ball erreichte, konnte er anfangs noch sehen, dass es ein Ball der Marke und Nummer war, den er spielte und er rief nach einer Regelentscheidung, um die Erleichterungsmöglichkeiten festzustellen.

Als der Platzrichter an der Stelle eintraf, zeigte Forsyth ihm den Ball in dem Baum. Zu diesem Zeitpunkt hatte der seine Lage im Baum leicht verändert und die Kennzeichnungen waren nicht mehr sichtbar. Der Platzrichter fragte, ob Forsyth tatsächlich wüsste, dass dieser Ball seiner war, aber der Schotte war in der Lage, mit Unterstützung durch seine Mitbewerber dem Platzrichter zu versichern, dass der Ball anfangs zu identifizieren war, als er ihn erreichte. Damit zufrieden gestellt erklärte der Platzrichter Forsyth nun, dass er seinen Ball im Fall des unspielbar Erklärens unter anderem mit einem Strafschlag innerhalb zweier Schläger von dem Punkt auf dem Boden unterhalb des Balls im Baum fallen lassen könne (Entscheidung 28/11). Der Spieler verfuhr dann nach dieser Möglichkeit.

Golfbälle können sehr schwierig zu identifizieren sein. Bei der Dubai Classic 2003 steckte Alastair Forsyth's Ball in einer Palme. Er bewegte sich noch etwas, bevor der Platzrichter eintraf und konnte dann nicht mehr identifiziert werden.

REGEL 12
HÄUFIG GESTELLTE FRAGEN

F Ist es zulässig, eine Linie um den Ball herum zum Zeichen zur Identifizierung auf dem Ball anzubringen?
A Ja. Eine solche Kennzeichnung unterstützt den Spieler nicht unangemessen in der Ausrichtung, da der Herstellername auf dem Ball ähnlich angewandt werden kann.

Der Spieler ist dafür verantwortlich, den richtigen Ball zu spielen. Darren Clark zeichnet ein Kleeblatt zur Identifikation auf jeden seiner Bälle.

▶ REGEL 13
BALL SPIELEN, WIE ER LIEGT

ERKLÄRUNGEN
Feststehende Begriffe sind kursiv geschrieben und alphabetisch im Abschnitt II „Erklärungen" aufgeführt (siehe Seiten 13–24).

13-1 Allgemeines
Der Ball muss gespielt werden, wie er liegt, sofern die Regeln nichts anderes vorsehen.

(Ball in Ruhe *bewegt* – siehe Regel 18.)

13-2 Lage, Raum des beabsichtigten Stands oder Schwungs, oder Spiellinie verbessern
Ein Spieler darf nicht
- den Ort der Lage oder die Lage seines Balls,
- den Raum seines beabsichtigten *Stands* oder Schwungs,
- seine *Spiellinie* sowie eine angemessene Verlängerung dieser Linie über das Loch hinaus oder
- die Fläche zum Fallenlassen oder Hinlegen eines Balls durch eine der folgenden Handlungen verbessern oder verbessern lassen:
- einen Schläger auf den Boden drücken
- Bewegen, Biegen oder Brechen von irgendetwas, das wächst oder befestigt ist (eingeschlossen *unbewegliche Hemmnisse* sowie Gegenstände zum Bezeichnen von *Aus*),
- Schaffung oder Beseitigung von Bodenunebenheiten,
- Entfernen oder Niederdrücken von Sand, losem Erdreich, herausgeschlagener und wieder eingesetzter Grasnarbe, oder sonstigen eingesetzten Rasenstücken oder
- Entfernen von Tau, Reif oder Wasser.

Jedoch zieht der Spieler sich keine Strafe zu, wenn dies vorkommt
- beim leichten Aufsetzen des Schlägers zum Ansprechen des Balls,
- bei redlichem Beziehen der *Standposition*,
- beim Spielen eines *Schlags* oder beim Rückschwung des Schlägers zum *Schlag* und der Schlag wird dann gemacht,

RAUM DES BEABSICHTIGTEN SCHWUNGS ODER SPIELLINIE VERBESSERN

Ein Spieler darf keine hinderlichen Zweige abbrechen oder Sand entfernen, der sich nicht auf dem Grün befindet.

- bei der Schaffung oder Beseitigung von Bodenunebenheiten innerhalb des *Abschlags* (Regel 11-1) oder beim Entfernen von Tau, Reif oder Wasser vom *Abschlag*, oder
- beim Entfernen von Sand und losem Erdreich oder beim Ausbessern von Schäden auf dem *Grün* (Regel 16-1).

Ausnahme
Ball im *Hindernis* – siehe Regel 13-4.

13-3 Standposition herstellen

Ein Spieler ist berechtigt, die Füße fest aufzusetzen, wenn er seine *Standposition* bezieht, darf sich aber keine *Standposition* herstellen.

13-4 Ball im Hindernis, Unzulässige Handlungen

Sofern nicht in den *Regeln* vorgesehen, darf der Spieler, bevor er einen *Schlag* nach einem Ball macht, der in einem *Hindernis* ist (gleich ob *Bunker* oder *Wasserhindernis*) oder der in einem *Hindernis* aufgenommen wurde und darin fallen gelassen oder hingelegt werden darf, nicht

a die Beschaffenheit des *Hindernisses* oder eines gleichartigen *Hindernisses* prüfen,
b den Boden im *Hindernis* oder Wasser im *Wasserhindernis* mit seiner Hand oder einem Schläger berühren oder
c einen *losen hinderlichen Naturstoff* berühren oder bewegen, der im *Hindernis* liegt oder es berührt.

SCHAFFUNG ODER BESEITIGUNG VON BODENUNEBENHEITEN

REGEL 13

SCHLÄGER IM HINDERNIS HINLEGEN

Der Spieler darf seine Schläger im Hindernis hinlegen, vorausgesetzt er prüft damit nicht die Beschaffenheit des Hindernisses oder verbessert die Lage des Balls.

WASSERHINDERNIS BERÜHREN UM EINEN STURZ ZU VERMEIDEN

Der Spieler darf einen Schläger benutzen, um ein Hindernis zu betreten oder zu verlassen, vorausgesetzt er prüft damit nicht die Beschaffenheit des Hindernisses oder verbessert die Lage des Balls.

Ausnahmen

1. Vorausgesetzt, es geschieht nichts, was Prüfen der Beschaffenheit des *Hindernisses* oder Verbessern der Lage des Balls darstellt, ist es straflos, wenn der Spieler (a) den Boden oder lose hinderliche Naturstoffe in irgendeinem *Hindernis* oder Wasser in einem *Wasserhindernis* berührt infolge oder zur Vermeidung eines Sturzes, beim Fortbewegen eines *Hemmnisses*, beim Nachmessen oder Kennzeichnen der Lage, oder beim Wiedererlangen, Aufnehmen, Hinlegen oder Zurücklegen eines Balls nach einer *Regel* oder wenn er (b) seine Schläger in einem *Hindernis* hinlegt.

2. Wenn der Ball nach dem Spielen des Schlags noch im Hindernis ist oder aus dem Hindernis aufgenommen wurde und im Hindernis fallen gelassen oder hingelegt werden darf, so darf der Spieler Sand oder Erdreich in dem Hindernis einebnen, sofern nichts geschieht, was in Bezug auf seinen nächsten Schlag einen Verstoß gegen Regel 13-2 darstellen würde. Ist der Ball nach dem Schlag außerhalb des Hindernisses, so darf der Spieler Sand oder Erdreich ohne Einschränkung in dem Hindernis einebnen.

3. Wenn der Spieler einen Schlag aus einem Hindernis macht und der Ball kommt in einem anderen Hindernis zur Ruhe, so ist Regel 13-4a für alle nachfolgenden Handlungen in dem Hindernis, aus dem der Schlag gemacht wurde, nicht anwendbar.

ANMERKUNG

Jederzeit, einschließlich beim Ansprechen und beim Rückschwung zum Schlag, darf der Spieler jedes Hemmnis, jede von der Spielleitung zum Bestandteil des Platzes erklärte Anlage, jederlei Gras, Busch, Baum oder Sonstiges, das wächst, mit einem Schläger oder sonst wie berühren.

STRAFE

Für Regelverstoß:
Lochspiel – Lochverlust;
Zählspiel – Zwei Schläge.
(Ball suchen – siehe Regel 12-1)
(Erleichterungsverfahren für einen Ball im Wasserhindernis – siehe Regel 26.

BALL IM BUNKER

Vor einem Schlag aus dem Bunker ist es dem Spieler verboten, ...

... den Grund mit dem Schläger zu berühren, ...

... lose hinderliche Naturstoffe zu berühren, ...

... oder zu entfernen, ...

... oder Sand einzuebnen.

SCHLÄGER AUF DER BRÜCKE IM WASSERHINDERNIS AUFSETZEN

Ja. In einem Hindernis darf ein Spieler jederzeit ein Hemmnis wie z.B. einen Brücke berühren.

Ist es in Ordnung, meinen Schläger auf der Brücke aufzusetzen?

► REGEL 13
REGELFALL

Im Jahr 1987 während der dritten Runde eines Wettspiels der US Tour in Torry Pines bei San Diego verstieß Craig Stadler unwissentlich gegen die Golfregeln, als er sich auf ein Handtuch kniete, um seine Hosen zu schonen und einen Ball zu spielen, der unter den Ästen eines Baumes lag. Regel 13-3 besagt, dass ein Spieler berechtigt ist, seine Füße bei der Einnahme des Standes fest auf den Boden zu setzen, aber er darf sich keinen Stand bauen. Bereits vor diesem Ereignis erschien die Entscheidung 13-3/2, die besagt, dass das Hinknien auf ein Handtuch unter diesen Umständen als Herstellen einer Standposition angesehen wird.

Ein Fernsehzuschauer sah den Fall in einer Aufzeichnung aus den vorherigen Runden und machte die Spielleitung während der Schlussrunde des Wettspiels darauf aufmerksam. Da Stadler unglücklicherweise seine Zählkarte für die dritte Runde mit einem Ergebnis für ein Loch eingereicht hatte, das niedriger war als das tatsächlich erzielte, wurde er nach Regel 6-6d disqualifiziert.

Im Jahr 1995 hatte Stadler jedoch die Genugtuung, nach Torry Pines zurückzukehren und beim Fällen des Baums zu helfen, der nach einer Pilzinfektion abgestorben war. Er stellte den Schlag auch für die versammelte Presse nach.

Während der zweiten Runde der BMW Championship 2008 im Bellerive Country Club in St. Louis spielte Martin Laird einen Schlag auf einem Par 3 Loch, der eine Pitchmarke im Vorgrün -außerhalb des Grüns- schlug.

Sein Mitbewerber Bart Bryant spielte nach Laird und sein Ball kam außerhalb des Grüns zur Ruhe, mit der Pitchmarke auf seiner Spiellinie.

Laird fragte Bryant „Ist das (die Pitchmarke) auf Deiner Spiellinie?" Bryant antwortete „Ja", und Laird besserte die Pitchmarke aus, bevor Bryant spielte und seinen Ball über die Pitchmarke pitchte. Bryant war offensichtlich besorgt über das Geschehene und erzählte bei der Rückgabe der Zählkarten der Spielleitung davon und fragte, ob er sich eine Strafe zugezogen habe.

Regel 16-1c legt fest, dass ein Spieler Schäden durch Balleinschläge auf dem Grün ausbessern darf, gleichgültig ob sein Ball auf dem Grün liegt oder nicht. In diesem Fall lag die Pitchmarke jedoch auf dem Vorgrün und nicht auf dem Grün.

Regel 13-2 bestimmt, dass ein Spieler seine Spiellinie nicht verbessern darf oder zulassen darf, dass diese verbessert wird, indem Unregelmäßigkeiten der Erdoberfläche geschaffen oder beseitigt werden. Das Ausbessern der Pitchmarke stellte ein Ausbessern einer Unebenheit dar. Deshalb entschied die Spielleitung, das Bryant Laird erlaubt hatte, seine Spiellinie zu verbessern, wodurch er sich zwei Strafschläge nach Regel 13-2 zugezogen hatte. Die Tatsache, dass Bryant seinen Ball über die ausgebesserte Pitchmarke gechippt hatte, änderte nichts daran, dass die Spiellinie durch einen Regelverstoß verbessert worden war.

Es gab aber auch gute Neuigkeiten für Bryant, denn nach vier Löchern der dritten Runde spielte er ein hole in one.

Es macht Craig Stadler eine Menge Spaß, den Baum Torrey Pines umzusägen, der Grund für einen Regelfall war, für den er bei einem Wettspiel im Jahr 1987 disqualifiziert wurde.

REGEL 13
DIE REGELN DES SPIELS — BALL SPIELEN, WIE ER LIEGT — SPIELEN DES BALLS

Regel 13-4 bestimmt, dass ein Spieler vor seinem Schlag keine losen hinderlichen Naturstoffe in einem Hindernis berühren darf. Der „Schlag" beginnt erst mit der Vorwärtsbewegung des Schlägers durch den Spieler (siehe Erklärung „Schlag"). Michelle Wie verstieß gegen diese Regel, als sie in der Women´s British Open 2006 etwas loses Moos im Bunker mit ihrem Rückschwung berührte.

Der Engländer Ross Fisher gewann die KLM Open 2007 im Kennemer Golfclub, aber zuerst musste im Anschluss an die vierte Runde Nachforschungen zu Regelfall über sich ergehen lassen. Fisher und die Mitglieder der Spielleitung kehrten zum 12. Loch zurück, an dem er eine Brombeerranke bewegt hatte, in der Annahme, sie sei ein loser hinderlicher Naturstoff, nur um dabei herauszufinden, dass sie noch angewachsen und lebend. Fisher erklärte der Spielleitung, dass er die Ranke liegen gelassen habe, sobald er gemerkt habe, dass sie noch befestigt war. Es ist nicht zulässig ist, dass ein Spieler die Lage seines Balls, den Raum seines beabsichtigten Schwungs, seine Spiellinie oder den Bereich, in dem ein Ball fallen gelassen werden soll, durch das bewegen von irgendetwas befestigtem oder angewachsenem verbessert. Deshalb musste die Spielleitung nun feststellen, ob der Beginn dieser Handlung bereits die Umstände zu Gunsten des Spielers verbessert hatten. Dies hätte ein Strafe von zwei Schlägen nach Regel 13-2 mit sich gebracht, was dazu geführt hätte, dass der Spieler auf Platz zwei zurückgestuft worden wäre.

Ein Spieler darf einen Ast oder ähnliches in dem notwendigen Ausmaß bewegen, das erforderlich ist, um festzustellen, ob er befestigt oder lose ist. Ist der Gegenstand nicht lose, zieht der Spieler sich keine Strafe zu, sofern der Gegenstand nicht dadurch losgelöst wurde und vor dem nächsten Schlag in seine ursprüngliche Lage zurückgebracht werden kann (wobei ein Versäumnis, dies zu tun, dem Spieler eine bessere Lage eingebracht hätte (Entscheidung 13-2/26)).

In Fishers Fall hatte dieser den Gegenstand nicht in seine Ausgangsposition zurückgebracht, aber die Spielleitung konnte mit Hilfe der Fernsehaufzeichnung bestimmen, dass das Bewegen der Brombeerranke nicht zu einer Verbesserung der Lage des Balls, des Standes oder des Raums des beabsichtigten Schwungs oder der Spiellinie geführt hatte und dass kein Regelverstoß vorlag.

Der Fall war bemerkenswert ähnlich zu einem Regelfall in der Dutch Open 1992, als der Engländer Mike McLean, der dachte, er habe das Wettspiel gewonnen, vom letzten Grün direkt zur Vorführung der Videoaufzeichnung gebracht wurde, auf denen er dabei zu sehen war, während der vierten Runde eine Brombeerranke zu bewegen. In diesem Fall wurden McLean jedoch zwei Strafschläge angerechnet, da seine Tat eindeutig seine Lage verbessert hatte.

▸ REGEL 13

HÄUFIG GESTELLTE FRAGEN

F. Wenn man es nicht geschafft hat seinen Ball aus dem Bunker zu schlagen, darf man dann den Bunker vor dem nächsten Schlag harken?
A. Ja. Vorausgesetzt, dabei geschieht nichts, was in Hinblick auf seinen nächsten Schlag gegen Regel 13-2 verstoßen würde.
F. Kann ich meine Schläger oder eine Harke in ein Hindernis legen, während ich meinen Schlag aus dem Hindernis spiele?
A. Ja. Das Hinlegen von Schlägern oder sogar einer Golftasche oder der Harke in ein Hindernis wird nicht als Prüfen der Beschaffenheit des Hindernisses angesehen. Der Spieler muss jedoch darauf achten, dass nichts geschieht, was ein Prüfen der Beschaffenheit des Hindernisses darstellen würde oder was die Lage des Balls verbessert - siehe Ausnahme 1 zu Regel 13-4.

▸ REGEL 14

DER SCHLAG NACH DEM BALL

ERKLÄRUNGEN
Feststehende Begriffe sind kursiv geschrieben und alphabetisch im Abschnitt II „Erklärungen" aufgeführt (siehe Seiten 13–24).

14-1 Ehrlich nach dem Ball schlagen
Nach dem Ball muss ehrlich mit dem Schlägerkopf geschlagen und es darf nicht gestoßen, gekratzt oder gelöffelt werden.

14-2 Assistance
Beim Spielen eines *Schlags* darf ein Spieler nicht
a) körperliche Unterstützung oder Schutz gegen die Elemente annehmen oder
b) dulden, dass sein *Caddie*, sein *Partner* oder der *Caddie des Partners* auf oder dicht an der Verlängerung der *Spiellinie* oder *Puttlinie* hinter dem Ball Position bezieht.

MIT DEM SCHLÄGERKOPF EHRLICH NACH DEM BALL SCHLAGEN

Der Spieler darf den Ball mit der Rückseite oder Spitze des Schlägerkopfes spielen.

Paul Broadhursts Caddie hält Broadhurst während einer Übungsrunde für die Open Championship 2006 an der Hose fest, um zu verhindern, dass er in den Bunker fällt. Wenn dies bei der eigentlichen Meisterschaft geschehen wäre, hätte Broadhurst zwei Strafschläge dafür erhalten, dass er körperliche Unterstützung bei einem Schlag annahm.

STRAFE
Für Verstoß gegen Regel 14-1 or 14-2:
Lochspiel – Lochverlust;
Zählspiel – Zwei Schläge.

14-3 Künstliche Hilfsmittel, ungebräuchliche Ausrüstung und ungebräuchliche Verwendung von Ausrüstung

Der *R&A* behält sich vor, jederzeit die Regeln zu künstlichen Hilfsmitteln, ungebräuchlicher Ausrüstung und der ungebräuchlichen Verwendung von Ausrüstung zu ändern, sowie Auslegungen zu erlassen oder zu ändern, die diese Regeln betreffen.

Ein Spieler, der Zweifel hat, ob der Gebrauch eines Gegenstands gegen Regel 14-3 verstößt, sollte den *R&A* zurate ziehen.

Ein Hersteller kann dem *R&A* von einem Gegenstand, der hergestellt werden soll, ein Muster zur Entscheidung vorlegen, ob der Gebrauch während einer *festgesetzten Runde* einen Verstoß des Spielers gegen Regel 14-3 darstellen würde. Ein solches Muster geht als Beleg in das Eigentum des *R&A* über. Versäumt der Hersteller, vor Herstellung und/oder Vermarktung des Artikels ein Muster vorzulegen, oder, falls er ein Muster eingesandt hatte, hierzu eine Entscheidung abzuwarten, so läuft der Hersteller Gefahr, dass die Verwendung des Gegenstands als nicht mit den *Golfregeln* in Einklang stehend erklärt wird.

Sofern nicht in den *Regeln* vorgesehen, darf der Spieler während einer *festgesetzten Runde* keinerlei künstliche Hilfsmittel oder ungebräuchliche *Ausrüstung* benutzen oder irgendeine Ausrüstung in ungebräuchlicher Art und Weise verwenden:

a) die ihm beim Spielen eines *Schlags* oder bei seinem Spiel von Nutzen sein könnten; oder

b) die den Zweck haben, Entfernungen oder Umstände abzuschätzen oder zu messen, die sein Spiel beeinflussen könnten; oder

c) die ihm beim Halten des Schlägers von Nutzen sein könnten, außer dass

   (I) einfache Handschuhe getragen werden dürfen;

(II) Harz, Puder und Trocknungs- oder Befeuchtungsmittel benutzt werden dürfen; und
(III) ein Hand- oder Taschentuch um den Griff gewickelt werden darf.

Ausnahmen
1. Ein Spieler begeht keinen Verstoß gegen diese Regel, wenn (a) die *Ausrüstung* oder das Hilfsmittel dafür bestimmt ist oder den Einfluss hat, ein gesundheitliches Problem zu mildern, (b) der Spieler berechtigte gesundheitliche Gründe hat, diese *Ausrüstung* oder dieses Hilfsmittel zu benutzen und (c) die Spielleitung davon überzeugt ist, dass deren Benutzung dem Spieler keinen ungebührlichen Vorteil gegenüber anderen Spielern gibt.
2. Ein Spieler begeht keinen Verstoß gegen diese Regel, wenn er *Ausrüstung* in herkömmlich akzeptierter Art und Weise benutzt.

STRAFE
Für Verstoß gegen Regel 14-3:
Disqualifikation.

ANMERKUNG
Die Spielleitung darf eine Platzregel erlassen, die Spielern die Benutzung von Geräten erlaubt, die ausschließlich die Entfernung messen oder abschätzen.

14-4 Ball öfter als einmal treffen
Trifft der Schläger eines Spielers im Verlauf eines *Schlags* den Ball öfter als einmal, so muss er den *Schlag* zählen und **einen Strafschlag hinzuzählen**, d. h. sich insgesamt zwei Schläge anrechnen.

14-5 Spielen eines Balls in Bewegung
Ein Spieler darf keinen *Schlag* nach seinem Ball machen, solange sich sein Ball *bewegt*.

Ausnahmen
- Ball fällt vom *Tee* – Regel 11-3.
- Ball öfter als einmal getroffen – Regel 14-4.
- Ball *bewegt* sich im Wasser – Regel 14-6.

Beginnt sich der Ball erst zu *bewegen*, nachdem der Spieler den *Schlag* oder den Rückschwung seines Schlägers zum *Schlag* begonnen hat, so hat er sich nach dieser Regel keine Strafe für Spielen eines Balls in Bewegung zugezogen, ist aber nicht befreit von Strafe, die er sich zugezogen hat nach den *Regeln*:
- Ball in Ruhe durch Spieler *bewegt* – Regel 18-2a.
- Ball in Ruhe *bewegt* sich nach *Ansprechen* – Regel 18-2b.

(Ball absichtlich von Spieler, *Partner* oder *Caddie* abgelenkt oder aufgehalten – siehe Regel 1-2.)

14-6 Ball bewegt sich im Wasser

Bewegt sich ein Ball im Wasser in einem *Wasserhindernis*, so darf der Spieler straflos einen *Schlag* machen, aber seinen *Schlag* nicht verzögern, damit Wind oder Strömung den Ort der Lage des Balls verbessern könnten. Ein Ball, der sich im Wasser in einem *Wasserhindernis* bewegt, darf aufgenommen werden, wenn der Spieler sich entscheidet, nach Regel 26 zu verfahren.

STRAFE
Für Verstoß gegen Regel 14-5 oder 14-6:
Lochspiel – Lochverlust;
Zählspiel – Zwei Schläge.

▸ REGEL 14
REGELFALL

Während der Schlussrunde der Volvo China Open 2007 stoppte ein Spielleiter den voraussichtlichen Sieger, Markus Brier, gerade als dieser einen Birdieputt auf dem 9. Grün spielen wollte. Der Grund für dieses Einschreiten des Spielleiters war dessen Sorge, dass der Caddie des Spielers auf oder nahe der Verlängerung der Puttlinie hinter dem Ball stand. Wäre der Schlag unter diesen Umständen gespielt worden, hätte der Spieler gegen Regel 14-2b verstoßen, die eine solche Handlung verhindern soll.

Es ist fraglich, ob Briers Caddie wirklich an einer Stelle gestanden hatte, die zu einem Regelverstoß geführt hätte, aber von dort, wo der Spielleiter stand, gab es genügend Zweifel daran, so dass er es für das beste hielt, jede Möglichkeit einer evtl. Strafe auszuschließen und den Caddie bat, sich weiter von der Linie weg zu stellen. Die Unterbrechung schien Brier nicht über Gebühr abzulenken, da er seinen Birdieputt dann noch einlochte.

Während die Regeln erlauben, dass sich ein Caddie auf die Verlängerung der Linie hinter den Ball stellt um den Spieler vor dem Schlag auszurichten, so darf der Caddie nicht an dieser Stelle bleiben, wenn der Schlag ausgeführt wird. Hat ein Caddie sich an eine solche Stelle hingestellt, so muss er zur Seite gehen bevor der Schlag gemacht wird, sonst verliert der Spieler im Lochspiel das Loch oder zieht sich im Zählspiel zwei Strafschläge zu. Dies gilt für alle Schläge und nicht nur für die auf dem Grün.

Jeong Jang´s Missgeschick geschah während der dritten Runde der US Womens Open 2006, als sie ihren Ball aus dickem Rough dicht neben dem 18. Fairway schlagen wollte. Noch im Verlauf des Schlags bemerkten Fernsehkommentatoren, dass es so ausgesehen hätte, als ob sie den Ball im Schlag zweimal getroffen hätte. Nach Regel 14-4 darf ein Spieler einen Ball nicht mehr als einmal je Schlag treffen. Geschieht es dennoch, so zählt der Spieler den Schlag und einen Strafschlag dazu.

In Jang´s Fall gab es keinen schlüssigen Beweis, dass sie ihren Ball tatsächlich zweimal getroffen hatte und so wurde ihr Schwung mehrfach in der Fernsehaufzeichnung angesehen. Die anfängliche Meinung der Platzrichter war, Jang hätte ihren Ball nicht zweimal im gleichen Schwung getroffen. Weder Jang noch ihr Caddie dachten, sie hätte den Ball zweimal getroffen, obwohl der Caddie sie nach dem Schlag fragte, ob dies der Fall gewesen sei. Da weiterer Zweifel bestand, wurden auf einem hochauflösenden Bildschirm von NBC weitere Wiederholungen zur Begutachtung durch die USGA Spielleiter zusammengestellt. Das Video wurde wieder und wieder abgespielt bevor abschließend festgestellt wurde, dass die Koreanerin wirklich ihren Ball zweimal

Markus Brier locht einen Putt auf dem Weg zu Sieg der Volvo China Open 2007 und sein Caddie steht in der Nähe. Der Caddie eines Spielers darf nicht auf oder nahe der Verlängerung der Spiellinie oder Puttlinie hinter dem Ball stehen während ein Schlag gemacht wird.

getroffen hatte. Jang wurde mitgeteilt, dass sie sich einen Strafschlag zugezogen hatte. Daher wurde ihr auf der dem 18. Loch der dritten Runde eine 7 statt einer 6 angerechnet.

Zu keiner Zeit dachten die Spielleiter der USGA daran, dass Jang versuchte, jemanden in die Irre zu führen. Es war offensichtlich, dass sie dachte, den Ball nur einmal getroffen zu haben, obwohl die wiederholten Videoaufzeichnungen bewiesen, dass der Strafschlag zu Recht notiert wurde.

▸ REGEL 14
HÄUFIG GESTELLTE FRAGEN

F Darf ich folgende Gegenstände während der Runde verwenden:
a) einen Entfernungsmesser, z. B. ein Laser-Fernglas oder GPS?
b) einen Kompass?
c) ein Fernglas?

A a) Nein. Regel 14-3 sieht vor, dass der Spieler „während der festgesetzten Runde kein künstliches Hilfsmittel oder ungebräuchliche Ausrüstung ... zum Schätzen oder Messen von Entfernungen, die sein Spiel beeinflussen könnten" verwenden darf. Die Spielleitung darf jedoch eine Platzregel erlassen, die solche Entfernungsmesser zulässt – siehe Anhang I, Teil B für die Musterplatzregel.
b) Nein. Die Benutzung eines Kompasses wäre ein Verstoß gegen Regel 14-3.
c) Ja. Ferngläser ohne Entfernungsmesserfunktion oder Strichplatten sind keine künstlichen Hilfsmittel im Sinne von Regel 14-3.

F Darf ich ein Paar Geschirrspülhandschuhe während der Runde tragen?

A Regel 14.3 besagt, dass „einfache glatte Handschuhe" getragen werden dürfen, um das Greifen des Schlägers zu erleichtern – die Art der Handschuhe ist hierbei unerheblich. Die Ausrüstungsrichtlinien des R&A besagen, dass ein „einfacher glatter Handschuh" im Bereich des Handballens und der Finger aus weichem Material besteht, zu prüfen durch Anfassen mit den Fingern. Deshalb dürfen Geschirrspülhandschuhe getragen werden, sofern die Grifffläche weich ist.

► REGEL 15
NEU EINGESETZTER BALL; FALSCHER BALL

ERKLÄRUNGEN
Feststehende Begriffe sind kursiv geschrieben und alphabetisch im Abschnitt II „Erklärungen" aufgeführt (siehe Seiten 13–24).

15-1 Allgemeines
Ein Spieler muss den Ball *einlochen*, den er vom *Abschlag* gespielt hat, sofern der Ball nicht *verloren* oder im *Aus* ist oder der Spieler ihn durch einen anderen Ball ersetzt, gleich ob das Ersetzen zulässig ist oder nicht (siehe Regel 15-2). Spielt der Spieler einen *falschen Ball*, siehe Regel 15-3.

15-2 Neu eingesetzter Ball
Ein Spieler darf einen Ball ersetzen, wenn er nach einer *Regel* verfährt, die dem Spieler erlaubt, zum Beenden des Lochs einen anderen Ball zu spielen, fallen zu lassen oder hinzulegen. Der *neu eingesetzte Ball* wird zum *Ball im Spiel*.

Ersetzt ein Spieler einen Ball und ist ihm dies nach den Regeln nicht erlaubt, so ist der *neu eingesetzte Ball* kein *falscher Ball*; er wird zum *Ball im Spiel*. Wird der Fehler nicht wie in Regel 20-6 vorgesehen behoben und macht der Spieler einen *Schlag* nach dem fälschlicherweise *neu eingesetzten Ball*, **so verliert er im Lochspiel das Loch oder zieht sich im Zählspiel eine Strafe von zwei Schlägen nach der anwendbaren Regel zu** und muss im Zählspiel das Loch mit dem *neu eingesetzten Ball* zu Ende spielen.

SPIELEN EINES BALLS, DER EINEN ANDEREN ERSETZT

Ich hatte meinen Ball zum Reinigen aufgenommen, bemerke jetzt aber, dass ich einen anderen Ball aus meiner Hosentasche gespielt habe.

Ärgerlich. Du hast unerlaubt deinen Ball ersetzt. Der neue Ball ist nun Ball im Spiel und du ziehst dir zwei Strafschläge zu. Im Lochspiel hieße es Lochverlust.

REGEL 15

SPIELEN EINES FALSCHEN BALLS IM ZÄHLSPIEL

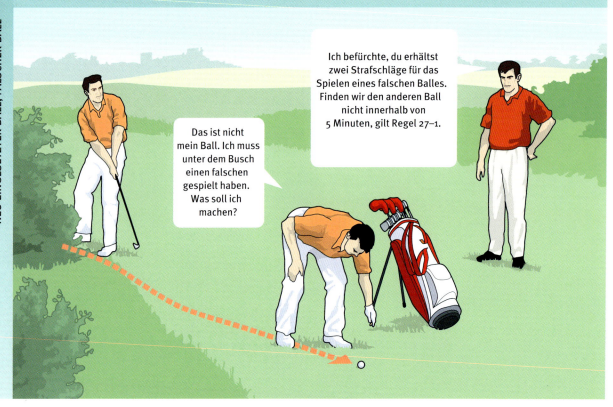

Ausnahme

Zieht sich ein Spieler eine Strafe für das Spielen eines Schlags vom falschen Ort zu, so fällt keine zusätzliche Strafe für das unerlaubte Ersetzen eines Balls an.
(Ball von falschem Ort gespielt – siehe Regel 20-7.)

15-3 Falscher Ball

15-3 a Lochspiel

a) **Lochspiel**

Macht ein Spieler einen *Schlag* nach einem *falschen Ball*, **so verliert er das Loch.**

Gehört der *falsche Ball* einem anderen Spieler, so muss sein Besitzer einen Ball an der Stelle hinlegen, von der der *falsche Ball* zum ersten Mal gespielt worden war.

Verwechseln der Spieler und der Gegner Bälle beim Spielen eines Lochs, **so erleidet Lochverlust,** wer zuerst einen *Schlag* nach einem *falschen Ball* gemacht hat; ist dies nicht aufzuklären, so muss das Loch mit den verwechselten Bällen zu Ende gespielt werden.

Ausnahme

Es ist straflos, wenn ein Spieler einen Schlag nach einem falschen Ball macht, der sich im Wasser in einem *Wasserhindernis* bewegt. Alle Schläge, die nach einem sich im Wasser in einem *Wasserhindernis* bewegenden falschen Ball gemacht werden, zählen nicht zur Schlagzahl des Spielers. Der Spieler muss seinen Fehler beheben, indem er den richtigen Ball spielt oder nach den *Regeln* verfährt.

15-3 b Zählspiel

Macht ein *Bewerber* einen *Schlag* oder Schläge nach einem *falschen Ball*, **so zieht er sich die Strafe von zwei Schlägen zu.**

Der *Bewerber* muss seinen Fehler durch Spielen des richtigen Balls beheben oder nach den Regeln verfahren. Behebt er seinen Fehler nicht, bevor er einen *Schlag* auf dem nächsten *Abschlag* macht, bzw. versäumt er, sofern es sich um das letzte Loch der Runde handelt, die Absicht zur Behebung seines Fehlers anzukündigen, bevor er das *Grün* verlässt, **so ist er disqualifiziert.**

Schläge eines *Bewerbers* mit einem *falschen Ball* werden nicht zu seiner Schlagzahl hinzugerechnet. Gehört der *falsche Ball* einem anderen *Bewerber*, so muss sein Besitzer einen Ball an der Stelle hinlegen, an der der *falsche Ball* zum ersten Mal gespielt worden war.

Ausnahme

Es ist straflos, wenn ein Bewerber einen Schlag nach einem falschen Ball macht, der sich im Wasser in einem *Wasserhindernis* bewegt. Alle Schläge, die nach einem sich im Wasser in einem *Wasserhindernis* bewegenden falschen Ball gemacht werden, zählen nicht zur Schlagzahl des Bewerbers.

(Lage eines hin- oder zurückzulegenden Balls verändert – siehe Regel 20-3b.)
(Stelle nicht feststellbar – siehe Regel 20-3c.)

▸ REGEL 15
REGELFALL

Während der Compass Group English Open 2001 in Forest of Arden kennzeichnete Raymond Russels auf dem 17. Grün in der letzten Runde die Lage seines Balls und warf diesen wie üblich seinem Caddie zum Reinigen zu. Unglücklicherweise gelang es dem Caddie nicht, den Ball zu fangen und der Ball landete im See neben dem Grün. Als er darüber informiert wurde, dass er sich zwei Strafschläge nach Regel 15-2 zuziehen würde, wenn er das Loch mit einem neu eingesetzten Ball beenden würde, zog sein Caddie die Schuhe aus und stieg in den See, um in dem schlammigen Wasser den Ball zu suchen. Nach kurzer Zeit, als schon andere Spieler darauf warteten, das Grün anzuspielen, wurde klar, dass der Ball nicht zu finden war. Somit hatte Russell einen neuen Ball einzusetzen und zog sich zwei Strafschläge zu. Am 4. Loch in der letzten Runde der Player's Championship 2004 in Sawgrass nahm Ian Poulter seinen Ball nach dem Kennzeichnen der Lage auf dem Grün auf, aber dann verlor er ihn aus der Hand und der Ball fiel in den nahegelegenen See. Er hätte sich ebenfalls wie Raymond Russell zwei Strafschläge zugezogen, aber sein Fitnesstrainer Kam Bhambra schaute zu, zog sich bis auf seine Boxershorts aus, sprang in das Wasser und holte Poulters Ball zurück. „Es war gleich der erste Ball, den ich fand.", sagte er. „Ich hatte etwas Angst vor den Alligatoren, aber die Pflicht rief." Poulter vermied die zwei Strafschläge und spielte das Loch Par. Dies bewahrte ihn davor, 20 Plätze auf der Ergebnisliste nach unten zu rutschen, was zu einem Verlust von 20.000 Dollar Preisgeld geführt hätte.

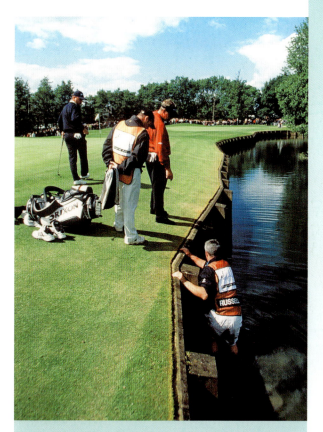

Als Raymond Russells Caddie den Ball nicht finden konnte, der versehentlich in Forest of Arden in den See gerollt war, zog er sich zwei Strafschläge zu, weil er einen anderen Ball einsetzen musste, um das Loch beenden zu können.

REGEL 15
HÄUFIG GESTELLTE FRAGEN

F Muss ein Spieler seinem Gegner oder seinen Gegnern bzw. Mitbewerber oder Mitbewerbern ankündigen, dass er seinen Ball zwischen dem Spiel von zwei Löchern auswechseln will?
A Obwohl eine solche Ankündigung höflich wäre und mit dabei helfen würde, mögliche Irritationen zu vermeiden, verlangen die Regeln dennoch nicht von einem Spieler, anderen mitzuteilen, was für einen Ball es auf einem Loch spielen will.

REGEL 16
DAS GRÜN

ERKLÄRUNGEN
Feststehende Begriffe sind kursiv geschrieben und alphabetisch im Abschnitt II „Erklärungen" aufgeführt (siehe Seiten 13–24).

16-1 Allgemeines
16-1 a Puttlinie berühren
Die Puttlinie darf nicht berührt werden, außer
- **(I)** dass der Spieler *lose hinderliche Naturstoffe* fortbewegen darf, ohne dabei irgendetwas niederzudrücken;
- **(II)** dass der Spieler beim *Ansprechen* des Balls den Schläger vor den Ball stellen darf, ohne dabei irgendetwas niederzudrücken;
- **(III)** beim Nachmessen – Regel 18-6;
- **(IV)** beim Aufnehmen oder Zurücklegen des Balls – Regel 16-1b;
- **(V)** beim Eindrücken eines Ballmarkers;

PUTTLINIE BERÜHREN: BEISPIELE, WANN ERLAUBT

- Ansprechen des Balles
- Entfernen von losen hinderlichen Naturstoffen
- Einebnen eines Ballloches
- Ausbessern eines Lochpfropfens

BALL REINIGEN UND SCHÄDEN AUSBESSERN

Ein Spieler darf seinen Ball reinigen, indem er ihn am Grün reibt, vorausgesetzt, er prüft dabei nicht die Oberfläche des Grüns. Dieses Verfahren, den Ball zu reinigen, wird jedoch nicht empfohlen – Entscheidung 16-1d/5

Ein Spieler darf keine Spikeschäden ausbessern, falls dies anschließend sein Spiel unterstützt.

(VI) beim Ausbessern von alten Lochpfropfen oder Einschlaglöchern von Bällen auf dem *Grün* – Regel 16-1c und

(VII) beim Fortbewegen *beweglicher Hemmnisse* – Regel 24-1.
(*Puttlinie* auf dem *Grün* angeben – siehe Regel 8-2b.)

16-1 b Ball aufnehmen und reinigen
Ein Ball auf dem *Grün* darf aufgenommen und auf Wunsch gereinigt werden. Die Lage des Balls muss markiert werden, bevor er aufgenommen wird und der Ball muss zurückgelegt werden (siehe Regel 20-1).

16-1 c Ausbessern von Lochpfropfen, Einschlaglöchern von Bällen und sonstigen Schäden
Der Spieler darf einen alten Lochpfropfen oder Schäden auf dem *Grün*, die durch Einschlag eines Balls hervorgerufen wurden, ausbessern, gleich ob sein Ball auf dem *Grün* liegt oder nicht. Wird ein Ball oder ein Ballmarker versehentlich bei einer solchen Ausbesserung *bewegt*, so muss der Ball oder der Ballmarker zurückgelegt werden. Dies ist straflos, sofern das *Bewegen* des Balls oder des Ballmarkers unmittelbar auf die eigentliche Handlung des Ausbesserns eines alten Lochpfropfens oder Schadens auf dem *Grün* durch Einschlag eines Balls zurückzuführen ist. Anderenfalls gilt Regel 18.

Irgendein sonstiger Schaden auf dem *Grün* darf nicht ausgebessert werden, falls dies dem Spieler bei seinem nachfolgenden Spielen des Lochs von Nutzen sein könnte.

16-1 d Prüfen der Oberfläche
Während der festgesetzten Runde darf ein Spieler die Oberfläche irgendeines *Grüns* nicht dadurch prüfen, dass er einen Ball rollt oder die Oberfläche aufraut oder aufkratzt.

Ausnahme
Zwischen dem Spiel von zwei Löchern darf ein Spieler die Oberfläche jedes Übungsgrüns oder das *Grün* des zuletzt gespielten Lochs prüfen, es sei denn die *Spielleitung* hat dies untersagt (siehe Anmerkung 2 zu Regel 7-2).

ÜBER DER PUTTLINIE STEHEN

Es ist straflos, auf der eigenen Puttlinie zu stehen, falls dies versehentlich geschieht, oder um zu vermeiden, einem anderen Spieler auf die Puttlinie zu treten.

16-1 e Über oder auf Puttlinie stehen

Der Spieler darf auf dem *Grün* keinen *Schlag* aus einer *Standposition* machen, bei der er beiderseits der Puttlinie einschließlich der Verlängerung dieser Linie hinter dem Ball steht oder diese Linie einschließlich dieser Verlängerung mit einem seiner Füße berührt.

Ausnahme

Es ist straflos, wenn der Stand unabsichtlich auf oder über der *Puttlinie* (oder einer Verlängerung dieser Linie hinter dem Ball) eingenommen wird oder wenn er eingenommen wird, um nicht auf der Puttlinie oder der voraussichtlichen Puttlinie eines anderen Spielers zu stehen.

LOSE HINDERLICHE NATURSTOFFE AUS DER PUTTLINIE ENTFERNEN

Kann ich diese Blätter mit meiner Mütze entfernen anstatt mit der Hand?

Ja, lose hinderliche Naturstoffe können beliebig aus der Puttlinie entfernt werden, vorausgesetzt, es wird dabei nichts niedergedrückt.

BALL RAGT ÜBER LOCHRAND HINAUS

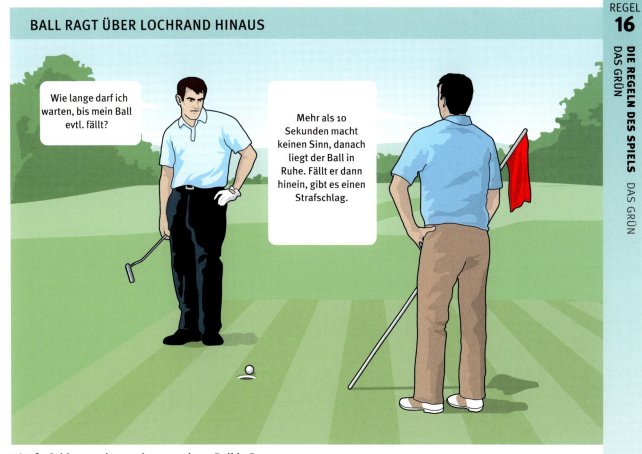

16-1 f Schlag machen, solange anderer Ball in Bewegung
Der Spieler darf keinen Schlag machen, solange ein anderer Ball nach einem auf dem Grün gemachten Schlag in Bewegung ist, es sei denn, der betreffende Spieler hätte nach der Spielfolge zuerst spielen müssen, wodurch sein Handeln straflos bleibt. (Ball aufnehmen, der Spiel unterstützt oder behindert, solange anderer Ball in Bewegung – siehe Regel 22.)

STRAFE
Für Verstoß gegen Regel 16-1:
Lochspiel – Lochverlust;
Zählspiel – Zwei Schläge.
(Position von *Caddie* oder *Partner* – siehe Regel 14-2.)
(*Falsches Grün* – siehe Regel 25-3.)

16-2 Ball ragt über Lochrand hinaus
Ragt irgendein Teil des Balls über den Lochrand hinaus, so steht dem Spieler ausreichend Zeit zu, das *Loch* ohne vermeidbare Verzögerung zu erreichen, sowie weitere zehn Sekunden, um festzustellen, ob sich der Ball in Ruhe befindet. Ist der Ball bis dahin nicht in das *Loch* gefallen, so gilt er als in Ruhe befindlich. Fällt der Ball anschließend in das Loch, so gilt er als vom Spieler mit dem letzten *Schlag eingelocht*, und **er muss seiner Schlagzahl für das Loch einen Strafschlag hinzurechnen;** anderenfalls gibt es keine Strafe nach dieser Regel.
(Unangemessene Verzögerung – siehe Regel 6-7.)

▸ REGEL 16
REGELFALL

Ein uncharakteristisch unruhiger Sommer verursachte Chaos in britischen Golfturnieren des Jahres 2008 und auch die S4C Wales Ladies Championship of Europe war keine Ausnahme davon. Die im Machynys Peninsula Golf & Country Club gespielte Meisterschaft wurde auf 54 Löcher verkürzt, als das Spiel am Samstag wegen unspielbaren Wetterbedingungen unterbrochen werden musste.

Während der zweiten Runde der Meisterschaft blieb der Platz zwar spielbar, aber der Wind war so stark, dass die Flaggenstöcke aus den Löchern geweht wurden, was dazu führte, dass einige Lochränder beschädigt wurden. In einem solchen Fall sieht die Entscheidung 16-1a/6 vor, das ein anders als durch einen Balleinschlag beschädigtes Loch, dessen Maße (108 Millimeter Durchmesser) nicht wesentlich verändert wurde, unrepariert von den Spielerinnen gespielt werden müsse. Würde in einem solchen Fall eine Spielerin vor dem Schlag das Loch berühren, so stellt diese einen Verstoß gegen Regel 16-1a (Berühren der Puttlinie) dar.

Sind die Maße des Lochs wesentlich verändert worden, sollte der die Spielerin die Spielleitung bitten, das Loch zu reparieren. Ist ein Mitglied der Spielleitung nicht sofort erreichbar, so darf die Spielerin den Schaden selbst straflos ausbessern.

Dies bedeutete, dass die Spielleiter an diesem Tag gut damit beschäftigt waren, Löcher wieder in ihre richtige Form zu bringen. Um die Fälle zu reduzieren, in denen Flaggenstöcke aus dem Loch geweht wurden, brachte die Spielleitung ungewöhnlicherweise aber völlig sinnvoll Gummibänder an den Flaggen an, um die Wirkung des Windes auf die Flaggenstöcke zu mindern. In der Shell Houston Open 2004 kam der Ball von Thomas Levet über den Lochrand ragend zur Ruhe, als der Spieler ihn auf einem Par vom Grünrand aus geputtet hatte. Er ging unmittelbar darauf zum Loch und begann an seinen Fingern die 10 Sekunden abzuzählen. Levet wusste, dass ihm Regel 16-2 10 Sekunden Wartezeit erlaubte, um zu sehen, ob sein Ball ins Loch fallen würde. Sollte sein Ball innerhalb der 10 Sekunden ins

Richie Ramsays Caddie schaut verzweifelt nach dem Verstoß gegen Regel 16-1 während der US Amateur Championship 2006.

Loch fallen, so hätte er einen Birdie gespielt. Würde der Ball jedoch nach den 10 Sekunden fallen, hätte er einen Strafschlag zu seinem Ergebnis zu addieren, was zu einer 3 geführt hätte.

Gerade in dem Moment, als Levet die Finger beider Hände durchgezählt hatte, fiel sein Ball ins Loch. Danach ergab sich die Frage, ob sein persönlicher 10-Sekunden-Countdown genau war, und ob Fernsehbilder dies beweisen könnten. Tatsächlich hatte Levet zu schnell gezählt. Zum Glück für Levet hatte die Spielleitung die Möglichkeit, eine Aufzeichnung des Vorfalls anzuschauen, die deutlich bewies, dass seine eigene Zählung zu schnell gewesen war, und dass der Ball bequem innerhalb der von Regel 16-2 gewährten 10 Sekunden ins Loch gefallen war. Der glückliche Franzose hatte eine 2 gespielt.

Wäre aber die Fernsehaufzeichnung nicht gewesen und hätte es keine genauere Zeitmessung des Vorfalls durch andere Zeugen gegeben, so hätte man Levets eigene Zählung als exakt angenommen und es wäre eine Strafe von einem Schlag angefallen.

Auf dem Weg dazu, als erster Schotte seit 1898 die US Amateur Championship zu gewinnen, hatte Richie Ramsay im Jahr 2006 mehr als nur einen üblichen Anteil an den vorkommenden Regelfällen. Der Fall geschah auf dem 17. Loch im Viertelfinalspiel gegen Rickie Fowler aus Kalifornien. Ramsays Caddie Thomas Buller, ein 17jähriger Student, versuchte zu zeigen, wohin Ramsay putten sollte. Dabei berührte Buller unter Verstoß gegen Regel 16-1 die Puttlinie.

Regel 6-1 besagt, dass der Spieler sich für jeden Regelverstoß des Caddies die anwendbare Strafe zuzieht und dementsprechend wurde Ramsay ein Lochverlust zugeschrieben. Der junge Caddie muss sehr erleichtert gewesen sein, als Ramsay das Match auf dem dritten Extraloch gewann.

▸ REGEL 16
HÄUFIG GESTELLTE FRAGEN

F. Was gibt es für Regeln über die Lage des Lochs auf dem Grün?
A. Die Lage des Lochs auf dem Grün ist keine Angelegenheit, die die Regeln betrifft. Für das Setzen der Löcher sollten aber verschiedene Punkte berücksichtigt werden:

Es muss eine ausreichende Fläche zum Putten zwischen dem Loch und der Vorderkante des Grüns und der Seite des Grüns geben, um den erforderlichen Schlag zu ermöglichen. Wenn z. B. das Loch einen Schlag mit einem langen Eisen oder mit einem Holz zum Grün verlangt, so sollte das Loch weiter von der Seite und tiefer im Grün liegen, als wenn nur ein kurzer Annäherungsschlag erforderlich ist.

Es wird empfohlen, dass das Loch mindestens vier Schritte vom Grünrand entfernt gesetzt wird. Zusätzlich sollte eine Fläche im Radius von 60–90 Zentimetern um das Loch so eben wie möglich sein. Es sollte unbedingt beachtet werden, dass die Löcher nicht näher als drei Schritte an einem starken Gefälle, einer Welle oder einem alten Loch liegen. Im Allgemeinen sollte eine gleichmäßige Auswahl von Lochpositionen vorne, hinten, in der Mitte, rechts und links existieren. Sechs ziemlich schwierige, sechs mäßig schwierige und sechs relativ einfache Positionen werden empfohlen. Es sollte ein Gleichgewicht zwischen den Positionen rechts und links herrschen. So sollten z. B. auf den ersten 9 Löchern vier Positionen rechts, vier links und eine in der Mitte sein und auf den zweiten 9 Löchern sollte es ähnlich sein.

Um die Golfregeln einzuhalten, muss der Greenkeeper, der die Löcher setzt, sicherstellen, dass jeglicher Locheinsatz den Durchmesser von 108 mm nicht überschreitet, und dass der Locheinsatz – wenn irgendwie möglich – mindestens 25,4 mm tief unter die Grünoberfläche versenkt wurde.

Weitere Richtlinien zu den Lochpositionen sind in dem Buch „Guidance on Running an Competition" des R&A zu finden (zu beziehen über die Homepage des R&A www.randa.org).

F. Darf ein Spieler seinen Ball reinigen, indem er ihn am Grün reibt?
A. Ja, vorausgesetzt dies geschieht nicht in der Absicht, die Oberfläche des Grüns zu prüfen (Regel 16-1d). Es wird empfohlen, einen Ball auf andere Art und Weise zu reinigen, um jeden Zweifel an der Absicht des Spielers auszuräumen.

▶ REGEL 17
DER FLAGGENSTOCK

ERKLÄRUNGEN
Feststehende Begriffe sind kursiv geschrieben und alphabetisch im Abschnitt II „Erklärungen" aufgeführt (siehe Seiten 13–24).

17-1 Flaggenstock bedient, entfernt oder hochgehalten

Vor dem *Schlag* von irgendeiner Stelle auf dem *Platz* darf der Spieler den *Flaggenstock* bedienen, entfernen oder zum Anzeigen der Lage des *Lochs* hochhalten lassen.

Wurde der *Flaggenstock* nicht bedient, entfernt oder hochgehalten, bevor der Spieler einen *Schlag* macht, so darf er nicht während des *Schlags* oder wenn der Ball des Spielers in Bewegung ist, bedient, entfernt oder hochgehalten werden, falls dies die Bewegung des Balls beeinflussen könnte.

> **ANMERKUNG 1**
> Befindet sich der *Flaggenstock* im *Loch* und jemand steht in seiner Nähe, während ein *Schlag* gemacht wird, so gilt dies als Bedienen des *Flaggenstocks*.
>
> **ANMERKUNG 2**
> Wird der *Flaggenstock* vor dem *Schlag* von jemandem mit Kenntnis des Spielers und ohne dessen Einwand bedient, entfernt oder hochgehalten, so gilt dies als mit Ermächtigung des Spielers geschehen.

FLAGGENSTOCK VERÄNDERN: BALL AUSSERHALB DES GRÜNS

BALL TRIFFT BEDIENTEN FLAGGENSTOCK IM ZÄHLSPIEL

ANMERKUNG 3
Wenn jemand den *Flaggenstock* bedient oder hochhält, während ein *Schlag* gemacht wird, so gilt dies solange als Bedienen des *Flaggenstocks*, bis der Ball zur Ruhe gekommen ist.
(Bedienten, entfernten oder hochgehaltenen Flaggenstock bewegen, während Ball in Bewegung ist – siehe Regel 24-1.)

17-2 Bedienen ohne Ermächtigung
Wenn ein Gegner oder dessen *Caddie* im Lochspiel oder ein *Mitbewerber* oder dessen *Caddie* im Zählspiel den *Flaggenstock* ohne Ermächtigung oder ohne vorherige Kenntnis des Spielers während des *Schlags* oder solange der Ball in Bewegung ist, bedient, entfernt oder hochhält, so zieht sich der Gegner oder *Mitbewerber* die anwendbare Strafe zu, falls diese Handlung die Bewegung des Balls beeinflussen könnte.

---

* STRAFE
Für Verstoß gegen Regel 17-1 oder 17-2:
Lochspiel – Lochverlust;
Zählspiel – Zwei Schläge.
* Liegt im Zählspiel ein Verstoß gegen Regel 17-2 vor und trifft anschließend der Ball des Bewerbers den Flaggenstock, die Person, die diesen bedient oder hält oder etwas von dieser Person Getragenes, so zieht sich der Bewerber keine

REGEL 17 — BALL TRIFFT FLAGGENSTOCK, DER AUF DEM GRÜN LIEGT, IM LOCHSPIEL

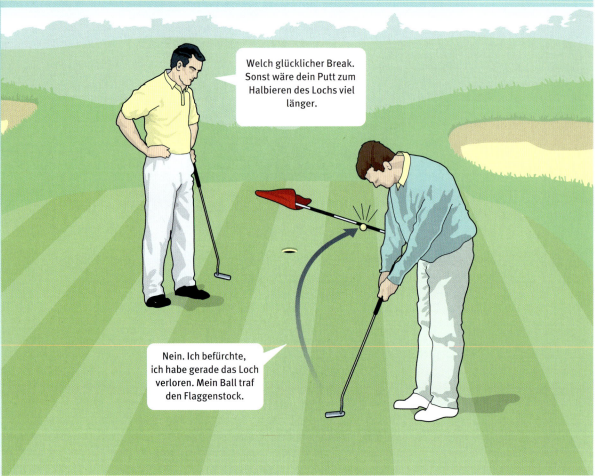

Strafe zu. Der Ball muss gespielt werden, wie er liegt; wurde der Schlag jedoch auf dem Grün gemacht, so ist er annulliert und der Ball muss zurückgelegt und der Schlag wiederholt werden.

17-3 Ball trifft Flaggenstock oder bedienende Person
Der Ball des Spielers darf nicht treffen:

a) den *Flaggenstock*, wenn er bedient oder hochgehalten wird oder entfernt wurde, oder

b) die Person, die den Flaggenstock bedient oder hochhält, oder irgendetwas, was von ihr getragen wird, oder

c) den unbedienten *Flaggenstock* im *Loch*, sofern der *Schlag* auf dem *Grün* gemacht worden war.

Ausnahme
Wird der *Flaggenstock* ohne Ermächtigung des Spielers bedient, entfernt oder hochgehalten siehe Regel 17-2.

STRAFE
Für Verstoß gegen Regel 17-3:
Lochspiel – Lochverlust;
Zählspiel – Zwei Schläge, und der Ball muss gespielt werden, wie er liegt.

17-4 Ball kommt am Flaggenstock zur Ruhe

Ruht der Ball eines Spielers an dem im *Loch* befindlichen *Flaggenstock* und er ist noch nicht eingelocht, so dürfen der Spieler oder eine andere Person, die er dazu ermächtigt hat, den *Flaggenstock* bewegen oder entfernen, und fällt dabei der Ball in das *Loch*, so gilt er als vom Spieler mit seinem letzten *Schlag* eingelocht; anderenfalls muss der Ball, wenn er *bewegt* wurde, straflos am Lochrand hingelegt werden.

▸ REGEL 17

REGELFALL

Während der Open im Jahr 200 in St. Andrews schlug Jack Nicklaus seine Annäherung zum zweiten Grün weit nach links. Sein Ball blieb auf dem Teil dieses Doppelgrüns liegen, der das 16. Grün ist. Ein Bunker lag zwischen ihm und dem Loch.

Corey Pavin war auf der anderen Hälfte dieses Doppelgrüns und spielte das 16. Loch. Er gratulierte Fowler zu dem guten Schlag, aber erinnerte ihn: „Lass' das nächste Mal den Flaggenstock bedienen. Wenn Du ihn triffst, gibt das zwei Strafschläge." Die Tatsache, dass der Ball auf dem Grün lag und deshalb gegen Regel 17-3c hätte verstoßen werden können, war der Aufmerksamkeit aller anderen entgangen.

Der Fall wiederholte sich auf demselben Loch in der Open 2000, dieses Mal mit Jack Nicklaus. Nicklaus hatte seinen zweiten Schlag ziemlich nach links geschlagen, auf die zu Loch 16 gehörende Hälfte dieses Grüns und hatte einen Bunker zwischen sich und dem Loch. Er spielte einen perfekten Schlag mit der Wedge, der fast ins Loch gegangen wäre. Der Platzrichter, der diese Gruppe begleitete, konnte wegen des Bunkers nichts sehen und nahm an, dass Nicklaus den Schlag vom Fairway hinter dem Grün spielte.

Als sie zum nächsten Abschlag gingen, gab Nicklaus zu, dass er nicht sicher gewesen sei, ob der Ball auf dem Grün oder auf dem Fairway gelegen habe. Der Platzrichter erinnerte ihn daran, dass er den Flaggenstock hätte bedienen lassen sollen, wenn er vom Grün aus gespielt hätte.

„Ich hatte einen Pitch von rund 36 Metern über einen Bunker" erzählte Nicklaus nach der Runde, „da denkt man nicht viel darüber nach, den Flaggenstock bedienen zu lassen. Ich habe das nie zuvor gemacht, es kam mir nie in den Kopf."

Ein weiterer ungewöhnlicher Vorfall im Professional Golf geschah Philip Price in der Dubai Desert Classic 2004. Er hatte seinen zweiten Schlag auf dem dritten Loch (Par 5) gerade eben auf das Grün gespielt und sein Caddie machte sich daran, den Flaggenstock zu bedienen, als der Waliser putten wollte. Da bat Price ihn plötzlich, sich von hinter dem Ball die Puttlinie anzuschauen.

Nachdem sie sich über die Linie beraten hatten, vergaßen Price und sein Caddie, den Flaggenstock zu bedienen und der Spieler puttete mit einem nicht bedienten Flaggenstock im Loch, was allerdings kein Regelverstoß ist. Unglücklicherweise war der Putt von Price perfekt und der Ball rollte ins Loch. Regel 17-3c besagt, dass der Ball des Spielers den Flaggenstock nicht treffen darf, wenn der Ball vom Grün gespielt wird; die zwei Strafschläge machten aus dem Eagle ein Par.

In der Arnold Palmer Invitational 2007 fand sich Boo Weekley mit zwei Strafschlägen wieder, nachdem er versucht hatte, seinen Mitbewerber Tom Johnson davor zu bewahren.

Auf dem zweiten Loch, einem Par 3, spielte Johnson seinen Abschlag auf die rechte Seite des Grüns, etwa 30 Meter vom Loch entfernt. Wegen der starken Neigung des Grüns und weil das Loch hinten links gesteckt war, entschloss er sich, dass der beste Schlag wäre, einen Chip vom Grün zum Loch zu spielen – was erlaubt ist – und den Ball am hinteren Rand des Grüns landen zu lassen, von wo er durch die Neigung des Grüns ans Loch rollen würde. Wie Johnson jedoch später sagte: „Ich habe es versäumt, meinem Caddie zu sagen, dass er den Flaggenstock bedienen soll." Johnson spielte den perfekten Schlag und der Ball rollte langsam bergab zum Loch, als Weekley merkte, dass der Ball den Flaggenstock im Loch treffen könnte. Er rannte deshalb hin und zog den Flaggenstock aus dem Loch.

Einer der Zuschauer erzählte einem Platzrichter, was er gesehen hatte und die Angelegenheit wurde mit den Spielern bei der Rückgabe der Zählkarten besprochen. „Sie fragten mich, ob ich Boo ermächtigt hätte, den Flaggenstock zu entfernen" erzählte Johnson. „Das hatte ich nicht." Dies bedeutete, dass Weekley den Flaggenstock ohne Ermächtigung bedient hatte, während ein Ball in Bewegung war. Da dies Einfluss auf die Bewegung von Johnsons Ball hätte haben können, zog sich Weekley zwei Strafschläge nach Regel 17-2 zu.

Weekley, dessen 67 dadurch zu einer 69 wurde, soll angeblich zu den Platzrichtern gesagt haben: „Danke, ich habe etwas gelernt". Johnson erzählte: „Ich legte meinen Arm um ihn und sagte ihm, dass er solche Widrigkeiten besser aufnähme als alle anderen, mit denen ich bisher gespielt hätte."

▸ REGEL 17

HÄUFIG GESTELLTE FRAGEN

F. Darf ein Spieler den Flaggenstock bedienen lassen, auch wenn sein Ball nicht auf dem Grün liegt?
A. Ja. Regel 17-1 besagt, dass der Spieler den Flaggenstock vor einem Schlag von irgendeiner Stelle auf dem Platz bedienen, entfernen oder hochhalten lassen kann.

F. Darf ein Spieler mit einer Hand putten und mit der anderen Hand den Flaggenstock halten?

A. Ja, vorausgesetzt, der Flaggenstock wurde aus dem Loch entfernt und der Ball kann ihn deshalb nicht treffen. Trifft der Ball den Flaggenstock, so liegt ein Verstoß gegen Regel 17-3a vor. Der Spieler darf sich nicht auf den Flaggenstock stützen, um stabiler zu stehen, während er puttet, da dies ein Verstoß gegen Regel 14-3 wäre und eine Disqualifikation nach sich ziehen würde.

▸ REGEL 18

BALL IN RUHE BEWEGT

ERKLÄRUNGEN
Feststehende Begriffe sind kursiv geschrieben und alphabetisch im Abschnitt II „Erklärungen" aufgeführt (siehe Seiten 13–24).

18-1 Durch Nicht zum Spiel Gehöriges

Wird ein Ball in Ruhe durch etwas bewegt, was nicht zum Spiel gehört, so gibt es keine Strafe, und der Ball muss zurückgelegt werden.

> **ANMERKUNG**
> Es ist eine Frage der Umstände, ob ein Ball durch etwas Nicht zum Spiel Gehöriges bewegt wurde. Um nach dieser Regel verfahren zu können, muss es bekannt oder so gut wie sicher sein, dass etwas Nicht zum Spiel Gehöriges den Ball bewegt hat. Fehlt es an dieser Kenntnis oder Gewissheit, muss der Spieler den Ball spielen, wie er liegt oder, wenn der Ball nicht gefunden wird, nach Regel 27-1 verfahren.
> (Des Spielers Ball in Ruhe durch anderen Ball bewegt – siehe Regel 18-5.)

18-2 Durch Spieler, Partner, Caddie oder Ausrüstung

18-2 a Allgemeines

Ist der *Ball* eines Spielers *im Spiel* und
(I) der Spieler, sein *Partner* oder einer ihrer *Caddies* nehmen ihn auf oder *bewegen* ihn, berühren ihn absichtlich (außer mit einem Schläger beim *Ansprechen*) oder verursachen, dass er sich *bewegt*, ausgenommen wie nach einer *Regel* erlaubt, oder
(II) *Ausrüstung* des Spielers oder seines *Partners* verursacht, dass der Ball sich *bewegt*, **so zieht sich der Spieler einen Strafschlag zu.** Der Ball muss, wenn er *bewegt* wurde, zurückgelegt werden, es sei denn, die Bewegung des Balls tritt ein, nachdem der Spieler seinen *Schlag* oder den Rückschwung des Schlägers zum *Schlag* begonnen hat, und er den *Schlag* dann macht.

Keine Strafe zieht sich ein Spieler nach den *Regeln* zu, wenn er versehentlich verursacht, dass sein Ball sich *bewegt*, beim Suchen nach einem von *losen hinderlichen Naturstoffen* oder Sand bedeckten Ball im *Hindernis* oder nach einem Ball in einem

Hemmnis oder *ungewöhnlich beschaffenen Boden* oder nach einem im Wasser in einem *Wasserhindernis* vermuteten Ball – Regel 12-1;
- Ausbessern von Lochpfropfen oder Balleinschlagloch – Regel 16-1c;
- Nachmessen – Regel 18-6;
- Aufnehmen des Balls in Übereinstimmung mit einer *Regel* – Regel 20-1;
- Hinlegen oder Zurücklegen des Balls in Übereinstimmung mit einer *Regel* – Regel 20-3a;
- Fortbewegen von *losem hinderlichen Naturstoff* auf dem *Grün* – Regel 23-1;
- Fortbewegen von *beweglichen Hemmnissen* – Regel 24-1.

18-2 b Ball bewegt sich nach Ansprechen

Bewegt sich der *Ball im Spiel*, nachdem der Spieler ihn *angesprochen* hat (ausgenommen infolge eines *Schlags*), so gilt der Ball als vom Spieler *bewegt*, und er **zieht sich einen Strafschlag zu.** Der Ball muss zurückgelegt werden, es sei denn, die Bewegung des Balls tritt ein, nachdem der Spieler seinen *Schlag* oder den Rückschwung des Schlägers zum *Schlag* begonnen hat, und er den *Schlag* dann macht.

18-3 Durch Gegner, Caddie oder Ausrüstung im Lochspiel
18-3 a Beim Suchen
Wird eines Spielers Ball, während nach ihm gesucht wird, durch einen Gegner, dessen *Caddie* oder dessen *Ausrüstung bewegt*, berührt oder wird durch diese verursacht, dass er sich *bewegt*, so ist das straflos. Wenn der Ball dabei *bewegt* wurde, muss er zurückgelegt werden.

18-3 b Außer beim Suchen
Wird eines Spielers Ball, außer während nach ihm gesucht wird, durch einen Gegner, dessen *Caddie* oder dessen *Ausrüstung*, anders als nach den *Regeln* vorgesehen, *bewegt*, absichtlich berührt oder wird durch diese verursacht, dass er sich *bewegt*, **so zieht sich der Gegner einen Strafschlag zu.** Wenn der Ball dabei *bewegt* wurde, muss er zurückgelegt werden.
(*Falschen Ball* spielen – siehe Regel 15-3.)
(Ball beim Nachmessen *bewegt* – siehe Regel 18-6.)

18-4 Durch Mitbewerber, Caddie oder Ausrüstung im Zählspiel
Wird des Spielers Ball durch einen *Mitbewerber*, dessen *Caddie* oder dessen *Ausrüstung bewegt*, berührt oder verursachen diese, dass er sich *bewegt*, so ist das straflos. Wird der Ball *bewegt*, muss er zurückgelegt werden.
(*Falschen Ball* spielen – siehe Regel 15-3.)

18-5 Durch anderen Ball
Wird ein in Ruhe befindlicher *Ball im Spiel* durch einen anderen Ball *bewegt*, der nach einem *Schlag* in Bewegung ist, so muss der *bewegte* Ball zurückgelegt werden.

18-6 Ball beim Nachmessen bewegt
Wird ein Ball oder Ballmarker beim Nachmessen *bewegt*, während nach einer *Regel* verfahren wird oder die Anwendung einer *Regel* ermittelt wird, so muss der Ball oder der Ballmarker zurückgelegt werden. Der Fall ist straflos, vorausgesetzt, die Bewegung des Balls oder des Ballmarkers ist unmittelbar auf die eigentliche Handlung des Nachmessens zurückzuführen. Anderenfalls gelten die Regeln 18-2a, 18-3b oder 18-4.

---

* STRAFE
Für Regelverstoß:
Lochspiel – Lochverlust;
Zählspiel – Zwei Schläge.

* Versäumt ein Spieler, einen Ball zurückzulegen, wenn er dazu verpflichtet ist, oder macht er einen Schlag nach einem gemäß Regel 18 neu eingesetzten Ball wenn dieses Einsetzen nicht erlaubt war, so zieht er sich die Grundstrafe für Verstoß gegen Regel 18 zu, aber keine weitere Strafe nach dieser Regel.

ANMERKUNG 1
Ist ein Ball, der nach dieser Regel zurückgelegt werden muss, nicht sogleich wiederzuerlangen, so darf er durch einen anderen Ball ersetzt werden.

ANMERKUNG 2
Wurde die ursprüngliche Lage eines hin- oder zurückzulegenden Balls verändert, siehe Regel 20-3b.

ANMERKUNG 3
Ist es nicht möglich, die Stelle, an die ein Ball hinzulegen ist, festzustellen, siehe Regel 20-3c.

▸ REGEL 18
REGELFALL

Auf dem 71- Loch der Ballantine´s Championship 2008 in Korea schlug der potenzielle Zweitplatzierte Milkha Sing seinen Ball ins Rough, wo er von einem Golfcart überfahren wurde. Als der Spieler und ein Spielleiter am Ort des Geschehens ankamen, gab es dort Spuren eines Reifens auf dem Ball und es sah so aus, als ob der Ball in den Boden gedrückt worden sei.

Da das Golfcart in keiner Beziehung zu dem Spieler stand, hatte es nach den Regeln den Status von etwas „Nicht zum Spiel Gehörigen". Normalerweise wird ein Ball straflos zurückgelegt, wenn er von etwas Nicht zu Spiel Gehörigen bewegt wurde (Regel 18-1). In diesem Fall jedoch hatte niemand die Lage des Balls gesehen, bevor er bewegt wurde und die ursprüngliche Lage des Balls war auch verändert.

Jeev Milkha Sing bringt seinen Ball durchs Fallenlassen wieder ins Spiel, nachdem dieser von einem Golfcart überfahren worden war.

In einem solchen Fall könnten zwei Regeln anzuwenden sein. Da die genaue Stelle, an der der Ball im Rough gelegen hatte, nicht bekannt war, schreibt Regel 20-3c(I) vor, dass der Spieler einen Ball so nahe wie möglich der Stelle fallen lässt, an der er gelegen hatte. Jedoch bestimmt Regel 20-3b(I), dass ein Ball, dessen ursprüngliche Lage verändert wurde (außer er lag in einem Hindernis), so nahe wie möglich seiner ursprünglichen Stelle in eine möglichst ähnliche Lage hingelegt werden muss, die nicht weiter als eine Schlägerlänge von der ursprünglichen Lage entfernt ist, jedoch nicht in ein Hindernis. Glücklicherweise klärt die Entscheidung 20-3b/5 in den „Entscheidungen zu den Golfregeln" diesen potenziellen Konflikt, indem sie vorgibt, dass man nicht die nächstgelegene möglichst ähnliche Lage feststellen kann, wenn man die ursprüngliche Lage des Balls nicht kennt. Da weder Singh noch sonst jemand wusste, wie die Lage des Balls war, bevor das Golfcart darüber fuhr, konnte Regel 20-3b nicht angewandt werden und der Spieler musste den Ball an der geschätzten Stelle nach Regel 20-3c fallen lassen.

Regel 18 wurde nochmals verletzt, als ein Missverständnis zwischen Chris DiMarco und einem Platzrichter im HSBC Champions Tournament 2006 zu der seltenen Situation führte, dass eine Zählkarte abgeändert wurde, nachdem sie bereits eingereicht war. Am ersten Tag stand DiMarco auf dem 8. Grün und hatte gerade seinen Putter hinter dem Ball aufgesetzt, um seinen kurzen Putt zu lochen, als sein Ball sich bewegte. DiMarco rief unmittelbar nach einem Platzrichter und sie waren sich einig, dass der Spieler nicht automatisch als Verursacher der Bewegung des Balls angesehen werden müsse, da er seinen Stand noch nicht eingenommen hatte und damit der Ball noch nicht angesprochen war. Dann ergab sich die Frage, ob das Aufsetzen des Schlägers die Bewegung des Balls verursacht hatte, wodurch DiMarco sich einen Strafschlag nach Regel 18-2a zugezogen hätte und der Ball zurückzulegen wäre. Da der Platzrichter die Angaben von DiMarco missverstanden hatte, wie nahe sein Schläger am Ball war, als er ihn aufsetzte, entschied er, dass der Ball sich selbst in Bewegung gesetzt hätte und DiMarco wurde angewiesen, seinen Ball straflos von der neuen Stelle zu spielen. Als die Szene jedoch später im Fernsehen angeschaut wurde, wurde es der Spielleitung klar, dass die Nähe von DiMarcos Schläger zum Ball so gering war, dass die Beweislage deutlich dafür sprach, dass die Handlungen des Spielers die Bewegung des Balls verursacht hatte, und dass er dafür eine Strafe hätte notieren müssen.

Zu diesem Zeitpunkt hatte DiMarco seine Zählkarte eingereicht, ohne eine Strafe darauf zu vermerken. Da aber das Fehlen des Strafschlags durch eine Anweisung des Platzrichters verursacht wurde, ausgelöst durch ein Missverständnis der Äußerungen des Spielers, wäre es unfair gewesen, den Spieler für das Einreichen eines zu niedrigen Ergebnisses zu disqualifizieren. In einem solchen Fall erlaubt die Entscheidung 34-3/1 die Korrektur einer falschen Entscheidung, was in diesem Fall das Hinzuzählen eines Strafschlags zu dem Ergebnis des Spielers auf diesem Loch bedeutete. Obwohl nach Regel 18-2a der Ball zurückzulegen gewesen wäre, war es zu spät, diesen Fehler zu korrigieren und es wurde wegen der Anweisung des Platzrichters keine Strafe für das Spielen vom falschen Ort angerechnet.

Die Entscheidung 34-3/1 sieht eine notwendige Ausnahme zu dem Prinzip aus Regel 6-6c vor, nach der keine Änderungen an einer Zählkarte mehr vorgenommen werden dürfen, sobald sie von einem Spieler bei der Spielleitung eingereicht wurde.

Ein Platzrichter wurde während der letzten Runde der BMW Championship 2006 in Wentworth gerufen und es entstand eine Diskussion, ob Angel Cabreras Probeschwung verursacht hatte, dass sein Ball sich bewegt hatte, oder ob er dies von alleine getan hatte. Cabrera hatte im Probeschwung den Boden berührt, der wackelig auf einem leichten Abhang im Rough lag, und ein paar Sekunden später rollte der Ball von dieser Stelle weg und kam an anderer Stelle zur Ruhe.

Wenn festgestellt würde, dass der Spieler die Bewegung seines Balls verursacht hatte, würde er ihn unter Anrechnung eines Strafschlags zurücklegen müssen (Regel 18-2a). War es nicht der Spieler, der die Bewegung des Balls verursachte, so würde keine Strafe anfallen und der Ball müsste gespielt werden, wie er liegt.

In manchen Fällen wird man nie mit Sicherheit sagen können, was nun tatsächlich die Bewegung des Balls ausgelöst hat. Die Entscheidung 18-2a/30 sieht vor, dass solche Entscheidungen unter Abwägung aller Fakten getroffen werden. Auf dieser Grundlage wurde entschieden, dass die Handlung des Argentiniers die Bewegung des Balls verursacht hatte, da der Ball schon einige Zeit vor dem Probeschwung an dieser Stelle gelegen hatte und der Probeschwung und die Bewegung des Balls so dicht aufeinander folgten. Er zog sich einen Strafschlag zu und musste den Ball zurücklegen.

Angel Cabrera und ein Platzrichter warten auf eine Entscheidung bzgl. seines Balls, der einen leichten Abhang hinabgerollt war. Bewegt sich ein Ball, muss er nach Regel 18-2 zurückgelegt werden, außer die Bewegung des Balls tritt ein, nachdem der Spieler mit seinem Schlag begonnen hat.

REGEL 18

DIE REGELN DES SPIELS — BALL IN RUHE BEWEGT — BALL BEWEGT, ABGELENKT ODER AUFGEHALTEN

▸ REGEL 18
HÄUFIG GESTELLTE FRAGEN

F. Ein Spieler legt seinen Ball auf dem Abschlag auf ein Tee und bewegt danach versehentlich mit einem Übungsschwung seinen Ball. Zieht er sich eine Strafe zu?

A. Der Ball war noch nicht im Spiel, da er noch keinen Schlag nach ihm gemacht hatte. Der Spieler hatte einfach seinen Ball mit einem Übungsschwung bewegt und muss seinen Ball wiederholen oder einen anderen Ball auf das Tee legen und sein Spiel fortsetzen. Ein Ball ist auf einem Loch erst im Spiel, wenn der Spieler einen Schlag nach ihm gemacht hat und von einem Spieler wird erst angenommen, er habe einen Schlag gemacht, wenn er seinen Schläger in der Absicht nach dem Ball geschwungen hat (die Vorwärtsbewegung des Schlägers), diesen zu treffen. Da der Spieler einen Übungsschwung gemacht hatte, lag nicht die Absicht vor, den Ball zu treffen und er hatte damit keinen Schlag gemacht. Somit war der Ball nicht im Spiel. Siehe die Erklärungen „Ball im Spiel" und „Schlag".

F. Der Ball eines Spielers liegt auf dem Fairway und bei einem Übungsschwung bewegt er versehentlich den Ball. Zieht er sich einen Strafschlag zu?

A. Der Spieler hatte keinen Schlag gemacht, da er nicht die Absicht hatte, den Ball zu schlagen (siehe Erklärung „Schlag"), aber der Ball war im Spiel und der Spieler hatte den Ball bewegt (der zur Ruhe gekommen war). Der Spieler zieht sich einen Strafschlag zu und muss den Ball zurücklegen (Regel 18-2a).

REGEL 19

BALL IN BEWEGUNG ABGELENKT ODER AUFGEHALTEN

ERKLÄRUNGEN
Feststehende Begriffe sind kursiv geschrieben und alphabetisch im Abschnitt II „Erklärungen" aufgeführt (siehe Seiten 13–24).

19-1 Durch Nicht zum Spiel Gehöriges

Wird eines Spielers Ball in Bewegung zufällig durch etwas *Nicht zum Spiel Gehöriges* abgelenkt oder aufgehalten, so gilt dies als *Spielzufall*, ist straflos, und der Ball muss gespielt werden, wie er liegt, ausgenommen:

a) Kommt eines Spielers Ball in Bewegung nach einem anderswo als auf dem Grün gespielten Schlag in oder auf *Nicht zum Spiel Gehörigem* zur Ruhe, das sich bewegt oder lebt, so muss der Ball so nahe wie möglich dem Punkt unmittelbar unterhalb der Stelle, an der er in oder auf dem *Nicht zum Spiel Gehörigen* zur Ruhe kam, jedoch nicht näher zum Loch, im *Gelände* oder in einem *Hindernis* fallen gelassen, auf dem *Grün* hingelegt werden.

b) Wird eines Spielers Ball in Bewegung nach einem auf dem Grün gespielten *Schlag* durch *Nicht zum Spiel Gehöriges* abgelenkt oder aufgehalten, das sich bewegt oder lebt, ausgenommen ein Wurm, Insekt oder Ähnliches, oder kommt darin oder darauf zur Ruhe, so ist der *Schlag* annulliert. Der Ball muss zurückgelegt und erneut gespielt werden.

Ist der Ball nicht sogleich wiederzuerlangen, so darf er durch einen anderen Ball ersetzt werden.

Ausnahme
Trifft der Ball die Person, die den Flaggenstock bedient oder hochhält oder irgendetwas, was von ihr getragen wird – siehe Regel 17-3b.

> **ANMERKUNG**
> Stellen *Platzrichter* oder *Spielleitung* fest, dass ein Ball eines Spielers absichtlich durch Nicht zum Spiel Gehöriges abgelenkt oder aufgehalten wurde, so gilt für den Spieler Regel 1-4. Ist das *Nicht zum Spiel Gehörige* ein *Mitbewerber* oder dessen *Caddie*, so gilt für den *Mitbewerber* Regel 1-2.
> (Ball des Spielers durch anderen Ball abgelenkt oder aufgehalten – siehe Regel 19-5.)

19-2 Durch Spieler, Partner, Caddie oder Ausrüstung

Wird der Ball eines Spielers versehentlich durch ihn selbst, seinen Partner oder einen ihrer *Caddies* oder *Ausrüstung* abgelenkt oder aufgehalten, **so zieht sich der Spieler eine Strafe von einem Schlag zu.** Der Ball muss gespielt werden, wie er liegt, ausgenommen, er kommt in oder auf der Kleidung oder *Ausrüstung* des Spielers, seines *Partners* oder eines ihrer *Caddies* zur Ruhe. In diesem Fall muss der Ball so nahe wie möglich dem Punkt unmittelbar unterhalb der Stelle, an der er in oder auf dem Gegenstand zur Ruhe kam, jedoch nicht näher zum Loch, im *Gelände* oder in einem *Hindernis* fallen gelassen, auf dem *Grün* hingelegt werden.

Ausnahmen
1 Trifft der Ball die Person, die den Flaggenstock bedient oder hochhält oder irgendetwas, was von ihr getragen wird – siehe Regel 17-3b.
2 Fallen gelassener Ball – siehe Regel 20-2a.
(Ball absichtlich abgelenkt oder aufgehalten durch Spieler, Partner oder Caddie – siehe Regel 1-2.)

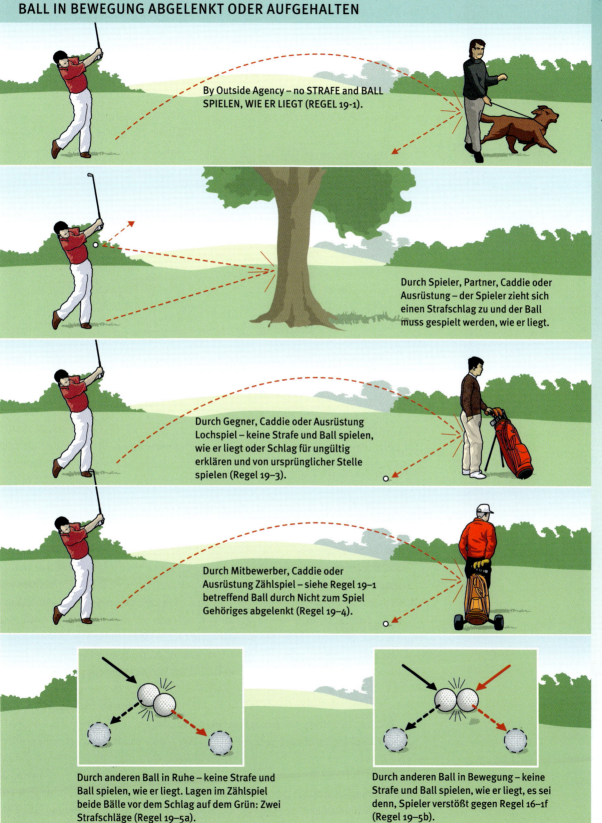

19-3 Durch Gegner, Caddie oder Ausrüstung im Lochspiel

Wird der Ball eines Spielers durch einen Gegner, dessen *Caddie* oder dessen *Ausrüstung* versehentlich abgelenkt oder aufgehalten, so ist das straflos. Der Spieler darf, bevor ein anderer *Schlag* von einer *Partei* gemacht wurde, den *Schlag* annullieren und einen Ball straflos so nahe wie möglich der Stelle spielen, von der der ursprüngliche Ball zuletzt gespielt worden war (siehe Regel 20-5) oder er darf den Ball spielen, wie er liegt.

Will der Spieler den *Schlag* nicht annullieren und der Ball ist in oder auf Kleidung des Gegners, dessen *Caddie* oder auf seiner *Ausrüstung* zur Ruhe gekommen, so muss der Ball so nahe wie möglich dem Punkt unmittelbar unterhalb der Stelle, an der er in oder auf dem Gegenstand zur Ruhe kam, jedoch nicht näher zum Loch, im *Gelände* oder in einem *Hindernis* fallen gelassen, auf dem Grün hingelegt werden.

Ausnahme

Trifft der Ball die Person, die den *Flaggenstock* bedient oder hochhält oder irgendetwas, was von ihr getragen wird – siehe Regel 17-3b.
(Ball absichtlich abgelenkt oder aufgehalten durch Gegner oder Caddie – siehe Regel 1-2.)

19-4 Durch Mitbewerber, Caddie oder Ausrüstung im Zählspiel

Siehe Regel 19-1, Ball durch Nicht zum *Spiel Gehöriges* abgelenkt.

Ausnahme

Trifft der Ball die Person, die den Flaggenstock bedient oder hochhält oder irgendetwas, was von ihr getragen wird – siehe Regel 17-3b.

19-5 Durch anderen Ball

19-5 a In Ruhet

Wird der nach einem *Schlag* in Bewegung befindliche Ball eines Spielers durch einen in Ruhe befindlichen *Ball im Spiel* abgelenkt oder aufgehalten, so muss der Spieler seinen Ball spielen, wie er liegt. Im Lochspiel ist der Fall straflos. Im Zählspiel ist dies straflos, sofern nicht beide Bälle vor dem *Schlag* auf dem *Grün* gelegen hatten. In diesem Fall zieht **sich der Spieler eine Strafe von zwei Schlägen zu.**

19-5 b In Bewegung

Wird der nach einem *Schlag* in Bewegung befindliche Ball eines Spielers durch einen anderen nach einem *Schlag* in Bewegung befindlichen Ball abgelenkt oder aufgehalten, so muss der Spieler seinen Ball spielen, wie er liegt. Der Fall ist straflos, außer der Spieler hat gegen Regel 16-1f verstoßen und sich die **Strafe für Verstoß gegen jene Regel zugezogen.**

Ausnahme

Ist der Ball des Spielers nach einem auf dem Grün gespielten Schlag in Bewegung und der andere Ball in Bewegung ist *Nicht zum Spiel Gehörig* – siehe Regel 19-1b.

STRAFE
Für Regelverstoß:
Lochspiel – Lochverlust;
Zählspiel – Zwei Schläge.

► REGEL 19
REGELFALL

Auf dem ersten Loch in der zweiten Runde der PGA Championship 2006 fand sich Tiger Woods in einer Situation, die Regel 19 betraf. Woods' Drive flog nach links auf die Zuschauer am Fairwayrand zu. Er sprang nahe einem Fairwaybunker auf, wurde von einem Zuschauer abgelenkt und kam nahe dem Absperrseil zur Ruhe, mit dem die Zuschauer zurückgehalten wurden. Ein Platzrichter in dieser Gegend fragte sofort bei Zuschauern und Marshals nach, ob der Ball absichtlich oder versehentlich abgelenkt worden war. Niemand war der Meinung, dass der Ball absichtlich abgelenkt worden sei, und so wurde er richtigerweise gespielt, wie er lag. Später wurde durch Fernsehaufzeichnungen klar, dass der Ball doch durch eine freiwillige Handlung eines Zuschauers abgelenkt worden war, der seine Hand gehoben hatte und den Ball Richtung Fairway zurückgeschlagen hatte, obwohl der Ball nur soweit abgelenkt wurde, dass er in hohem Rough zu liegen kam. Wäre dies der Spielleitung rechtzeitig bekannt gewesen, so hätten sie nach der Anmerkung zu Regel 19-1 annehmen können, dass der Ball ohne die Ablenkung hinter den Zuschauern zur Ruhe gekommen wäre und nach Billigkeit (Regel 1-4) von Woods verlangen können, dass er seinen Ball an dieser Stelle hätte fallen lassen müssen, an der der Ball ohne die freiwillige Einflussnahme des Zuschauers schätzungsweise zur Ruhe gekommen wäre.

Bei den Masters 2003 lenkte Jeff Maggert versehentlich seinen Ball ab, als er versuchte, auf dem 3. Loch aus dem Bunker zu spielen. Maggert spielte am letzten Tag in der letzten Gruppe, als sein Drive auf dem Par 4 in einem der Bunker links von der Landezone zur Ruhe kam. Der Ball war weit genug von der vorderen Bunkerkante entfernt, dass er dachte, einen vollen Annäherungsschlag zum Grün spielen zu können. Nachdem er ihn geschlagen hatte, knallte der Ball in die Bunkerkante, prallte dort nach hinten ab und traf ihn. Der dieser Gruppe zugeteilte Platzrichter informierte Maggert, dass er sich zwei Strafschläge zugezogen habe und der Ball gespielt werden müsse, wie er liegt (Regel 19-2b).

Mit der Einführung der neuen Golfregeln ab dem 1. Januar 2008 würde sich bei dem gleichen Fall nun nur noch ein Strafschlag ergeben. Dies kommt daher, dass die Strafe dafür reduziert wurde, falls eines Spielers Ball in Bewegung

Bei der PGA Championship 2006 wurde von Tiger Woods' Ball angenommen, er sei unbeabsichtigt abgelenkt worden, als er zwischen den Zuschauern am Fairway landete, deshalb wurde Regel 19-1 nicht angewandt. Spätere Fernsehaufzeichnungen zeigten jedoch, dass der Ball absichtlich abgelenkt worden war.

versehentlich von ihm selbst, seinem Partner oder einem ihrer Caddies oder ihrer Ausrüstung aufgehalten wird, und zwar von Lochverlust im Lochspiel und zwei Strafschlägen im Zählspiel auf einen Strafschlag in beiden Spielformen.

Jeff Maggert´s Angriff auf die Masters 2003 entgleiste am dritten Loch der Schlussrunde, als sein Ball eine Bunkerkante traf, von dort zurückprallte und ihn traf. Er zog sich eine Strafe von zwei Schlägen zu. Die Strafe wurde im Januar 2008 angepasst und beträgt nun einen Strafschlag, sowohl im Lochspiel wie auch im Zählspiel.

▸ REGEL 19
HÄUFIG GESTELLTE FRAGEN

F. Was mache ich, wenn mein Ball eine Abschlagsmarkierung oder einen Richtungspfahl trifft.
A. Trifft ein Ball eine Abschlagsmarkierung, einen Wasserhindernispfahl, Richtungspfahl oder ähnliches, so ist dies einfach Spielzufall und der Ball muss straflos gespielt werden, wie er liegt (Regel 19-1).

F. Welche Strafe ziehe ich mir zu, wenn ich meinen Ball schlage und dieser als Folge davon mein Golfbag trifft?
A. Im Lochspiel oder Zählspiel zieht der Spieler sich einen Strafschlag zu und muss den Ball spielen, wie er liegt (Regel 19-2).

▶ REGEL 20
AUFNEHMEN, FALLENLASSEN UND HINLEGEN; SPIELEN VON FALSCHEM ORT

20-1 Aufnehmen und Kennzeichnen

Ein Ball, der nach den *Regeln* aufzunehmen ist, darf vom Spieler, seinem *Partner* oder einer vom Spieler ermächtigten anderen Person aufgenommen werden. Für irgendeinen Regelverstoß ist dabei in jedem dieser Fälle der Spieler verantwortlich.
Ist der aufzunehmende Ball anschließend nach einer *Regel* zurückzulegen, so muss seine Lage vorher gekennzeichnet werden. Wurde sie nicht gekennzeichnet, **so zieht sich der Spieler eine Strafe von einem Schlag zu,** und der Ball muss zurückgelegt werden. Wird er nicht zurückgelegt, **so zieht sich der Spieler die Grundstrafe für Verstoß gegen jene Regel,** jedoch keine zusätzliche Strafe nach Regel 20-1 **zu.**
Wird ein Ball oder ein Ballmarker beim Aufnehmen des Balls nach einer *Regel* oder beim Kennzeichnen seiner Lage versehentlich *bewegt*, so muss der Ball bzw. der Ballmarker zurückgelegt werden. Dies ist straflos, sofern das *Bewegen* von Ball oder Ballmarker unmittelbar auf die eigentliche Handlung von Kennzeichnen der Lage oder Aufnehmen des Balls zurückzuführen ist. Anderenfalls **zieht sich der Spieler einen Strafschlag** nach dieser Regel oder Regel 18-2a **zu.**

ERKLÄRUNGEN
Feststehende Begriffe sind kursiv geschrieben und alphabetisch im Abschnitt II „Erklärungen" aufgeführt (siehe Seiten 13–24).

Ausnahme
Zieht sich ein Spieler Strafe zu, weil er nicht in Übereinstimmung mit Regel 5-3 oder 12-2 verfahren ist, so kommt keine weitere Strafe nach Regel 20-1 hinzu.

> **ANMERKUNG**
> Die Lage eines aufzunehmenden Balls sollte dadurch gekennzeichnet werden, dass ein Ballmarker, eine kleine Münze oder ein ähnlicher Gegenstand unmittelbar hinter den Ball gelegt wird. Behindert der Ballmarker Spiel, Standposition oder Schlag eines anderen Spielers, so sollte er um eine oder mehrere Schlägerkopflängen nach einer Seite verlegt werden.

20-2 Fallenlassen und erneutes Fallenlassen
20-2 a Durch wen und wie
Ein Ball, der nach den *Regeln* fallen zu lassen ist, muss vom Spieler selbst fallen gelassen werden. Der Spieler muss aufrecht stehen, mit ausgestrecktem Arm den Ball in Schulterhöhe halten und ihn fallen lassen. Wird der Ball von einer anderen Person oder auf andere Weise fallen gelassen und dieser Fehler nicht wie in Regel 20-6 vorgesehen, korrigiert, **so zieht sich der Spieler einen Strafschlag zu.**

Berührt der Ball, wenn er fallen gelassen wird, irgendeine Person oder die *Ausrüstung* irgendeines Spielers, bevor oder nachdem er auf einen Teil des *Platzes* auftrifft und bevor er zur Ruhe kommt, so muss der Ball straflos erneut fallen gelassen werden. Wie oft ein Ball unter den beschriebenen Umständen erneut fallen zu lassen ist, unterliegt keiner Beschränkung.
(Beeinflussung von Lage oder Bewegung eines Balls – siehe Regel 1-2.)

Der Spieler muss aufrecht stehen, den Ball in Schulterhöhe mit ausgestrecktem Arm halten und fallenlassen.

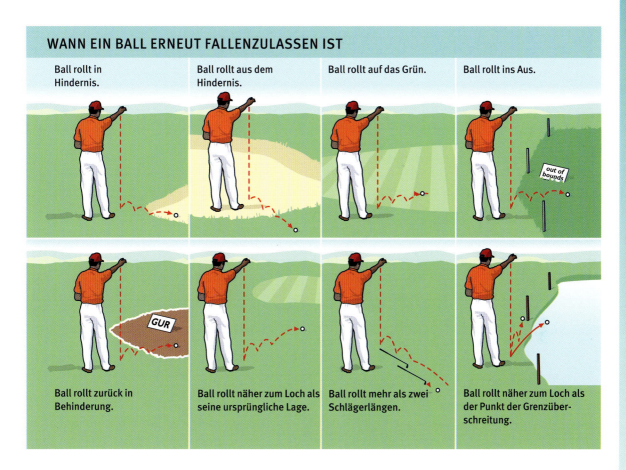

20-2 b Wo fallen lassen

Ist ein Ball so nahe wie möglich einer bestimmten Stelle fallen zu lassen, so darf er nicht näher zum *Loch* als die bestimmte Stelle fallen gelassen werden, wobei die Stelle geschätzt werden muss, falls sie dem Spieler nicht genau bekannt ist.

Ein Ball muss beim Fallenlassen zuerst dort auf einem Teil des *Platzes* auftreffen, wo er nach der anwendbaren Regel fallen zu lassen ist. Wird er nicht so fallen gelassen, gelten Regeln 20-6 und 20-7.

20-2 c Wann erneut fallen lassen

Ein fallen gelassener Ball muss straflos erneut fallen gelassen werden, wenn er

- **(I)** in ein *Hindernis* hineinrollt und im *Hindernis* zur Ruhe kommt;
- **(II)** aus einem *Hindernis* hinausrollt und außerhalb zur Ruhe kommt;
- **(III)** auf ein *Grün* rollt und auf dem *Grün* zur Ruhe kommt;
- **(IV)** ins *Aus* rollt und im *Aus* zur Ruhe kommt;
- **(V)** in eine Lage rollt und dort zur Ruhe kommt, wo Behinderung durch den Umstand gegeben ist, von dem nach Regel 24-2b (*unbewegliches Hemmnis*), Regel 25-1 (*ungewöhnlich beschaffener Boden*), Regel 25-3 (*falsches Grün*) oder nach einer Platzregel (Regel 33-8a) Erleichterung in Anspruch genommen wurde, oder in das Balleinschlagloch zurückrollt, aus dem er nach Regel 25-2 (*eingebetteter Ball*) aufgenommen wurde;
- **(VI)** weiter als zwei Schlägerlängen von der Stelle wegrollt und zur Ruhe kommt, an der er zuerst auf einem Teil des *Platzes* auftraf oder
- **(VII)** näher zum *Loch* rollt und zur Ruhe kommt als
    - **a)** seine ursprüngliche oder geschätzte Lage (siehe Regel 20-2b), sofern dies nicht anderweitig nach den *Regeln* gestattet ist, oder

b) der *nächstgelegene Punkt der Erleichterung* oder der größten erzielbaren Erleichterung (Regel 24-2, 25-1 oder 25-3), oder
c) der Punkt, an dem der ursprüngliche Ball zuletzt die Grenze des *Wasserhindernisses* oder *seitlichen Wasserhindernisses* gekreuzt hat (Regel 26-1).

Rollt der erneut fallen gelassene Ball in eine Lage wie oben aufgezählt, so muss er so nahe wie möglich der Stelle hingelegt werden, an der er zuerst auf einem Teil des *Platzes* auftraf, als er erneut fallen gelassen wurde..

ANMERKUNG 1
Kommt ein fallen gelassener oder erneut fallen gelassener Ball zur Ruhe und bewegt sich anschließend, so muss der Ball gespielt werden, wie er liegt, es sei denn, die Vorschriften einer anderen Regel finden Anwendung.

ANMERKUNG 2
Ist ein Ball, der nach dieser Regel erneut fallen zu lassen oder hinzulegen ist, nicht sofort wiederzuerlangen, darf ein anderer Ball eingesetzt werden.
(Benutzung von Drop-Zonen – siehe Anhang I, Teil B, Abschnitt 8)

20-3 Hinlegen und Zurücklegen
20-3 a Durch wen und wohin
Ein Ball, der nach den *Regeln* hinzulegen ist, muss vom Spieler oder seinem *Partner* hingelegt werden. Ist ein Ball zurückzulegen, so müssen ihn der Spieler, sein *Partner* oder die Person, die ihn aufgenommen oder *bewegt* hatte, an der Stelle hinlegen, an der er aufgenommen oder *bewegt* worden war. Wird der Ball durch eine andere Person hin- oder zurückgelegt und der Fehler nicht wie in Regel 20-6 vorgesehen, korrigiert, **zieht sich der Spieler einen Strafschlag zu.** In jedem dieser Fälle ist der Spieler dabei für jeden anderen Regelverstoß verantwortlich, der aufgrund des Hin- oder Zurücklegens des Balls geschieht. Wird ein Ball oder ein Ballmarker beim Hin- oder Zurücklegen des Balls versehentlich *bewegt*,

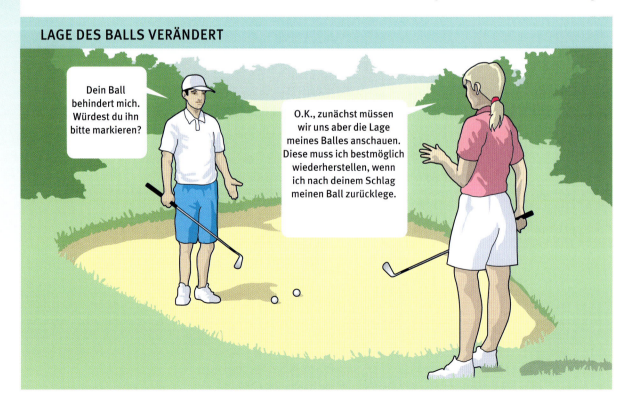

LAGE DES BALLS VERÄNDERT

LAGE DES BALLS VERÄNDERT

so muss der Ball bzw. der Ballmarker zurückgelegt werden. Dies ist straflos, sofern das *Bewegen* von Ball oder Ballmarker unmittelbar auf die eigentliche Handlung von Hin- oder Zurücklegen des Balls oder Fortbewegen des Ballmarkers zurückzuführen ist. Anderenfalls **zieht sich der Spieler einen Strafschlag** nach Regel 18-2a oder 20-1 **zu.**

Wird ein zurückzulegender Ball an eine andere Stelle gelegt als die, von der er aufgenommen oder bewegt worden war und wird der Fehler nicht wie in Regel 20-6 vorgesehen, korrigiert, **so zieht der Spieler sich die Grundstrafe von Lochverlust im Lochspiel oder zwei Schläge im Zählspiel, für einen Verstoß gegen die anwendbare Regel zu.**

20-3 b) Lage eines hin- oder zurückzulegenden Balls verändert

Wurde die ursprüngliche Lage eines hin- oder zurückzulegenden Balls verändert, so muss

- (I) außer in einem *Hindernis*, der Ball in die nächste, der ursprünglichen möglichst ähnliche Lage, hingelegt werden, nicht weiter als eine Schlägerlänge von der ursprünglichen Lage entfernt, nicht näher zum *Loch* und nicht in einem *Hindernis*;
- (II) in einem *Wasserhindernis* der Ball in Übereinstimmung mit obiger Ziffer (I) hingelegt werden, jedoch in dem *Wasserhindernis*;
- (III) in einem *Bunker* die ursprüngliche Lage so gut wie möglich wieder hergestellt und der Ball in diese Lage hingelegt werden.

20-3 c Stelle nicht feststellbar

Ist es nicht möglich, die Stelle festzustellen, an die der Ball hinzulegen oder zurückzulegen ist, so muss

- (I) im *Gelände* der Ball so nahe wie möglich dem Ort, an dem er gelegen hatte, fallen gelassen werden, aber nicht in einem *Hindernis* oder auf einem *Grün*;
- (II) in einem *Hindernis* der Ball so nahe wie möglich dem Ort, an dem er gelegen hatte, in dem Hindernis fallen gelassen werden;
- (III) auf dem *Grün* der Ball so nahe wie möglich dem Ort, an dem er gelegen hatte, hingelegt werden, aber nicht in einem *Hindernis*.

Ausnahme

Wenn das Spiel wieder aufgenommen wird (Regel 6-8d) und die Stelle nicht bestimmt werden kann, an die der Ball hingelegt werden muss, so muss diese Stelle geschätzt werden und der Ball muss an die geschätzte Stelle hingelegt werden.

20-3 d Ball kommt nicht an Stelle zur Ruhe

Kommt ein Ball, der hingelegt wurde, nicht an der Stelle zur Ruhe, an der er hingelegt wurde, so ist das straflos und der Ball muss zurückgelegt werden.

Bleibt er abermals an jener Stelle nicht liegen, so muss er

(I) außer in einem *Hindernis*, an der nächsten Stelle hingelegt werden, an der er beim Hinlegen in Ruhe bleibt, nicht näher zum *Loch* und nicht in einem *Hindernis*;

(II) in einem *Hindernis* an der nächsten Stelle in dem *Hindernis* hingelegt werden, an der er beim Hinlegen in Ruhe bleibt, nicht näher zum *Loch*.

Kommt ein hingelegter Ball an der Stelle zur Ruhe, an der er hingelegt wurde, und *bewegt* sich anschließend, so ist dies straflos, und der Ball muss gespielt werden, wie er liegt, es sei denn, die Vorschriften einer anderen Regel finden Anwendung.

> **STRAFE**
> **FÜR REGELVERSTOSS 20-1, 20-2 oder 20-3:**
> **Lochspiel** – Lochverlust;
> **Zählspiely** – Zwei Schläge.

20-4 Fallen gelassener oder hingelegter Ball im Spiel

War des Spielers *Ball im Spiel* aufgenommen worden, so ist er wieder im Spiel, sobald er fallen gelassen oder hingelegt wurde.

Ein Ball, der einen anderen Ball ersetzt, wird *Ball im Spiel*, sobald er fallen gelassen oder hingelegt wurde.

(Nicht korrektes Ersetzen eines Balls – siehe Regel 15-2.)

(Nicht korrekt *neu eingesetzten*, fallen gelassenen oder hingelegten Ball aufnehmen – siehe Regel 20-6.)

20-5 Nächsten Schlag von der Stelle eines vorhergegangenen machen

Will oder muss ein Spieler seinen nächsten *Schlag* von dort machen, wo ein vorhergegangener *Schlag* gemacht worden war, so muss er folgendermaßen verfahren:

a) Auf dem *Abschlag*: Der zu spielende Ball muss von innerhalb des *Abschlags* gespielt werden. Er darf von überall innerhalb des *Abschlags* gespielt werden und darf aufgesetzt werden.

b) Im *Gelände*: Der zu spielende Ball muss fallen gelassen werden und muss beim Fallenlassen zuerst auf einem Teil des Platzes im Gelände auftreffen.

c) Im *Hindernis*: Der zu spielende Ball muss fallen gelassen werden und muss beim Fallenlassen zuerst auf einem Teil des Platzes in dem Hindernis auftreffen.

d) Auf dem *Grün*: Der zu spielende Ball muss auf dem Grün hingelegt werden.

> **STRAFE**
> **FÜR REGELVERSTOSS 20-5:**
> **Lochspiel** – Lochverlust;
> **Zählspiely** – Zwei Schläge.

20-6 Nicht korrekt neu eingesetzten, fallen gelassenen oder hingelegten Ball aufnehmen

Ein nicht korrekt *neu eingesetzter* sowie ein an falschem Ort oder sonst wie nicht in Übereinstimmung mit den Regeln fallen gelassener oder hingelegter, aber nicht gespielter Ball darf straflos aufgenommen werden, und der Spieler muss anschließend korrekt verfahren.

SPIELEN VON FALSCHEM ORT

Wenn ein Spieler seine Markierung um einen Putterkopf versetzt, muss er dies vor dem Spielen seines Balles rückgängig machen. Ansonsten zieht er sich eine Strafe wegen Spielens vom falschen Ort zu.

20-7 Von falschem Ort spielen

20-7 a Allgemeines

Ein Spieler hat von einem falschen Ort gespielt, wenn er einen *Schlag* nach seinem *Ball im Spiel* macht:

(I) von einem Teil des Platzes, von dem die *Regeln* das Spielen eines *Schlags* untersagen oder an dem ein Ball nicht fallen gelassen oder hingelegt werden darf, oder

(II) wenn die *Regeln* verlangen, einen fallen gelassenen Ball erneut fallen zu lassen bzw. einen *bewegten* Ball zurückzulegen.

> **ANMERKUNG**
> Ball von außerhalb des Abschlags oder von falschem Abschlag abgespielt – siehe Regel 11-4.

20-7 b Lochspiel

Macht ein Spieler einen *Schlag* von einem falschen Ort, **so verliert er das Loch.**

20-7 c Zählspiel

Macht ein Bewerber einen Schlag von einem falschen Ort, **so zieht er sich die Strafe von zwei Schlägen nach der anwendbaren Regel zu.** Er muss das Loch mit dem vom falschen Ort gespielten Ball zu Ende spielen, ohne seinen Fehler zu beheben, vorausgesetzt, er hat keinen schwerwiegenden Verstoß begangen (siehe Anmerkung 1).
Wird sich ein *Bewerber* nach dem Spielen vom falschen Ort dieser Tatsache bewusst und nimmt an, es könne sich um einen schwerwiegenden Verstoß handeln, so muss

er, bevor er einen *Schlag* auf dem nächsten *Abschlag* macht, das Loch mit einem zweiten Ball zu Ende spielen, der in Übereinstimmung mit den Regeln gespielt wurde. Wenn das gespielte Loch das letzte Loch der Runde ist, muss er vor dem Verlassen des *Grüns* seine Absicht erklären, das Loch mit einem zweiten Ball zu Ende zu spielen, der in Übereinstimmung mit den *Regeln* gespielt wurde.

Hat der *Bewerber* einen zweiten Ball gespielt, so muss er den Sachverhalt der *Spielleitung* melden, bevor er seine Zählkarte einreicht; versäumt er dies, **so ist er disqualifiziert.** Die *Spielleitung* muss feststellen, ob der *Bewerber* einen schwerwiegenden Verstoß gegen die anwendbare *Regel* begangen hat. Ist dies der Fall, so gilt die Schlagzahl mit dem zweiten Ball und **der Bewerber muss seiner Schlagzahl mit dem zweiten Ball zwei Strafschläge hinzurechnen.** Wenn der *Bewerber* einen schwerwiegenden Verstoß begangen hatte und ihn nicht wie oben angegeben behoben hat, **so ist er disqualifiziert.**

ANMERKUNG 1
Ein *Bewerber* hat einen schwerwiegenden Verstoß gegen die anwendbare *Regel* begangen, wenn die *Spielleitung* der Meinung ist, dass er sich durch das Spielen vom falschen Ort einen bedeutenden Vorteil verschafft hat.

ANMERKUNG 2
Spielt ein *Bewerber* einen zweiten Ball nach Regel 20-7c und es wird entschieden, dass dieser nicht zählt, so bleiben *Schläge* mit diesem Ball und *Strafschläge*, die nur beim Spielen dieses Balls anfielen, außer Betracht. Wird entschieden, dass der zweite Ball zählt, so bleiben der *Schlag* vom falschen Ort sowie darauf folgende *Schläge* mit dem ursprünglichen Ball einschließlich *Strafschläge*, die nur beim Spielen des ursprünglichen Balls anfielen, außer Betracht.

ANMERKUNG 3
Zieht sich ein Spieler eine Strafe für das Spielen eines Schlags vom falschen Ort zu, so fällt keine zusätzliche Strafe für das unerlaubte Ersetzen eines Balls an.

▸ REGEL 20

REGELFÄLLE

Das Fallenlassen des Balls (nach Regel 20) ist eines der wichtigsten und häufigsten Verfahren, das im Golf angewandt wird, und eine beispielhafte Vorführung dieser Regelanwendung konnte auf den letzten Löchern der MCI Heritage in Harbour Town Golf Links beobachtet werden.

Ted Purdy führte das Wettspiel an, wusste aber genau über ein niedriges Endergebnis des späteren Siegers im Stechen, Stewart Cink, Bescheid. Auf dem 13. Loch kam Purdys Ball auf einem Drainagedeckel auf dem Fairway zur Ruhe (ein unbewegliches Hemmnis), von dem er straflose Erleichterung in Anspruch nehmen konnte. Purdy kannte das Verfahren nach der zutreffenden Regel (Regel 24) genau und entschied, ohne Mithilfe eines Platzrichters fortzufahren. Als er jedoch seinen Ball innerhalb einer Schlägerlänge vom nächstgelegenen Punkt der Erleichterung fallen ließ, befand sich seine Hand deutlich unterhalb der Schulterhöhe, als er den Ball losließ.

Regel 20-2a sieht vor, dass ein Spieler zum Fallenlassen des Balls aufrecht stehen muss und den Ball auf Schulterhöhe mit ausgestrecktem Arm halten muss. Macht ein Spieler einen Schlag nach einem Ball, der auf eine andere Art und Weise fallen gelassen wurde, so zieht er sich einen Strafschlag zu. Wird der Irrtum entdeckt, bevor ein Schlag gemacht wird, so kann er straflos korrigiert werden, indem der Ball aufgenommen und richtig fallen gelassen wird.

In Purdys Fall hatte dieser das Glück, dass ein Platzrichter seine Verfahrensweise beobachtete und einschritt, bevor der Spieler einen Schlag machte. Es ist die Pflicht eines Platzrichters, einen Regelverstoß zu verhindern, wenn ihm dies möglich ist. Er informierte Purdy von seinem Fehler, ließ ihn den Ball aufnehmen und korrekt fallen lassen und bewahrte ihn so vor einem Strafschlag.

Weniger glücklich war Retief Goosen in der ersten Runde der South African Airways Open 2006. Als er auf dem 17. Abschlag stand, lag er 8 unter Par und konnte nicht ahnen, was sich auf dem ca. 490 Meter langen Par

5 abspielen sollte. Nach einem verschlagenen Abschlag spielte er einen mäßigen provisorischen Ball vom Abschlag. Da er seinen ersten Ball nicht innerhalb von 5 Minuten finden konnte, wurde sein provisorischer Ball, der in einem Busch gefunden wurde, zum Ball im Spiel. Der Südafrikaner entschied sich, den provisorischen Ball für unspielbar zu erklären und ließ ihn (nach Regel 28c) innerhalb von zwei Schlägerlängen von der Stelle fallen, an der der Ball lag. Der fallen gelassene Ball rollte aus der zwei Schlägerlängen großen Fläche zum Fallenlassen heraus, jedoch nicht weiter als zwei Schlägerlängen von der Stelle, an der er beim Fallenlassen zuerst auf den Platz auftraf und er rollte auch nicht näher zum Loch, als die ursprüngliche Lage des Balls. Da der Ball auch nicht in eine der Lagen rollte, aus denen nach Regel 20-2c ein erneutes Fallenlassen verlangt wird, war der Ball im Spiel. Unerklärlicherweise dachte Goosen, dass er den Ball erneut fallenlassen müsse, da dieser aus der nach Regel 28c gemessenen Fläche herausgerollt sei. Er nahm deshalb den Ball auf, ließ ihn erneut fallen und spielte ihn von dem neuen Ort. Dafür zog er sich die Grundstrafe von zwei Strafschlägen nach Regel 18 zu, da er den Ball ohne Berechtigung aufgenommen und nicht wieder zurückgelegt hatte. Er erzählte später der Spielleitung, er würde die Regel kennen, es wäre nur sein Verstand „eingefroren" gewesen.

Mit einem verlorenen Ball, einem unspielbaren Ball und weiteren zwei Strafschlägen beendete Goosen das Loch mit einer 11, aber es gelang ihm dennoch, das letzte Loch Birdie zu spielen und mit einer 69 (3 unter Par) die Runde zu beenden.

Während der letzten Runde der der US Open 2008 in Torrey Pines markierte Brandt Snedeker seinen Ball auf dem 9. Grün und nahm in auf. Als er sich in der Absicht bückte, ihn zurückzulegen, fiel ihm der Ball aus der Hand und bewegte den Ballmarker.

Wird ein Ballmarker versehentlich beim Zurücklegen des Balls bewegt, so legt Regel 20-3a fest, dass der Ballmarker zurückgelegt werden muss und dass keine Strafe anfällt, vorausgesetzt, dass die Bewegung des Ballmarkers durch den eigentlich Vorgang des Zurücklegens des Balls geschieht. Wird die Bewegung des Ballmarkers jedoch nicht durch das Zurücklegen des Balls verursacht, so zieht der Spieler sich einen Strafschlag zu und muss den Ball oder Ballmarker zurücklegen.

Entscheidung 20-1/15 bestimmt, dass eine direkte Verbindung zwischen dem Bewegen des Balls und dem Zurücklegen des Balls nur gegeben ist, wenn die Bewegung tatsächlich durch das Zurücklegen des Balls vor den Ballmarker entstand. Die Entscheidung führt weiter aus, dass ein versehentliches Bewegen (z.B. durch das Fallenlassen) vor der eigentlichen Handlung nichts mit dem Zurücklegen des Balls zu tun hat, unabhängig von der Höhe, aus der Ball hinfiel.

Deshalb zog sich Snedeker einen Strafschlag für das Bewegen seines Ballmarkers zu, da er seinen Ball vor der eigentlichen Handlung des Zurücklegens fallen ließ und musste seinen Ball an die ursprüngliche Stelle zurücklegen, von der er aufgenommen wurde.

▸ REGEL 20
HÄUFIG GESTELLTE FRAGEN

F Muss ein Spieler eine kleine Münze oder einen anderen Gegenstand verwenden, um die Lage seines Balls zu kennzeichnen?

A Die Anmerkung zu Regel 20-1 besagt u. a., dass die Lage des Balls gekennzeichnet werden sollte, indem ein Ballmarker, eine Münze oder ein ähnlicher kleiner Gegenstand unmittelbar hinter den Ball gelegt werden sollte. Das Wort „sollte" in den Golfregeln bedeutet nur eine Empfehlung und ein Versäumnis, dieser Empfehlung zu folgen, führt nicht zu einer Strafe – siehe das Kapitel „Wie benutze ich das Regelbuch" auf Seite 6. Es soll hervorgehoben werden, dass die Verwendung eines kleinen Gegenstands (wie einer Münze) als der beste Weg angesehen wird, die Lage eines Balls zu kennzeichnen.

F Ist die Person, die den Ball des Spielers aufgenommen hatte, die einzige Person, die ihn auch wieder zurücklegen darf?

A Nein. Bis zu drei verschiedene Personen dürfen unter bestimmten Umständen den Ball des Spielers zurücklegen. Es sind der Spieler, sein Partner oder die Person, die ihn aufgenommen hat. Wenn in einem Vierball-Lochspiel z. B. der Spieler seinen Caddie ermächtigt hatte, den Ball aufzunehmen, so darf der Caddie, der Spieler oder sein Partner den Ball zurücklegen. Wenn jedoch der Spieler seinen Ball selbst aufgenommen hatte, dürfen nur er oder sein Partner den Ball zurücklegen – siehe Regel 20-3a.

▶ REGEL 21
BALL REINIGEN

ERKLÄRUNGEN
Feststehende Begriffe sind kursiv geschrieben und alphabetisch im Abschnitt II „Erklärungen" aufgeführt (siehe Seiten 13–24).

Ein auf dem *Grün* nach Regel 16-1b aufgenommener Ball darf gereinigt werden. Anderswo darf ein Ball gereinigt werden, wenn er aufgenommen wurde, außer er wurde aufgenommen

a) um zu entscheiden, ob er spielunbrauchbar ist (Regel 5-3);
b) zur Identifizierung (Regel 12-2), wobei er jedoch nur in dem zur Identifizierung erforderlichen Ausmaß gereinigt werden darf;
c) wegen Unterstützung oder Behinderung des Spiels (Regel 22).

Reinigt ein Spieler seinen Ball beim Spielen eines Lochs unter anderen als nach dieser Regel vorgesehenen Umständen, **so zieht er sich eine Strafe von einem Schlag zu,** und der Ball muss, falls er aufgenommen worden war, zurückgelegt werden.

Unterlässt es ein Spieler, einen Ball zurückzulegen, der zurückzulegen ist, **so zieht er sich die Grundstrafe nach der anwendbaren Regel zu,** jedoch keine zusätzliche Strafe nach Regel 21.

Ausnahme
Zieht sich ein Spieler eine Strafe zu, weil er nicht in Übereinstimmung mit Regel 5-3, 12-2 oder 22 verfahren ist, so kommt keine zusätzliche Strafe nach Regel 21 hinzu.

▶ REGEL 21
HÄUFIG GESTELLTE FRAGEN

F Ein Spieler wird gebeten, seinen Ball aufzunehmen, da er das Spiel eines Mitbewerbers stört (Regel 22-2) und steckt diesen in die Tasche. Wird dies als Reinigen des Balls angesehen?
A Es ist eine Frage der Umstände, ob der Ball gereinigt wurde. Die Handlung, einen Ball in die Tasche zu stecken, kann dazu führen, dass dieser dabei gereinigt wird und jeglicher Zweifel daran sollte gegen den Spieler ausgelegt werden. Sowohl im Lochspiel wie auch im Zählspiel hätte sich der Spieler einen Strafschlag zugezogen, wenn angenommen wird, dass der Ball gereinigt wurde.

▶ REGEL 22
BALL UNTERSTÜTZT ODER BEHINDERT SPIEL

ERKLÄRUNGEN
Feststehende Begriffe sind kursiv geschrieben und alphabetisch im Abschnitt II „Erklärungen" aufgeführt (siehe Seiten 13–24).

22-1 Ball unterstützt Spiel
Außer wenn ein Ball in Bewegung ist, darf ein Spieler, wenn er glaubt, ein Ball könnte irgendeinen anderen Spieler unterstützen,
a) den Ball aufnehmen, wenn es seiner ist, oder
b) jeden anderen Ball aufnehmen lassen.
Ein nach dieser Regel aufgenommener Ball muss zurückgelegt werden (siehe Regel 20-3). Der Ball darf nicht gereinigt werden, außer er hat auf dem *Grün* gelegen (siehe Regel 21).

BALL BEHINDERT ODER UNTERSTÜTZT SPIEL

Im Zählspiel darf ein Spieler, der zum Aufnehmen seines Balls aufgefordert wird, stattdessen zuerst spielen.

Wird im Zählspiel von der *Spielleitung* festgestellt, dass *Bewerber* übereingekommen sind, einen Ball nicht aufzunehmen, der irgendeinen anderen Bewerber unterstützen könnte, **so sind sie disqualifiziert.**

22-2 Ball behindert Spiel

Außer wenn ein Ball in Bewegung ist, darf ein Spieler einen anderen Ball aufnehmen lassen, wenn er glaubt, dass dieser Ball sein Spiel behindern könnte.
Ein nach dieser Regel aufgenommener Ball muss zurückgelegt werden (siehe Regel 20-3). Der Ball darf nicht gereinigt werden, außer er hat auf dem *Grün* gelegen (siehe Regel 21).
Im Zählspiel darf ein Spieler, der zum Aufnehmen seines Balls aufgefordert wird, stattdessen zuerst spielen.

ANMERKUNG
Außer auf dem Grün darf ein Spieler seinen Ball nicht aufnehmen, nur weil er der Ansicht ist, sein Ball könnte das Spiel eines anderen Spielers behindern. Nimmt ein Spieler unaufgefordert seinen Ball auf, so zieht er sich eine Strafe von einem Schlag für Verstoß gegen Regel 18-2a zu, jedoch keine weitere Strafe nach Regel 22.

STRAFE
FÜR REGELVERSTOSS:
Lochspiel – Lochverlust;
Zählspiely – Zwei Schläge.

► REGEL 22
REGELFÄLLE

Da Golf auf dem größten Spielfeld aller Sportarten gespielt wird, ist es selten, dass sich Bälle berühren.

Auf dem 6. Grün in Pinehurst Nr. 2 während der US Open 1999 fanden sich Jesper Parnevik und Scott Hoch in dieser Situation wieder. Zum Glück gibt es für diese Fälle genaue Verfahrensweisen.

Regel 22 erlaubt jedem Spieler, seinen Ball aufzunehmen, wenn er glaubt, dass dieser einen anderen Spieler unterstützen könnte, oder er darf jeden Ball aufnehmen lassen, der sein Spiel behindert oder einen anderen Spieler unterstützen könnte. Außer auf dem Grün darf ein so aufgenommener Ball nicht gereinigt werden.

Auf dem ca. 200 Meter langen Par 3 spielten Hoch und Parnevik beide knapp neben den linken Grünrand. Als sie dort ankamen, fanden sie, dass sich ihre Bälle dort berührten und etwa 8 cm vom Grünrand entfernt im Rough aus Bermudagras lagen. Beide Bälle wurden durch das harte Gras etwas über dem Boden gehalten. Da Hochs Ball näher zum Loch lag, musste er aufgenommen werden, damit Parnevik seinen Schlag machen konnte.

Als Hoch seinen Ball aufnahm, bewegte sich Parneviks Ball ca. 3 cm näher zum Loch. Unter den wachsamen Augen eines Platzrichters versuchte Parnevik, seinen Ball in die ursprüngliche Lage zurückzulegen. Die stützenden Eigenschaften des Bermudagrases konnten aber nicht wiederhergestellt werden und Parneviks Ball sank etwas tiefer ins Rough als seine ursprüngliche Lage. Nach den Regeln spielt es keine Rolle, ob die Bewegung vertikal oder horizontal war. Der Ball konnte nicht so an seine ursprüngliche Stelle zurückgelegt werden, dass er dort zur Ruhe kam. Regel 20-3d deckt diesen Fall ab und besagt, dass ein hin- oder zurückzulegender Ball, der nicht an dieser Stelle zur Ruhe kommt, zurückgelegt werden muss. Wenn er wieder nicht zur Ruhe kommt, muss er an die nächstmögliche Stelle gelegt werden, an der er liegenbleibt, jedoch nicht näher zum Loch und nicht in einem Hindernis.

Deshalb suchte Parnevik eine andere Stelle, so nahe wie möglich an der ursprünglichen Stelle, an der der Ball liegenbleiben würde. Er chippte auf das Grün und

Ein Spieler ist berechtigt, straflos losen hinderlichen Naturstoff zu entfernen, es sei denn, der Naturstoff und der Ball des Spielers liegen in dem gleichen Hindernis oder berühren es.

veränderte dabei die Lage von Hochs Ball.

In diesem Fall stand Hoch die Lage zu, die er nach seinem Schlag vorgefunden hatte. Da diese Lage aber verändert worden war, suchte er eine Stelle möglichst ähnlich der ursprünglichen Stelle sowie innerhalb einer Schlägerlänge davon und legte den Ball an diese Stelle. Von dort chippte er den Ball zum Birdie ein.

▸ REGEL 22
HÄUFIG GESTELLTE FRAGEN

F Was ist zu tun, wenn ein Ball im Bunker nahe an einem anderen Ball liegt?
A Liegen zwei Bälle nahe nebeneinander in einem Bunker und ein Ball stört das Spiel des anderen, so kann der Spieler, der zuerst spielen muss, den anderen Ball aufnehmen lassen (Regel 22-). Die Lage des Balls muss markiert werden, bevor er aufgenommen wird und er darf nicht gereinigt werden.

Wurde die Lage des aufgenommenen Balls durch das Spielen des anderen Balls verändert, so muss der Spieler die ursprüngliche Lage wiederherstellen und den Ball zurücklegen. Die ursprüngliche Lage kann wiederhergestellt werden, indem man die Hände, eine Harke, einen Schläger oder was auch immer dazu verwendet. Im Zählspiel darf der Spieler, der aufgefordert wurde, seinen Ball aufzunehmen, um Zeit zu sparen stattdessen zuerst spielen statt ihn aufzunehmen – siehe Entscheidung 20-3b/1

▸ REGEL 23
LOSE HINDERLICHE NATURSTOFFE

23-1 Erleichterung

Ausgenommen sowohl der *lose hinderliche Naturstoff* als auch der Ball liegen im selben *Hindernis* oder berühren es, darf *loser hinderlicher Naturstoff* straflos fortbewegt werden. Liegt der Ball an anderer Stelle als auf dem *Grün* und das Entfernen eines *losen hinderlichen Naturstoffs* durch den Spieler verursacht, dass der Ball sich *bewegt*, **gilt Regel 18-2a.**

Wird beim Entfernen eines *losen hinderlichen Naturstoffs* auf dem *Grün* durch den Spieler der Ball oder der Ballmarker versehentlich *bewegt*, so muss der Ball oder der Ballmarker zurückgelegt werden. Dies ist straflos, sofern das *Bewegen* des Balls oder Ballmarkers unmittelbar auf die eigentliche Handlung des Entfernens des *losen hinderlichen Naturstoffs* zurückzuführen ist. Anderenfalls zieht sich der Spieler **einen Strafschlag nach Regel 18-2a zu,** wenn er das *Bewegen* des Balls verursacht hat. Solange ein Ball in Bewegung ist, darf *loser hinderlicher Naturstoff*, der die Bewegung des Balls beeinflussen könnte, nicht fortbewegt werden.

> **ANMERKUNG**
> Liegt der Ball in einem Hindernis, darf der Spieler keinen losen hinderlichen Naturstoff berühren oder bewegen, der im gleichen Hindernis liegt oder es berührt – siehe Regel 13-4c.

> **STRAFE**
> **FÜR REGELVERSTOSS:**
> **Lochspiel** – Lochverlust;
> **Zählspiely** – Zwei Schläge.
> (Suchen nach Ball im Hindernis – siehe Regel 12-1.)
> (Puttlinie berühren – siehe Regel 16-1a.)

ERKLÄRUNGEN
Feststehende Begriffe sind kursiv geschrieben und alphabetisch im Abschnitt II „Erklärungen" aufgeführt (siehe Seiten 13–24).

▸ REGEL 23
REGELFÄLLE

Die Regeln erlaubten Tiger Woods die Annahme von Unterstützung durch seine große Anzahl Zuschauer, als er bei der Phoenix Open 1999 einen großen losen hinderlichen Naturstoff entfernen wollte.

Während der Schlussrunde schlug Woods einen Drive von 320 Meter vom 13. Abschlag, der links vom Fairway in der Wüste liegen blieb. Der Ball lag 60 cm unmittelbar hinter einem großen Felsbrocken, der etwa 1,20 Meter lang und jeweils 60 cm hoch und breit war. Der Stein war zu schwer, dass Woods ihn alleine bewegen konnte und der Ball lag zu nahe daran, um darüber hinweg oder um den Stein herum zu spielen. Ohne den Stein zu bewegen, war seine beste Möglichkeit nur, zur Seite auf das Fairway zu spielen.

Bei noch 205 Metern zum Grün hatte Woods nicht vor, einen Chip zur Seite zu spielen, ohne alle Optionen im Hinblick auf den Stein erfahren zu haben. Ein Platzrichter erschien, und Woods fragte ihn mit der Andeutung eines Grinsens: „Das ist zwar kein Kieselstein, aber doch ein loser hinderlicher Naturstoff?"

Die Erklärung in den Golfregeln legt fest, dass lose hinderliche Naturstoffe natürliche Gegenstände sind, die weder befestigt noch angewachsen, nicht fest eingebettet und nicht am Ball haftend sind. Auf die Größe oder das Gewicht wird dabei nicht eingegangen.

Die Entscheidung 23-1/2 sagt aus, dass Steine lose hinderliche Naturstoffe sind und entfernt werden dürfen, sofern sie nicht fest eingebettet sind und ihre Beseitigung das Spiel nicht verzögert.

Der Platzrichter antwortete: „Er ist beweglich, wenn Sie Helfer haben, ihn umgehend zu bewegen."

„Wirklich?", antwortete Woods ruhig auf diese Eröffnung.

Dann fügte der Platzrichter in einem fragenden Ton hinzu: „Aber er sieht mir etwas eingebettet aus."

„Ist er es denn?", fragte Woods, als die beiden zurücktraten, um nachzuschauen. Der Platzrichter entschied dann, dass der Stein nur auf dem Wüstenboden läge und somit nicht eingebettet war. Er wusste auch, dass die Entscheidung 23-1/3 ausdrücklich Zuschauern, Caddies und Mitbewerbern, also tatsächlich jedem, erlaubt, beim Wegräumen eines losen hinderlichen Naturstoffes zu helfen.

Einige Zuschauer rollten den Stein aus Woods' Spiellinie, während andere zuschauten und applaudierten. Nach der Arbeit gab Woods jedem die Hand und spielte dann seinen Schlag direkt Richtung Grün, wo er dann rechts neben dem Grün im Bunker landete.

Lose hinderliche Naturstoffe sind natürliche Gegenstände in allen Größen und Formen. Bei den Phoenix Open im Jahr 1999 erfuhr Tiger Woods, dass ein Spieler beim Fortbewegen großer loser hinderlicher Naturstoffe Unterstützung annehmen kann.

▸ REGEL 23
HÄUFIG GESTELLTE FRAGEN

F. Darf ich meinen Putter, meine Hand, Mütze oder Handtuch nehmen, um lose hinderliche Naturstoffe zu erntfernen?
A. Ja. Lose hinderliche Naturstoffe dürfen auf jede Art und Weise entfernt werden. Beim Entfernen loser hinderlicher Naturstoffe auf der Puttlinie darf der Spieler nichts niederdrücken.

F. Darf ich Steine im Bunker entfernen?
A. Steine sind als lose hinderliche Naturstoffe definiert. Im Allgemeinen ist es nicht erlaubt, einen losen hinderlichen Naturstoff zu etnfernen, der im gleichen Hindernis liegt wie der Ball (Regel 13-4c). Eine Spielleitung kann jedoch eine Platzregel erlassen, die Steine in Bunkern zu beweglichen Hemmnissen erklärt (Anhang I, Teil B,5)

▸ REGEL 24
HEMMNISSE

24-1 Bewegliches Hemmnis
Von einem beweglichen Hemmnis darf ein Spieler straflos folgendermaßen Erleichterung in Anspruch nehmen:

a) Liegt der Ball nicht in oder auf dem *Hemmnis*, so darf das *Hemmnis* fortbewegt werden. *Bewegt* sich der Ball, so muss er zurückgelegt werden und dies ist straflos, sofern das *Bewegen* des Balls unmittelbar auf das Fortbewegen des *Hemmnisses* zurückzuführen ist. Anderenfalls gilt Regel 18-2a.

ERKLÄRUNGEN
Feststehende Begriffe sind kursiv geschrieben und alphabetisch im Abschnitt II „Erklärungen" aufgeführt (siehe Seiten 13–24).

BALL AUF UNBEWEGLICHEM HEMMNIS

Ich lege noch eine Markierung neben den Ball bevor ich das Handtuch entferne. So weiß ich ungefähr, wo mein Ball lag. Dann kann ich den Ball und das Handtuch aufnehmen und den Ball so nahe wie möglich der Stelle fallen lassen, wo er auf dem Handtuch lag, jedoch nicht näher zum Loch.

REGEL 24

BALL, DER AN HARKE LIEGT, ROLLT BEI DEREN ENTFERNUNG IN BUNKER

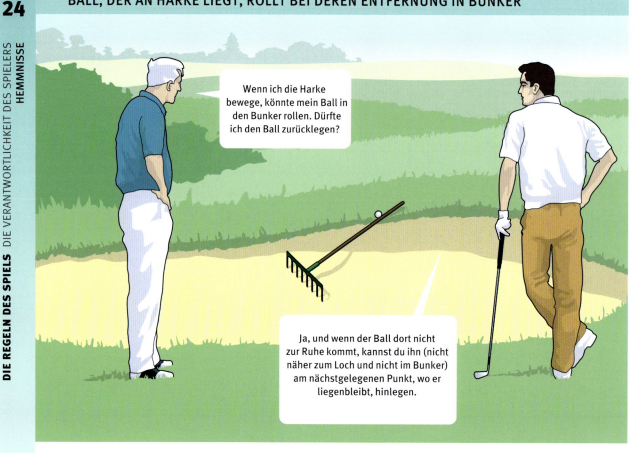

b) Liegt der Ball in oder auf dem *Hemmnis*, so darf der Ball aufgenommen und das *Hemmnis* fortbewegt werden. Der Ball muss so nahe wie möglich dem Punkt unmittelbar unterhalb der Stelle, an der er in oder auf dem *Hemmnis* lag, nicht näher zum *Loch*, im *Gelände* oder im *Hindernis* fallen gelassen, auf dem *Grün* hingelegt werden.

Der Ball darf gereinigt werden, wenn er nach dieser Regel aufgenommen wurde. Solange ein Ball in Bewegung ist, darf ein *Hemmnis*, das die Bewegung des Balls beeinflussen könnte, nicht fortbewegt werden, ausgenommen die *Ausrüstung* irgendeines Spielers oder der bediente, entfernte oder hochgehaltene Flaggenstock. (Beeinflussung des Balls – siehe Regel 1-2.))

ANMERKUNG

Ist ein Ball, der nach dieser Regel fallen zu lassen oder hinzulegen ist, nicht sofort wiederzuerlangen, darf ein anderer Ball eingesetzt werden.

24-2 Unbewegliches Hemmnis

24-2 a Behinderung

Behinderung durch ein *unbewegliches Hemmnis* ist gegeben, wenn ein Ball darin oder darauf liegt, oder wenn die *Standposition* des Spielers oder der Raum seines beabsichtigten Schwungs durch das *Hemmnis* betroffen sind. Liegt der Ball des Spielers auf dem *Grün*, so ist Behinderung auch dann gegeben, wenn sich ein *unbewegliches Hemmnis* auf dem *Grün* auf seiner *Puttlinie* befindet. Anderenfalls ist, wenn es sich lediglich auf der *Spiellinie* befindet, keine Behinderung nach dieser Regel gegeben.

24-2 b Erleichterung

Ausgenommen der Ball ist in einem *Wasserhindernis* oder *seitlichen Wasserhindernis*, darf ein Spieler von Behinderung durch ein *unbewegliches Hemmnis* folgendermaßen Erleichterung in Anspruch nehmen:

(I) **Im Gelände:** Liegt der Ball im *Gelände*, so muss der Spieler den Ball aufnehmen und ihn straflos innerhalb einer Schlägerlänge von dem *nächstgelegenen Punkt* der *Erleichterung* nicht näher zum *Loch* als dieser Punkt fallen lassen. Der *nächstgelegene Punkt der Erleichterung* darf nicht in einem Hindernis oder auf einem Grün sein. Wird der Ball innerhalb einer Schlägerlänge vom nächstgelegenen Punkt der Erleichterung fallen gelassen, muss er zuerst an einer Stelle auf einem Teil des *Platzes* auftreffen, der die umschriebene Behinderung durch das unbewegliche *Hemmnis* ausschließt und sich nicht in einem *Hindernis* oder auf einem *Grün* befindet.

(II) **Im Bunker:** Ist der Ball in einem *Bunker*, so muss der Spieler den Ball aufnehmen und fallen lassen entweder

HERAUSGENOMMENER FLAGGENSTOCK BEI BALL IN BEWEGUNG

Wenn ein Ball in Bewegung ist, darf ein herausgenommener Flaggenstock entfernt werden, der die Bewegung des Balls beeinflussen könnte.

BALL HINTER EINEM UNBEWEGLICHEN HEMMNIS

Ich habe meinen Ball gefunden. Er ist spielbar, aber die Hütte ist im Weg. Darf ich straflos Erleichterung in Anspruch nehmen?

Nein. Die Hütte beeinflusst nicht deine Standposition oder den Raum des beabsichtigten Schwunges.

REGEL 24

STRASSEN UND WEGE

BESTIMMEN DES NÄCHSTGELEGENEN PUNKTS DER ERLEICHTERUNG BEI UNBEWEGLICHEM HEMMNIS

     a) straflos in Übereinstimmung mit obiger Ziffer (I), doch muss der nächstgelegene Punkt der Erleichterung im Bunker sein und der Ball muss in dem Bunker fallen gelassen werden, oder

     b) mit einem Strafschlag außerhalb des Bunkers, wobei der Punkt, an dem der Ball lag, auf einer geraden Linie zwischen dem Loch und der Stelle liegen muss, an der der Ball fallen gelassen wird, und zwar ohne Beschränkung, wie weit hinter dem Bunker der Ball fallen gelassen werden darf.

(III)   **Auf dem Grün:** Liegt der Ball auf dem *Grün*, so muss der Spieler den Ball aufnehmen und ihn straflos am *nächstgelegenen Punkt der Erleichterung*, der sich nicht in einem *Hindernis* befindet, hinlegen. Der *nächstgelegene Punkt der Erleichterung* kann außerhalb des *Grüns* sein.

UNBEWEGLICHES HEMMNIS

(IV) Auf dem Abschlag: Liegt der Ball auf dem *Abschlag*, muss der Spieler den Ball aufnehmen und straflos in Übereinstimmung mit obiger Ziffer (I) fallen lassen. Der Ball darf gereinigt werden, wenn er nach dieser Regel aufgenommen wurde. (Ball rollt in eine Lage, in der Behinderung durch den Umstand gegeben ist, von dem Erleichterung in Anspruch genommen wurde – siehe Regel 20-2c (V).).

Ausnahme

Ein Spieler darf Erleichterung nach dieser Regel dann nicht in Anspruch nehmen, wenn (a) es für ihn wegen Behinderung durch irgendetwas anderes als ein *unbewegliches Hemmnis* ganz und gar unvernünftig wäre, einen *Schlag* zu machen, oder (b) die Behinderung durch ein *unbewegliches Hemmnis* ausschließlich infolge unnötig abnormer Art von *Standposition*, Schwung oder Spielrichtung eintreten würde.

> **ANMERKUNG 1**
> Ist ein Ball in einem *Wasserhindernis* (*seitliches Wasserhindernis* eingeschlossen), so darf der Spieler Erleichterung wegen Behinderung durch ein *unbewegliches Hemmnis* nicht in Anspruch nehmen. Er muss den Ball spielen, wie er liegt oder nach Regel 26-1 verfahren.
> **ANMERKUNG 2**
> Ist ein Ball, der nach dieser Regel fallen zu lassen oder hinzulegen ist, nicht sofort wiederzuerlangen, darf ein anderer Ball eingesetzt werden.
> **ANMERKUNG 3**
> Die *Spielleitung* darf durch Platzregel bestimmen, dass der Spieler den *nächstgelegenen Punkt der Erleichterung* nicht durch Kreuzen unter dem *Hemmnis* hindurch oder darüber hinweg oder durch das *Hemmnis* hindurch feststellen darf.

REGEL 24

ERLEICHTERUNG VON HEMMNIS ERGIBT VERBESSERUNG DER SPIELLINIE

Nach dem Fallenlassen des Balles liege ich nun erheblich besser. Darf ich zum Grün schlagen?

Ja. Nach dem Fallenlassen darfst du in jede gewünschte Richtung spielen. Dass du sogar bis aufs Fairway gekommen bist, ist ein glücklicher Umstand; der Busch behindert nicht mehr.

Nachdem David Frost die Erleichterung von der Straße auf der linken Seite des 2. Loches bei Carnoustie verweigert wurde, spielte er seinen Ball auf die Straße, von der er dann Erleichterung nach Regel 24-2 erhielt. Beachten Sie dazu die Regelfälle auf Seite 122.

24-3 Ball im Hemmnis nicht gefunden

Es ist eine Frage der Umstände, ob ein in Richtung auf ein *Hemmnis* geschlagener, nicht gefundener Ball, tatsächlich in dem *Hemmnis* ist. Um diese Regel anwenden zu können, muss es bekannt oder so gut wie sicher sein, dass der Ball in dem *Hemmnis* ist. Fehlt es an dieser Kenntnis oder Gewissheit, so muss der Spieler nach Regel 27-1 verfahren.

24-3 a Ball in beweglichem Hemmnis nicht gefunden

Ist es bekannt oder so gut wie sicher, dass ein Ball, der nicht gefunden wurde, in einem beweglichen *Hemmnis* ist, so darf der Spieler einen anderen Ball einsetzen und straflose Erleichterung nach dieser Regel in Anspruch nehmen. Wenn er so verfahren möchte, muss er das *Hemmnis* entfernen und einen Ball so nahe wie möglich der Stelle unmittelbar unter dem Punkt, an dem der Ball zuletzt die äußerste Begrenzung des beweglichen *Hemmnisses* gekreuzt hat – jedoch nicht näher zum *Loch* –, im *Gelände* oder im *Hindernis* fallen lassen oder auf dem *Grün* hinlegen.

24-3 b Ball in unbeweglichem Hemmnis nicht gefunden

Ist es bekannt oder so gut wie sicher, dass ein Ball, der nicht gefunden wurde, in einem unbeweglichen *Hemmnis* ist, so darf der Spieler Erleichterung nach dieser Regel in Anspruch nehmen. Wenn er so verfahren möchte, muss die Stelle, an der der Ball zuletzt die äußerste Begrenzung des *Hemmnisses* gekreuzt hat, festgestellt werden, und, um diese Regel anwenden zu können, gilt der Ball als an dieser Stelle liegend. Der Spieler muss dann wie folgt verfahren:

(I) **Im Gelände:** Hat der Ball zuletzt die äußerste Begrenzung des unbeweglichen *Hemmnisses* an einer Stelle im *Gelände* gekreuzt, so darf der Spieler straflos einen anderen Ball *einsetzen* und die in Regel 24-2b (I) vorgeschriebene Erleichterung in Anspruch nehmen.

(II) **In einem Bunker:** Hat der Ball zuletzt die äußerste Begrenzung des unbeweglichen *Hemmnisses* an einer Stelle in einem *Bunker* gekreuzt, so darf der Spieler straflos einen anderen Ball *einsetzen* und die in Regel 24-2b (II) vorgeschriebene Erleichterung in Anspruch nehmen.

(III) **In einem Wasserhindernis (einschließlich einem seitlichen Wasserhindernis):** Hat der Ball zuletzt die äußerste Begrenzung des unbeweglichen Hemmnisses an einer Stelle in einem *Wasserhindernis* gekreuzt, so darf der Spieler straflose Erleichterung nicht in Anspruch nehmen, er muss nach Regel 26-1 verfahren.

(IV) **Auf dem Grün:** Hat der Ball zuletzt die äußerste Begrenzung des unbeweglichen *Hemmnisses* an einer Stelle auf dem *Grün* gekreuzt, so darf der Spieler straflos einen anderen Ball *einsetzen* und die in Regel 24-2b (III) vorgeschriebene Erleichterung in Anspruch nehmen.

STRAFE
FÜR REGELVERSTOSS:
Lochspiel – Lochverlust;
Zählspiely – Zwei Schläge.

▸ REGEL 24
REGELFÄLLE

Seit 1744 ist es eine Grundlage der Golfregeln, den Platz so zu spielen, wie man ihn vorfindet und, wenn man unsicher über das richtige Verfahren ist, das zu tun, was fair ist. Harry Bradshaw hielt während der Open 1949 an dieser Einstellung fest.

Nach einer enormen ersten Runde von 68 Schlägen lag er gleich mit Roberto de Vinzenco und einen Schlag hinter Jimmy Adams. Als er auf der zweiten Runde das fünfte Loch spielte, rollte sein Ball in eine weggeworfene Bierflasche, deren Hals abgebrochen war.

Statt eine Regelentscheidung wegen der ihm zustehenden straflosen Erleichterung zu erbitten, entschied Bradshaw alleine, den Ball zu spielen, wie er lag. Er nahm seine Sandwedge und machte einen Schlag, der die Flasche zertrümmerte und den Ball etwas vorwärts brachte. Ein Doppelbogey 6 wurde daraus.

Das Ergebnis aus seinem Spiel aus dem beweglichen Hemmnis führte dazu, dass er am Ende mit Bobby Locke aus Südafrika mit 283 Schlägen gleich lag. In dem anschließenden Stechen über 36 Löcher spielte Locke eine 136 gegenüber Bradshaws 147 und gewann damit die erste seiner vier Open Championships.

Da Bradshaws Ball in einem beweglichen Hemmnis lag, hätte der Ball straflos aufgenommen und gereinigt werden dürfen. Die Flasche wäre dann zu entfernen gewesen und der Ball an der Stelle fallenzulassen, die sich so nahe wie möglich unter der Stelle befand, an der der Ball in der Flasche lag.

Wenn Erleichterung von einem unbeweglichen Hemmnis genommen wird, muss der Ball an einer Stelle fallengelassen werden, die Behinderung durch das unbewegliche Hemmnis ausschließt. Es muss vollständige Erleichterung genommen werden. Payne Stewart lernte dies bei einem der jährlichen Wettspiele der PGA Tour in San Diego.

Als er Erleichterung von einem Weg nahm, ließ Stewart seinen Ball an einer Stelle fallen, an der nach Einnahme seines Standes der Absatz seines rechten Schuhs noch auf dem Weg stand, von der er Erleichterung in Anspruch nahm. Die Fernsehaufzeichnung zeigte den Regelverstoß deutlich und Stewart zog sich zwei Strafschläge zu, da er die Erleichterung von einem unbeweglichen Hemmnis nicht vollständig genommen hatte.

Die Ausnahme zu Regel 24-2 besagt, dass ein Spieler keine Erleichterung in Anspruch nehmen darf, wenn die Behinderung nur durch einen abnormalen Stand, Schwung oder eine Spiellinie bestehen würde. Dies ist eine Stelle in den Regeln, in der das Urteil des Platzrichters gefragt ist, wie David Frost bei der Open Championship 1999 in Carnoustie erfuhr.

Er spielte mit Justin Leonard in der vorletzten Gruppe und hookte seinen Abschlag auf dem zweiten Loch flach links in hohes Rough. Nahe der Stelle, an der er zum Schlag stehen müsste, befand sich eine Straße. Frost behauptete gegenüber dem eintreffenden Platzrichter, dass er, um den etwas tiefer als seine Füße liegenden Ball spielen zu können, seinen Stand so breit einnehmen müsse, dass er auf der Straße stehen würde. Deshalb wäre er zu strafloser Erleichterung von dem unbeweglichen Hemmnis berechtigt.

Der Platzrichter akzeptierte die Gründe nicht und teilte Frost mit, dass ein solcher Stand unbegründet sei. Es war die Meinung des Platzrichters, dass Frost ohne die Straße nicht einen Stand eingenommen hätte, der seinen linken Fuß auf die Straße gebracht hätte. Die letzte Spielergruppe wartete bereits auf dem Abschlag und die Zeit verstrich, während auf eine Bestätigung der Entscheidung des Platzrichters über Funk gewartet wurde. Die Entscheidung wurde als endgültig bestätigt und Frost spielte den Ball, wie er lag. Nach seinem Schlag aus dieser unangenehmen Lage blieb der Ball auf der Straße liegen, von der Frost dann Erleichterung nach Regel 24-2 erhielt.

In einer solchen Situation muss ein Platzrichter berücksichtigen, wie der Spieler den Schlag spielen würde, wenn das betreffende Hemmnis nicht vorläge. Im Zählspiel sind in einer Situation wie dieser die Regeln dazu da, die Teilnehmer zu schützen, und um zu verhindern, dass ein Spieler einen unbilligen Vorteil gegenüber den anderen erhält.

Wenn die Spielleitung ein Hemmnis zum Bestandteil des Platzes erklärt, setzt sie alle Forderungen außer Kraft, da es dann keine straflose Erleichterung gibt. Das bekannteste Beispiel ist das „Road Hole" auf dem Old Course in St. Andrews. Wenn ein Ball auf dieser Straße unmittelbar rechts neben dem Grün zur Ruhe kommt, muss er gespielt werden, wie er liegt. Wie der Name des Loches nahe legt, war die Straße schon immer das wichtigste Merkmal des 17. Loches. Erleichterung hiervon zu gewähren, würde eines seiner wesentlichen Hindernisse aus dem Spiel nehmen, und deshalb ist die Straße ein Bestandteil des Platzes.

In der Caltex Masters 2005 in Singapur profitierte der spätere Sieger Nick Dougherty von einer Regelentscheidung, als er das Wettspiel mit einem Schlag Vorsprung vor Colin Montgomerie anführte. Doughertys Abschlag war nach links verzogen und es machte den Eindruck, als ob er in einem Bunker mit einer Wand aus dicken Holzplanken zur Ruhe kam. In der Erklärung „Bunker" wird geregelt, dass jeglicher grasbedeckte Boden in einem Bunker an oder in einem Bunker nicht Teil des Bunkers ist, und nun war es passiert, dass der Ball des Spielers durch den Bunker gerollt war und auf dem grasbedeckten Boden

Harry Bradschaw schaut ungläubig auf seinen Ball, der bei der Open Championship 1949 in eine zerbrochene Flasche gerollt war.

unmittelbar vor den Schwellen zur Ruhe gekommen war. Die Schwellen waren unbewegliche Hemmnisse, und wenn Doughertys Ball im Bunker gelegen hätte, wären seine Optionen gewesen, den Ball entweder straflos im Bunker fallen zu lassen oder mit einem Strafschlag außerhalb des Bunkers, auf der Verlängerung der Linie Flaggenstock – Ball (Regel 24-2b(II). Da jedoch der Ball gerade außerhalb des Bunkers lag, durfte Dougherty nach Regel 24-2b(I) den nächstgelegenen Punkt feststellen, der ihm Erleichterung von den Schwellen außerhalb des Bunkers gab und dann dort innerhalb einer Schlägerlänge nicht näher zum Loch den Ball fallenlassen. Dieses Erleichterungsverfahren brachte ihn in eine viel bessere Lage, wie es manchmal in straflosen Erleichterungsverfahren der Fall ist und von dort spielte er einen hervorragenden Schlag ca. 1 Meter an das Loch. Dougherty kommentierte: „Ich hatte etwas Glück mit dem Drop, aber der Schlag, den ich dann gespielte habe, war der wichtigste, den ich bisher hatte. Ich spielte einen Superschlag. Der genau dort aufkam, wo er sollte und dann nahe ans Loch rollte. Dieser Schlag gab mir einen wertvollen psychologischen Vorteil, während ich Montgomerie im Nacken sitzen hatte."

Weil Nick Doughertys Ball direkt vor einigen Schwellen außerhalb des Bunkers lag, wurde er angewiesen, den Ball nach Regel 24-2b(I) innerhalb einer Schlägerlänge von seinem nächstgelegenen Punkt der Erleichterung zu droppen.

▸ REGEL 24
HÄUFIG GESTELLTE FRAGEN

F. Sollten Harken innerhalb oder außerhalb des Bunkers hingelegt werden?

A. Es wird empfohlen, dass Harken außerhalb des Bunkers hingelegt werden, da es wahrscheinlicher ist, dass sie dort den Spielern weniger Vor- oder Nachteile bringen. Üblicherweise legen Spieler die Harken in den Bunkern meist an den Rand, was den Ball davon abhält, in den flachen Teil des Bunkers zu rollen und zu einem viel schwierigerem Schlag als sonst führt. Dies trifft besonders auf kleine Bunker zu.

Kommt ein Ball an einer Harke im Bunker zur Ruhe, so kann der Spieler nach Regel 24-1 verfahren (bewegliches Hemmnis). Es mag jedoch nicht möglich sein, den Ball an die gleiche Stelle zurückzulegen oder eine Stelle zu finden, die nicht näher zum Loch liegt. Wird eine Harke in der Bunkermitte zurückgelassen, ist der einzige Weg, sie dort hin zu bekommen, sie zu werfen, was die Sandoberfläche beschädigen könnte. Liegt eine Harke zudem mitten im Bunker, wird sie von einem Spieler evtl. nicht benutzt, oder der Spieler muss einen großen Teil des Bunkers harken, was zu einer unnötigen Verzögerung führt. Deshalb wird nach Abwägung aller dieser Punkte empfohlen, dass Harken außerhalb der Bunker gelassen werden, und zwar an Stellen, an denen sie das Spiel möglichst wenig stören.

F. Dürfen Pfähle entfernt werden, die ein Wasserhindernis oder ein seitliches Wasserhindernis kennzeichnen?

A. Ein Wasserhindernis-Pfahl ist ein Hemmnis – siehe Erklärung „Hemmnis". Deshalb darf ein solcher Pfahl nach Regel 24-1 straflos entfernt werden, wenn er beweglich ist. Ein Spieler darf ein bewegliches Hemmnis überall auf dem Platz entfernen, unabhängig davon, ob sein Ball im Wasserhindernis liegt oder nicht.

► REGEL 25
UNGEWÖHNLICH BESCHAFFENER BODEN, EINGEBETTETER BALL UND FALSCHES GRÜN

25-1 Ungewöhnlich beschaffener Boden
25-1a Behinderung

Behinderung durch einen *ungewöhnlich beschaffenen Boden* ist gegeben, wenn ein Ball in einem solchen Umstand liegt oder ihn berührt oder wenn durch diesen Umstand die *Standposition* des Spielers oder der Raum seines beabsichtigten Schwungs betroffen ist. Liegt der Ball des Spielers auf dem *Grün*, so ist Behinderung auch dann gegeben, wenn sich ein *ungewöhnlich beschaffener Boden* auf dem *Grün* auf seiner *Puttlinie* befindet. Anderenfalls ist, wenn sich ein solcher Umstand lediglich auf der *Spiellinie* befindet, keine Behinderung nach dieser Regel gegeben.

ERKLÄRUNGEN
Feststehende Begriffe sind kursiv geschrieben und alphabetisch im Abschnitt II „Erklärungen" aufgeführt (siehe Seiten 13–24).

ANMERKUNG
Die *Spielleitung* darf eine Platzregel erlassen, die besagt, dass Behinderung nach dieser Regel durch einen ungewöhnlich beschaffenen Boden nicht gegeben ist, wenn nur die Standposition des Spielers betroffen ist.

Ein umgefallener Baum, der noch an Wurzeln hängt, ist nicht Boden in Ausbesserung, kann aber durch die Spielleitung dazu erklärt werden.

Eine Fahrspur eines Traktors ist nicht Boden in Ausbesserung, aber die Spielleitung kann diese dazu erklären.

SCHONFLÄCHEN

Anpflanzungen, die schützenswert erscheinen, kann die Spielleitung wie folgt schützen: „Boden in Ausbesserung – Spielen verboten".

25-1 b Erleichterung
Ausgenommen der Ball ist in einem *Wasserhindernis* oder *seitlichem Wasserhindernis*, darf ein Spieler von Behinderung durch einen *ungewöhnlich beschaffenen Boden* folgendermaßen Erleichterung in Anspruch nehmen:

(I) Im Gelände: Liegt der Ball im *Gelände*, so muss der Spieler den Ball aufnehmen und ihn straflos innerhalb einer Schlägerlänge von dem *nächstgelegenen Punkt der Erleichterung*, nicht näher zum *Loch* als dieser Punkt, fallen lassen. Der *nächstgelegene Punkt der Erleichterung* darf sich nicht in einem *Hindernis* oder auf einem *Grün* befinden. Wird der Ball innerhalb einer Schlägerlänge vom *nächstgelegenen Punkt der Erleichterung* fallen gelassen, muss er zuerst an einer Stelle auf einem Teil des *Platzes* auftreffen, der die umschriebene Behinderung durch den Umstand ausschließt und sich nicht in einem *Hindernis* oder auf einem *Grün* befindet.

(II) In einem Bunker: Ist der Ball in einem *Bunker*, so muss der Spieler den Ball aufnehmen und ihn fallen lassen entweder
 a) straflos in Übereinstimmung mit obiger Ziffer (I), doch muss der *nächstgelegene Punkt der Erleichterung* in dem *Bunker* sein und der Ball muss in dem *Bunker* fallen gelassen werden, oder, wenn vollständige Erleichterung nicht möglich ist, so nahe wie möglich der Stelle, an der der Ball lag, jedoch nicht näher zum *Loch*, auf einem Teil des *Platzes* im *Bunker*, der größte erzielbare Erleichterung von dem Umstand bietet; oder
 b) **mit einem Strafschlag** außerhalb des *Bunkers*. Dabei muss der Punkt, an dem der Ball lag, auf gerader Linie zwischen dem *Loch* und der Stelle liegen, an der der Ball fallen gelassen wird; und zwar ohne Beschränkung, wie weit hinter dem *Bunker* der Ball fallen gelassen werden darf.

(III) Auf dem Grün: Liegt der Ball auf dem *Grün*, so muss der Spieler den Ball aufnehmen und ihn straflos *am nächstgelegenen Punkt der Erleichterung*, der sich nicht in einem *Hindernis* befindet, hinlegen, oder wenn vollständige Erleichterung nicht möglich ist, an die Stelle, die der vorherigen am nächsten gelegen ist und größte erzielbare Erleichterung von dem Umstand bietet, jedoch nicht näher zum *Loch* und nicht in einem *Hindernis*. Der *nächstgelegene Punkt der Erleichterung* oder der größten erzielbaren Erleichterung kann außerhalb des *Grüns* sein.

(IV) Auf dem Abschlag: Liegt der Ball auf dem *Abschlag*, muss der Spieler den Ball aufnehmen und straflos in Übereinstimmung mit obiger Ziffer (I) fallen lassen.

Der Ball darf gereinigt werden, wenn er nach Regel 25-1b aufgenommen wurde.
(Ball rollt in eine Lage, bei der Behinderung durch den Umstand gegeben ist, von dem Erleichterung in Anspruch genommen wurde – siehe Regel 20-2c (V).)

Ausnahme

Ein Spieler darf Erleichterung nach dieser Regel dann nicht in Anspruch nehmen, wenn (a) es für ihn wegen Behinderung durch irgendetwas anderes als einen *ungewöhnlich beschaffenen Boden* ganz und gar unvernünftig wäre, einen *Schlag* zu machen, oder (b) die Behinderung durch einen solchen Boden ausschließlich infolge unnötig abnormer Art von *Standposition*, Schwung oder Spielrichtung eintreten würde.

ANMERKUNG 1

Ist ein Ball in einem Wasserhindernis (*seitliches Wasserhindernis* eingeschlossen), so darf der Spieler straflose Erleichterung wegen Behinderung durch einen *ungewöhnlich beschaffenen Boden* nicht in Anspruch nehmen. Er muss den Ball spielen, wie er liegt (es sei denn, eine Platzregel verbietet dies) oder nach Regel 26-1 verfahren.

ANMERKUNG 2

Ist ein Ball, der nach dieser Regel fallen zu lassen oder hinzulegen ist, nicht sofort wiederzuerlangen, darf ein anderer Ball eingesetzt werden.

25-1 c Ball in ungewöhnlich beschaffenem Boden nicht gefunden

Es ist eine Frage der Umstände, ob ein in Richtung auf einen *ungewöhnlich beschaffenen Boden* geschlagener, nicht gefundener Ball, tatsächlich in dem *ungewöhnlich beschaffenen Boden* ist. Um diese Regel anwenden zu können, muss es bekannt oder so

ZEITWEILIGES WASSER AUF DEM GRÜN

Auf beiden Abbildungen liegt der Ball des Spielers auf dem Grün am Punkt 1. Auf Abbildung A ist sein Ball im zeitweiligen Wasser, während auf Abbildung B sich das zeitweilige Wasser auf die Puttlinie erstreckt. Für das Erleichterungsverfahren gilt: Der Spieler muss den Ball am Punkt 3 hinlegen. In beiden Fällen ist dies der Punkt, der größtmögliche erzielbare Erleichterung verspricht, auch wenn er sich nicht auf dem Grün befindet.

BALL NAHE AM ZEITWEILIGEN WASSER: LINKSHÄNDIGER SCHLAG NICHT BERECHTIGT

BALL NAHE AM ZEITWEILIGEN WASSER: LINKSHÄNDIGER SCHLAG BERECHTIGT

gut wie sicher sein, dass der Ball in dem *ungewöhnlich beschaffenen Boden* ist. Fehlt es an dieser Kenntnis oder Gewissheit, so muss der Spieler nach Regel 27-1 verfahren. Ist es bekannt oder so gut wie sicher, dass ein Ball, der nicht gefunden wurde, in einem *ungewöhnlich beschaffenen Boden* ist, so darf der Spieler Erleichterung nach dieser Regel in Anspruch nehmen. Möchte er so verfahren, muss die Stelle, an der der Ball zuletzt die äußerste Begrenzung des ungewöhnlich beschaffenen Bodens gekreuzt hat, festgestellt werden, und, um diese Regel anwenden zu können, gilt der Ball als an dieser Stelle liegend. Der Spieler muss dann wie folgt verfahren:

(I) Im Gelände: Hat der Ball zuletzt die äußerste Begrenzung des *ungewöhnlich beschaffenen Bodens* an einer Stelle im *Gelände* gekreuzt, so darf der Spieler straflos einen anderen Ball *einsetzen* und die in Regel 25-1b (I) vorgeschriebene Erleichterung in Anspruch nehmen.

(II) In einem Bunker: Hat der Ball zuletzt die äußerste Begrenzung des *ungewöhnlich beschaffenen Bodens* an einer Stelle in einem *Bunker* gekreuzt, so darf der Spieler straflos einen anderen Ball einsetzen und die in Regel 25-1b (II) vorgeschriebene Erleichterung in Anspruch nehmen.

(III) In einem Wasserhindernis (einschließlich einem seitlichen Wasserhindernis): Hat der Ball zuletzt die äußerste Begrenzung des *ungewöhnlich beschaffenen Bodens* an einer Stelle in einem *Wasserhindernis* gekreuzt, so darf der Spieler straflose Erleichterung nicht in Anspruch nehmen, er muss nach Regel 26-1 verfahren.

(IV) Auf dem Grün: Hat der Ball zuletzt die äußerste Begrenzung des *ungewöhnlich beschaffenen Bodens* an einer Stelle auf dem *Grün* gekreuzt, so darf der Spieler straflos einen anderen Ball *einsetzen* und die in Regel 25-1b (III) vorgeschriebene Erleichterung in Anspruch nehmen.

BALL IN ZEITWEILIGEM WASSER IM BUNKER

Ich nehme Erleichterung wegen zeitweiligem Wasser in Anspruch. Muss ich den Ball am nächstgelegenen Punkt der Erleichterung fallenlassen oder darf ich ihn innerhalb einer Schlägerlänge von diesem Punkt fallenlassen?

Da du vollständige Erleichterung vom zeitweiligen Wasser erreichen kannst, darfst du den Ball innerhalb einer Schlägerlänge (nicht näher zum Loch) fallenlassen. Wäre im gesamten Bunker zeitweiliges Wasser, wäre die Stelle die richtige, an der größtmögliche Erleichterung zu erzielen ist.

STAND BEHINDERT DURCH LÖCHER ERDGÄNGE GRABENDER TIERE: BALL UNSPIELBAR WEGEN ANDERER UMSTÄNDE

EINGEBETTETER BALL

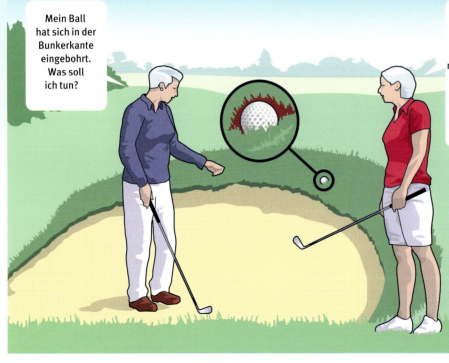

25-2 Eingebetteter Ball

Ein im *Gelände* auf irgendeiner kurz gemähten Fläche in sein eigenes Einschlagloch im Boden eingebetteter Ball darf aufgenommen, gereinigt und straflos so nahe wie möglich der Stelle, an der er lag, jedoch nicht näher zum *Loch*, fallen gelassen werden. Der Ball muss beim Fallenlassen zuerst auf einem Teil des Platzes im *Gelände* auftreffen. Unter „kurz gemähter Fläche" wird jede Fläche auf dem *Platz* verstanden, die auf Fairway-Höhe oder kürzer geschnitten ist, Wege durch das Raue eingeschlossen.

25-3 Falsches Grün

25-3 a Behinderung

Behinderung durch ein *falsches Grün* ist gegeben, wenn ein Ball auf dem *falschen Grün* ist. Behinderung nach dieser Regel ist nicht gegeben, wenn nur die *Standposition* oder der Raum des beabsichtigten Schwungs eines Spielers betroffen ist.

25-3 b Erleichterung

Liegt der Ball eines Spielers auf einem *falschen Grün*, darf er den Ball nicht spielen, wie er liegt. Er muss straflos folgendermaßen Erleichterung in Anspruch nehmen:
Der Spieler muss den Ball aufnehmen und ihn innerhalb einer Schlägerlänge vom *nächstgelegenen Punkt der Erleichterung* und nicht näher zum *Loch* als dieser Punkt fallen lassen. Der *nächstgelegene Punkt der Erleichterung* darf sich nicht in einem *Hindernis* oder auf einem *Grün* befinden. Beim Fallenlassen innerhalb einer Schlägerlänge vom *nächstgelegenen Punkt der Erleichterung* muss der Ball zuerst auf einem Teil des *Platzes* an einer Stelle auftreffen, die die Behinderung durch das falsche *Grün* ausschließt und sich nicht in einem *Hindernis* und nicht auf einem *Grün* befindet. Der nach dieser Regel aufgenommene Ball darf gereinigt werden.

STRAFE FÜR REGELVERSTOSS:
Lochspiel – Lochverlust;
Zählspiely – Zwei Schläge.

ERLEICHTERUNG VON FALSCHEM GRÜN

Ich müsste auf diesem falschen Grün stehen, um zu schlagen. Nehme ich Erleichterung in Anspruch?

Nein. Erleichterung muss in Anspruch genommen werden, wenn der Ball auf dem falschen Grün liegt, nicht jedoch beim Stand.

REGEL 25
REGELFÄLLE

Ernie Els spielte in der vorletzten Gruppe am dritten Tag der Masters 2004 und verzog seinen Abschlag auf dem 11. Loch (Par 4) in die Bäume. Zwar fand der Südafrikaner seinen Ball, doch er lag schlecht zwischen einigen losen großen Ästen. Es sah so aus, als ob es die einzige Wahl des Spielers wäre, den Ball für unspielbar zu halten, aber Els fragte die Platzrichter auf diesem Loch, ob die Äste vielleicht zum Abtransport dort aufgeschichtet worden seien, wodurch sie „Boden in Ausbesserung" wären und er straflose Erleichterung erhalten würde. Auf den ersten Blick waren die Platzrichter der Ansicht, dass die Äste dort nicht zum Abtransport aufgeschichtet waren, sondern eher dort liegen bleiben sollten, womit dann keine straflose Erleichterung gegeben wäre. Sie stimmten jedoch zu, eine zweite Meinung vom Vorsitzenden des Masters-Regelausschusses einzuholen.

Als der Vorsitzende am Ort des Geschehens eintraf, informierte er den Spieler, dass die Äste bei einem Unwetter abgebrochen waren und dort zum Abtransport aufgeschichtet waren. Man zeigte Els den nächstgelegenen Punkt der Erleichterung und er ließ den Ball dort innerhalb einer Schlägerlänge fallen.

Els hatte immer noch einen sehr schwierigen Schlag durch die Bäume auf das Fairway, aber er spielte einen hervorragenden Schlag und rettete das Bogey. Diese glückliche Wendung ermöglichte es Els, auf Mickelson weiter Duck auszuüben, der aber nach einem historischen Kampf am Sonntag einen Schlag vor Els gewann.

Als sein Abschlag zwischen einige Äste fiel, die von einem Sturm in Augusta National abgebrochen waren, erhielt Ernie Els straflose Erleichterung.

REGEL 25
HÄUFIG GESTELLTE FRAGEN

F. Erhalte ich straflose Erleichterung aus einem Bunker, der vollständig mit Wasser gefüllt ist?
A. Nein. Der Spieler darf den Ball spielen, wie er liegt, oder
- in Übereinstimmung mit Regel 25-1b(II)(a) Erleichterung nehmen, oder
- den Ball hinter dem Bunker mit einem Strafschlag fallenlassen wie in Regel 25- 1b(II)(b) beschrieben, oder
- den Ball unspielbar halten und in Übereinstimmung mit Regel 28 verfahren (siehe Entscheidung 25-1b/8)

Eine Spielleitung kann jedoch vor einem Wettspiel bestimmte überflutete Bunker durch eine Platzregel (Entscheidung 33-8/27) als Boden in Ausbesserung und „Gelände" erklären. Dies erlaubt Erleichterung ohne Strafschlag außerhalb dieser bestimmten Bunker nach Regel 25-1b(I).

▸ REGEL 26
WASSERHINDERNISSE (EINSCHLIESSLICH SEITLICHER WASSERHINDERNISSE)

26-1 Erleichterung für Ball im Wasserhindernis

Es ist eine Frage der Umstände, ob ein in Richtung auf ein *Wasserhindernis* geschlagener, nicht gefundener Ball, tatsächlich in dem *Wasserhindernis* ist. Um diese Regel anwenden zu können, muss es bekannt oder so gut wie sicher sein, dass der Ball in dem *Wasserhindernis* ist. Fehlt es an dieser Kenntnis oder Gewissheit, so muss der Spieler nach Regel 27-1 verfahren.

Ist ein Ball in einem Wasserhindernis oder ist es bekannt oder so gut wie sicher, dass ein Ball, der nicht gefunden wurde, in einem Wasserhindernis ist (egal, ob der Ball im Wasser liegt oder nicht), so darf der Spieler **mit einem Strafschlag**

a) einen Ball so nahe wie möglich der Stelle spielen, von der der ursprüngliche Ball zuletzt gespielt wurde (siehe Regel 20-5); oder

b) einen Ball in beliebiger Entfernung hinter dem *Wasserhindernis* fallen lassen, wobei der Punkt, an dem der ursprüngliche Ball zuletzt die Grenze des *Wasserhindernisses* gekreuzt hat, auf gerader Linie zwischen dem *Loch* und der Stelle, an der der Ball fallen gelassen wird, liegen muss; oder

ERKLÄRUNGEN
Feststehende Begriffe sind kursiv geschrieben und alphabetisch im Abschnitt II „Erklärungen" aufgeführt (siehe Seiten 13–24).

Jean Van de Veldes Schwierigkeiten mit dem Barry Burn, dem Bach am 72. Loch der British Open, resultierten in einem dreifachen Stechen für die Meisterschaft. Beachten Sie hierzu die Details seiner unglücklichen Auffrischung zu Regel 26-1 im Regelfall auf Seite 138.

c) als zusätzliche Wahlmöglichkeiten nur dann, wenn der Ball zuletzt die Grenze eines *seitlichen Wasserhindernisses* gekreuzt hat, außerhalb des *Wasserhindernisses* einen Ball fallen lassen innerhalb zweier Schlägerlängen von dem Punkt und nicht näher zum *Loch* als (I) der Punkt, an dem der ursprüngliche Ball zuletzt die Grenze des *Wasserhindernisses* gekreuzt hat, oder (II) ein Punkt an der gegenüberliegenden Grenze des *Wasserhindernisses*, gleich weit vom *Loch* entfernt.

Der Spieler darf, wenn er nach dieser Regel verfährt, seinen Ball aufnehmen und reinigen oder einen anderen Ball einsetzen.

(Unzulässige Handlungen, wenn ein Ball im *Hindernis* ist – siehe Regel 13-4.)
(Ball *bewegt* sich im Wasser in einem *Wasserhindernis* – siehe Regel 14-6.)

26-2 Ball im Wasserhindernis gespielt
26-2 a Ball kommt in demselben oder einem anderen Wasserhindernis zur Ruhe

Kommt ein innerhalb eines *Wasserhindernisses* gespielter Ball nach einem *Schlag* in demselben oder einem anderen *Wasserhindernis* zur Ruhe, so darf der Spieler

(I) nach Regel 26-1a verfahren. Entscheidet sich der Spieler nach dem Fallenlassen im *Hindernis* dazu, den fallen gelassenen Ball nicht zu spielen, so darf er:

  (a) unter Hinzurechnung des nach der Regel vorgeschriebenen zusätzlichen **Strafschlags** gemäß Regel 26-1b oder, wenn anwendbar, Regel 26-1c, verfahren und als Bezugspunkt die Stelle benutzen, an der der ursprüngliche Ball zuletzt die Grenze dieses Hindernisses gekreuzt hatte, bevor er in diesem Hindernis zur Ruhe kam; oder

  (b) einen **zusätzlichen Strafschlag hinzurechnen** und einen Ball so nahe wie möglich der Stelle spielen, an der der letzte *Schlag* von außerhalb eines *Wasserhindernisses* gespielt wurde (siehe Regel 20-5); oder

BERECHTIGTE ANZEICHEN FÜR BALL IM WASSERHINDERNIS

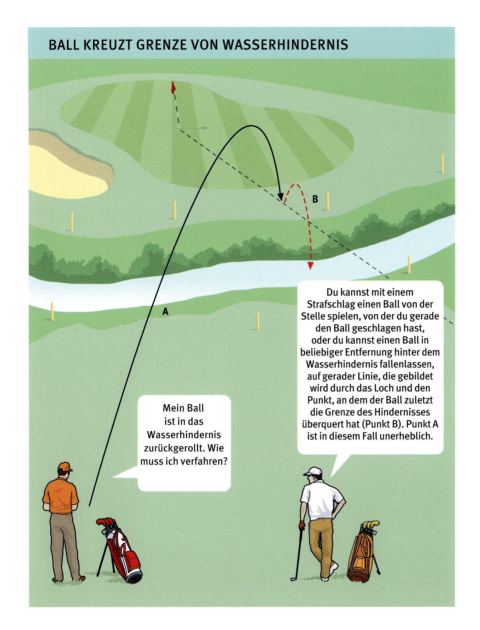

(II) nach Regel 26-1b oder, wenn anwendbar, Regel 26-1c verfahren; oder
(III) **mit einem Strafschlag** einen Ball so nahe wie möglich der Stelle spielen, an der der letzte Schlag außerhalb des Wasserhindernisses gespielt wurde (siehe Regel 20-5).

26-2 b Ball außerhalb des Hindernisses verloren oder unspielbar oder Ball im Aus

Ist ein innerhalb eines *Wasserhindernisses* gespielter Ball außerhalb des *Hindernisses verloren* oder wird für unspielbar gehalten oder ist er im *Aus*, so darf der Spieler, nachdem er die **Strafe von einem Schlag** nach Regel 27-1 oder 28a auf sich genommen hat,
(I) einen Ball so nahe wie möglich der Stelle in dem *Hindernis* spielen, an der der ursprüngliche Ball zuletzt gespielt wurde (siehe Regel 20-5); oder
(II) nach Regel 26-1b oder, sofern anwendbar, Regel 26-1c verfahren, wobei er den darin vorgeschriebenen **Strafschlag zusätzlich hinzurechnen** und als Bezugspunkt denjenigen Punkt nehmen muss, an dem der ursprüngliche Ball zuletzt die Grenze des *Hindernisses* gekreuzt hatte, bevor er darin zur Ruhe kam; oder

REGEL 26

DIE REGELN DES SPIELS — DIE VERANTWORTLICHKEIT DES SPIELERS — WASSERHINDERNISSE (EINSCHLIESSLICH SEITLICHER WASSERHINDERNISSE)

ERLEICHTERUNG VON SEITLICHEM WASSERHINDERNIS

Der Spieler hat seinen Ball vom Abschlag (Punkt A) in seitliches Wasser am Punkt B gespielt. Der Ball hat die Grenze zuletzt an Punkt C überquert. Der gegenüberliegende, gleich weit vom Loch gelegene Punkt ist E. Der Spieler mag den Ball spielen, wie er liegt, oder mit einem Strafschlag:

(I) einen anderen Ball vom Abschlag spielen – Regel 26–1a.;

(II) einen Ball fallenlassen jenseits des Hindernisses auf der gestrichelten Linie, die durch das Loch und Punkt C bestimmt wird, beispielsweise bei Punkt D – Regel 26–1b.;

(III) einen Ball fallenlassen innerhalb zweier Schlägerlängen nicht näher zum Loch von Punkt C – Regel 26–1c. (I);

(IV) einen Ball fallenlassen an der gegenüberliegenden Seite des Hindernisses innerhalb zweier Schlägerlängen von Punkt E – Regel 26–1c. (II).

BALL INNERHALB WASSERHINDERNIS GESPIELT

Der Abschlag des Spielers an diesem Par 3 landet im Wasserhindernis.
Er spielt aus dem Hindernis, der Ball rollt jedoch zurück. Der Spieler kann den Ball nun spielen, wie er liegt, oder mit einem Strafschlag:

(I) einen Ball an der Stelle fallenlassen, von der er seinen zweiten Schlag gespielt hat und erneut von dort spielen;

(II) einen Ball hinter dem Hindernis fallenlassen, irgendwo auf der gestrichelten Linie und von dort weiterspielen; oder

(III) noch einmal einen Ball vom Abschlag spielen.

(III) einen zusätzlichen Strafschlag hinzurechnen und einen Ball so nahe wie möglich der Stelle spielen, an der der letzte *Schlag* außerhalb eines Wasserhindernisses gespielt wurde (siehe Regel 20-5).

ANMERKUNG 1

Beim Verfahren nach Regel 26-2b ist der Spieler nicht verpflichtet, einen Ball nach Regel 27-1 oder 28a fallen zu lassen. Lässt er einen Ball fallen, so ist er nicht verpflichtet, ihn zu spielen. Er darf wahlweise nach Regel 26-2b(II) oder (III) verfahren.

Oliver Fisher spielt seinen Ball, der kurz vor dem Wasserhindernis angehalten hatte. Pfosten und Linien, die seitliche Wasserhindernisse kennzeichnen, müssen rot sein.

ANMERKUNG 2
Wird ein von innerhalb eines *Wasserhindernisses* gespielter Ball außerhalb des Hindernisses für unspielbar gehalten, so hindert Regel 26-2b den Spieler nicht, nach Regel 28b oder c zu verfahren.

STRAFE
FÜR REGELVERSTOSS:
Lochspiel – Lochverlust;
Zählspiely – Zwei Schläge.

▶ REGEL 26
REGELFÄLLE

Jean Van de Velde stand bei der Open Championship 1999 auf dem 18. Abschlag in Carnoustie und benötigte nur einen Doppelbogey, um der erste Franzose zu sein, der die Meisterschaft seit 1907 gewann.

Minuten später, die dunkelblaue Hose bis zu den Knien hochgerollt, stand er im Barry Burn und dachte über sein Schicksal und die Optionen von Regel 26 nach. Mit einem Driver erreichte er vom Abschlag eine Lage ziemlich rechts, aber sicher auf einer Halbinsel, die von einer Biegung des Baches gebildet wurde. Statt den zweiten Schlag vorzulegen, versuchte Van de Velde ein Eisen 2 auf das entfernte Grün zu spielen. Sein Schlag geriet etwas aus der Richtung, er prallte vom Geländer einer Tribüne und der Mauer eines Wasserhindernisses ab und kam schließlich hinter dem zweiten Übergang über den Bach in dichtem Rough zur Ruhe. Beim Versuch, den Ball aus dem Rough über den Bach zu schlagen, traf er den Ball schlecht und der Ball landete im flachen Wasser des Baches. Da der Bach rechtwinklig zur Spiellinie des Loches verläuft, war er mit einer gelben Linie als Wasserhindernis gekennzeichnet worden.

Deshalb hatte Van de Velde drei Möglichkeiten: Er konnte den Ball straflos spielen, wie er lag. Mit einem Strafschlag konnte er von dort spielen, wo er den letzten Schlag gemacht hatte, oder er konnte den Ball in beliebiger Entfernung hinter dem Wasserhindernis fallenlassen, wobei der Punkt, an der der ursprüngliche Ball zuletzt die Grenze des Wasserhindernisses gekreuzt hat, auf gerader Linie zwischen dem Loch und der Stelle, wo der Ball fallengelassen wird, liegen musste.

Mit dem dritten Schlag im Wasser und sechs Schläge zum Sieg der Open benötigend, überlegte der Franzose, aus dem Hindernis zu spielen, um den Strafschlag zu vermeiden. Um diese Entscheidung zu treffen, beschloss er, in das Wasserhindernis zu gehen und den erforderlichen Schlag zu überlegen. Nachdem er Schuhe und Socken ausgezogen hatte, rollte er die Hosenbeine hoch und ließ sich vorsichtig die Mauer hinab in das flache Wasser.

Van de Velde stand dort allein im dunklen Wasser, die Wedge in der Hand und seine Chancen abschätzend, den untergetauchten Ball aus dem Hindernis zu spielen. Nach einigen Minuten gewann die Vorsicht über die Tapferkeit und Van de Velde wählte das Verfahren aus Regel 26-1b. Er ließ einen Ball hinter dem Hindernis auf der festgelegten Strecke fallen, musste eine Strafschlag in Kauf nehmen und spielte seinen fünften Schlag in den rechten Grünbunker. Sein Bunkerschlag und ein Putt ergaben eine sieben, die zu einem Stechen zwischen ihm, Paul Lawrie und Justin Leonard führte, das Lawrie gewann.

Tiger Woods gewann die Masters 2005, obwohl er in der ersten Runde auf dem 13. Loch in Rae's Creek puttete.

Interessant an dem Fall war, dass Tiger Woods sofort wusste, dass er die Möglichkeit nach Regel 26-1a hatte, einen Ball mit einem Strafschlag von der Stelle zu spielen, von der er gerade geputtet hatte. Obwohl es angsteinflößend gewesen sein musste, den gleichen blitzschnell laufenden Putt nochmals zu spielen, wäre die andere Option, auf der Fairwayseite des Wasserhindernisses einen Ball fallen zu lassen (dabei den Punkt, an dem der Ball die Grenze des Hindernisses gekreuzt hatte, und den Flaggenstock in eine direkten Linie zu bringen), noch weniger wünschenswert gewesen.

Ein anderer bemerkenswerter Punkt an dem von Tiger Woods gewählten Verfahren war, dass der Ball auf dem Grün hingelegt und nicht fallen gelassen werden musste, da der nächste Schlag nach Regel 20-5 von der Stelle gespielt wurde, von der der vorherige Schlag gespielt wurde. Er zog es außerdem vor, den ursprünglichen Ball nicht aus dem Wasserhindernis zurückzuholen, sondern einen neuen Ball einzusetzen, wozu ein Spieler nach Regel 26 immer berechtigt ist.

▸ REGEL 26
HÄUFIG GESTELLTE FRAGEN

F. Was unterscheidet ein Wasserhindernis von einem seitlichen Wasserhindernis?
A. Ein Wasserhindernis ist jedes Meer, jeder See, Teich, Fluss, Graben, Oberflächendrainage oder sonstige offene Wasserlauf auf dem Platz (Wasser enthaltend oder nicht) und alles von ähnlicher Beschaffenheit – siehe die Erklärung „Wasserhindernis". Liegt der Ball eines Spielers in einem Wasserhindernis, so kann er den Ball spielen oder nach Regel 26-1a oder b verfahren. Ein seitliches Wasserhindernis ist ein Wasserhindernis oder der Teil eines Wasserhindernisses, der so gelegen ist, dass es nicht möglich ist, oder von der Spielleitung als undurchführbar angesehen wird, einen Ball in Übereinstimmung mit Regel 26-1b fallen zu lassen – siehe Erklärung „Seitliches Wasserhindernis". Liegt der Ball eines Spielers in einem seitlichen Wasserhindernis, so darf er zusätzlich zu den Möglichkeiten bei einem Wasserhindernis nach Regel 26-1c verfahren.
Pfosten und Linien, die ein seitliches Wasserhindernis kennzeichnen, müssen rot sein.

▶ REGEL 27
BALL VERLOREN ODER IM AUS; PROVISORISCHER BALL

27-1 Strafschlag und Distanzverlust; Ball im Aus, Ball nicht innerhalb von fünf Minuten gefunden

27-1 a Verfahren mit Strafschlag und Distanzverlust
Ein Spieler darf jederzeit **mit einem Strafschlag** einen Ball so nahe wie möglich von der Stelle spielen, von der der ursprüngliche Ball zuletzt gespielt wurde (siehe Regel 20-5), d. h., unter Anwendung von Strafschlag und Distanzverlust verfahren. Macht ein Spieler einen Schlag nach einem Ball von der Stelle, an der der ursprüngliche Ball zuletzt gespielt wurde, **so gilt, dass er unter Strafschlag und Distanzverlust verfahren ist,** außer die Regeln gestatten anderes.

27-1 b Ball im Aus
Ist ein Ball im *Aus*, so muss der Spieler mit einem Strafschlag einen Ball so nahe wie möglich der Stelle spielen, von der der ursprüngliche Ball zuletzt gespielt wurde (siehe Regel 20-5).

27-1 c Ball nicht innerhalb von fünf Minuten gefunden
Ist ein *Ball* verloren, weil er nicht innerhalb von fünf Minuten gefunden oder durch den Spieler als seiner identifiziert wurde, nachdem die Partei des Spielers oder einer ihrer Caddies die Suche danach begonnen haben, so muss der Spieler **mit einem Strafschlag** einen Ball so nahe wie möglich der Stelle spielen, von der der ursprüngliche Ball zuletzt gespielt wurde (siehe Regel 20-5).

ERKLÄRUNGEN
Feststehende Begriffe sind kursiv geschrieben und alphabetisch im Abschnitt II „Erklärungen" aufgeführt (siehe Seiten 13–24).

SPIELER KÖNNEN IHRE BÄLLE NICHT IDENTIFIZIEREN

Mein Ball hat die Nummer 3 mit schwarzer Schrift.

Meiner auch. Wenn wir die Bälle nicht identifizieren können, sind beide verloren.

Ausnahmen

1. Ist es bekannt oder so gut wie sicher, dass der ursprüngliche Ball, der nicht gefunden wurde, in einem *Hemmnis* (Regel 24-3) oder in einem *ungewöhnlich beschaffenen Boden* (Regel 25-1c) ist, so darf der Spieler nach der anwendbaren Regel verfahren.
2. Ist es bekannt oder so gut wie sicher, dass der ursprüngliche Ball, der nicht gefunden wurde, durch etwas *Nicht zum Spiel Gehöriges* (Regel 18-1) bewegt wurde oder in einem *Wasserhindernis* (Regel 26-1) ist, so muss der Spieler nach der anwendbaren Regel verfahren.

STRAFE
FÜR VERSTOSS GEGEN REGEL 27-1:
Lochspiel – Lochverlust;
Zählspiel – Zwei Schläge.

27-2 Provisorischer Ball

27-2 a Verfahren

Kann ein Ball außerhalb eines *Wasserhindernisses verloren* oder kann er im *Aus* sein, so darf der Spieler zur Zeitersparnis in Übereinstimmung mit Regel 27-1 provisorisch einen anderen Ball spielen. Der Spieler muss seinen Gegner im Lochspiel bzw. seinen *Zähler* oder einen *Mitbewerber* im Zählspiel unterrichten, dass er einen *provisorischen Ball* zu spielen beabsichtigt, und muss ihn spielen, bevor er oder sein *Partner* nach vorne gehen, um den ursprünglichen Ball zu suchen.

Versäumt er dies und spielt einen anderen Ball, so ist dieser Ball kein *provisorischer Ball* und wird **unter Strafschlag und Distanzverlust** (Regel 27-1) zum *Ball im Spiel*, wohingegen der ursprüngliche *Ball verloren* ist.
(Spielfolge vom Abschlag – siehe Regel 10-3.)

ANMERKUNG

Kann ein nach Regel 27-2a gespielter provisorischer Ball außerhalb eines Wasserhindernisses verloren oder im Aus sein, so darf der Spieler einen weiteren provisorischen Ball spielen. Ist ein weiterer provisorischer Ball gespielt, so steht dieser zum vorigen provisorischen Ball im selben Verhältnis wie der erste provisorische Ball zum ursprünglichen Ball.

BALL INNERHALB FÜNF MINUTEN GEFUNDEN

Vielen Dank, dass du meinen Ball noch gefunden hast, bevor ich einen anderen Ball gespielt habe. Wir haben noch nicht fünf Minuten gesucht, also spiele ich diesen Ball.

Das geht in Ordnung. Dein Ball war nicht deshalb verloren, weil du bereits zurückgegangen bist. Wenn du aber den Ball bereits gespielt hättest, bevor ich dich zurückgerufen hätte, wäre dieser Ball nun Ball im Spiel und der ursprüngliche verloren.

PROVISORISCHER BALL WIRD BALL IM SPIEL

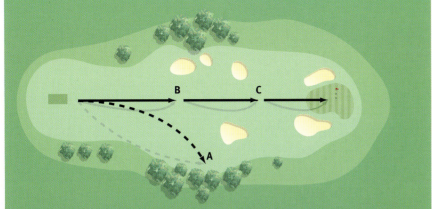

Der vom Abschlag gespielte Ball des Spielers kann bei Punkt A verloren sein. Der Spieler spielt einen provisorischen Ball zu Punkt B und dann von B zu C. Er entscheidet sich, seinen ursprünglichen Ball an Punkt A nicht zu suchen und spielt den provisorischen Ball von C auf das Grün.
Konsequenz: Der provisorische Ball wird (mit Strafschlag und Distanzverlust) Ball im Spiel und der ursprüngliche Ball ist verloren. Dies deshalb, weil der Spieler einen Schlag mit dem provisorischen Ball von einem Punkt gespielt hat, der näher zum Loch liegt als der Punkt, an dem der ursprüngliche Ball zu vermuten ist.

27-2 b Provisorischer Ball wird Ball im Spiel

Der Spieler darf einen *provisorischen Ball* spielen, bis er den Ort erreicht, an dem sich der ursprüngliche Ball mutmaßlich befindet. Macht er mit dem *provisorischen Ball* einen *Schlag* von dem Ort, an dem sich der ursprüngliche Ball mutmaßlich befindet, oder von einem Punkt, der näher zum *Loch* liegt als dieser Ort, so ist der ursprüngliche *Ball verloren* und der *provisorische Ball* wird **unter Strafschlag und Distanzverlust** (Regel 27-1) zum *Ball im Spiel*.

Ist der ursprüngliche Ball außerhalb eines *Wasserhindernisses verloren* oder ist er im *Aus*, so wird der *provisorische Ball* **unter Strafschlag und Distanzverlust** (Regel 27-1) zum *Ball im Spiel*.

Ist es bekannt oder so gut wie sicher, dass der ursprüngliche Ball in einem *Wasserhindernis* ist, so muss der Spieler in Übereinstimmung mit Regel 26-1 verfahren.

Ausnahme

Ist es bekannt oder so gut wie sicher, dass der ursprüngliche Ball in einem *Hemmnis* (Regel 24-3) oder in einem *ungewöhnlich beschaffenen Boden* (Regel 25-1c) ist, so darf der Spieler nach der anwendbaren Regel verfahren.

27-2 c Provisorischen Ball aufgeben

Ist der ursprüngliche Ball weder *verloren* noch im *Aus*, so muss der Spieler den *provisorischen Ball* aufgeben und das Spiel mit dem ursprünglichen Ball fortsetzen. Macht der Spieler irgendwelche weiteren *Schläge* nach dem *provisorischen Ball*, so spielt er einen *falschen Ball* und die Vorschriften von Regel 15-3 finden Anwendung.

> **ANMERKUNG**
> Spielt ein Spieler einen provisorischen Ball nach Regel 27-2a, so werden Schläge, die nach Anwenden dieser Regel mit dem provisorischen Ball gemacht wurden, der anschließend nach Regel 27-2c aufgegeben wird, nicht gezählt und Strafschläge, die nur beim Spielen dieses Balls anfielen, bleiben außer Betracht.

REGEL 27

PROVISORISCHEN BALL GESPIELT – URSPRÜNGLICHER BALL IST UNSPIELBAR

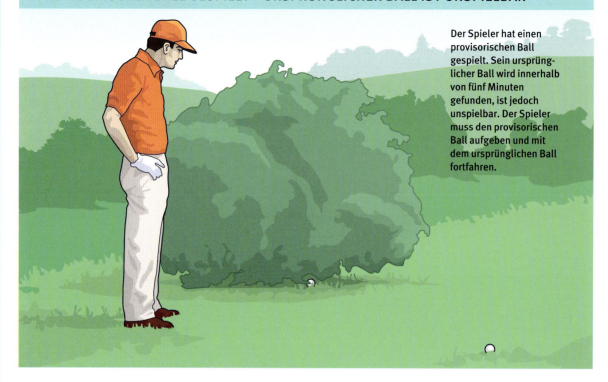

Der Spieler hat einen provisorischen Ball gespielt. Sein ursprünglicher Ball wird innerhalb von fünf Minuten gefunden, ist jedoch unspielbar. Der Spieler muss den provisorischen Ball aufgeben und mit dem ursprünglichen Ball fortfahren.

▸ REGEL 27

REGELFALL

Während der dritten Runde der Open Championship 1998 in Royal Birkdale driftete Mark O'Mearas zweiter Schlag auf dem 430 Meter langen sechsten Loch nach rechts in kniehohes Gras und Gebüsch, wodurch eine Reihe von Ereignissen ausgelöst wurde, die zu einer klärenden „Decision" führte.

Als O'Meara und sein Caddie die Stelle erreichten, an der sie ihren Ball vermuteten, waren bereits einige Zuschauer auf der Suche danach. Der Platzrichter der Spielergruppe startete seine Uhr, um die Suchzeit von fünf Minuten zu messen, als O'Meara und sein Caddie eintrafen.

Einige Bälle wurden gefunden, aber keiner war der Ball von O'Meara. Für jeden in seiner unmittelbaren Nähe kündigte er die Marke und Art des Balles an, den er spielte, und dass dieser mit seinem Logo markiert war. Nach einer Suche von etwa fünf Minuten nahm O'Meara an, dass der Ball verloren sei. Er verließ den Bereich, in dem gesucht wurde, nahm einen anderen Ball und begann, entlang dem Fairway zurückzugehen, um nochmals von der Stelle zu spielen, an der er seinen ursprünglichen Ball gespielt hatte.

Etwa 30 Sekunden später rief ein Zuschauer: „Hier ist er, ich habe ihn!" Jemand rief nach O'Meara, der anscheinend nichts hörte und seinen Weg fortsetzte. Ein Platzrichter lief dorthin, wo der Zuschauer den Ball gefunden hatte und sah, dass es die Marke war, die O'Meara benutzte, und dass er auch das Logo trug. Inzwischen näherte sich die nach den Regeln zugelassene fünf Minuten Suchzeit dem Ende und es war klar, dass O'Meara nicht mehr in der Lage wäre, zu seinem Ball zurückzukehren, um diesen innerhalb der Suchzeit zu identifizieren. Die Erklärung „Ball verloren" sagt, dass ein Ball verloren ist, wenn er nicht innerhalb von fünf Minuten „gefunden oder identifiziert" wird. Wenn die Regeln „gefunden und identifiziert" sagen würden, wäre der Fall klar gewesen. So wurde ein Platzrichter über Funk zu Hilfe gerufen.

Der Platzrichter erschien und brachte O'Meara in einem Golfcart entlang des Fairways zurück an die Stelle, wo dann eine Diskussion begann. Ein weiterer Platzrichter traf ein und es wurde entschieden, dass der Ball innerhalb der fünf Minuten gefunden worden sei, und dass O'Meara berechtigt sei, ihn nun außerhalb der festgesetzten Suchzeit zu identifizieren. Wenn es sein Ball wäre, so wäre er berechtigt, ihn zu spielen, und so kehrten alle zu der Stelle zurück, an der der Ball gefunden worden war. Während der Suche war dieser Bereich jedoch zertrampelt worden und ein falsch informierter Zuschauer, der dachte, der Ball sei ein verlorener Ball, hatte diesen aufgehoben. Als O'Meara und der Platzrichter zu der Stelle kamen, war der Ball nicht mehr da. Der Zuschauer war aber in der Nähe und gab den Ball O'Meara zurück, der ihn dann als seinen identifizierte. Obwohl der Zuschauer sagte, er wisse „genau", wo der Ball gelegen habe, als er ihn aufnahm, stellte sich dies nur als ungefähre Angabe heraus.

Nach den Regeln 18-1 und 20-3c musste O'Meara nun den Ball so nahe wie möglich der Stelle fallenlassen, an der dieser vor dem Aufnehmen gelegen hatte. Als O'Meara den Ball fallenließ, rollte dieser weiter als zwei Schlägerlängen von der Stelle weg, an der er auf dem Platz auftraf. Beim erneuten Fallenlassen rollte der Ball näher zum Loch und O'Meara musste den Ball dort hinlegen, wo er beim erneuten Fallenlassen erstmals auf dem Platz auftraf. Er spielte dann den Schlag und setzte seine Runde fort. Am nächsten Tag gewann er die Meisterschaft. Der Zweifel über den „verlorenen Ball" in diesem Fall führte zu der Entscheidung 27/5.5. Die neue Entscheidung stellt einfach fest, dass, wenn ein Ball innerhalb von fünf Minuten gefunden wird, einem Spieler dann ausreichend Zeit zum Erreichen des Balles und zum Identifizieren gegeben wird, auch wenn die Identifizierung dann nach Ablauf der fünf Minuten Suchzeit stattfindet.

Ein anderer Golfer, der mit einem fast verlorenen Ball ein bemerkenswertes Par rettete, war Gary Evans. Er lag 7 unter Par am 16. Loch des Schlusstags der Open Championship in Muirfield 2002, da hookte er seinen zweiten Schlag auf dem 17. Loch (Par 5) in tiefes Rough jenseits der Zuschauerabsperrungen. Dies löste eine eifrige und letztendlich erfolglose Suche aus. Die Uhr beginnt zu laufen, wenn der Spieler oder sein Caddie die Suche nach dem Ball beginnen. Als die Zuschauer anfingen, nach Evans Ball zu suchen, bevor dieser an der Stelle eintraf, gehörte diese Zeit nicht zu der eigentlichen Suchzeit von 5 Minuten. Ein Spieler kann aber auch nicht absichtlich von der Stelle fernbleiben, an der gesucht wird und dann behaupten, die Suchzeit hätte nicht begonnen. In einem solchen Fall würde ein Platzrichter schätzen, wann dem Spieler genug Zeit zugestanden hätte, diese Stelle zu erreichen und dann die Zeitnahme der Suche beginnen. Evans und sein Caddie erreichten die Stelle aber in einer ordentlichen Zeit und suchten mit der Zuschauermenge den Ball. Evans war zu hören, wie er die Zuschauer bat, auf den Boden zu schauen und nicht auf ihn. Erstaunlicherweise wurde

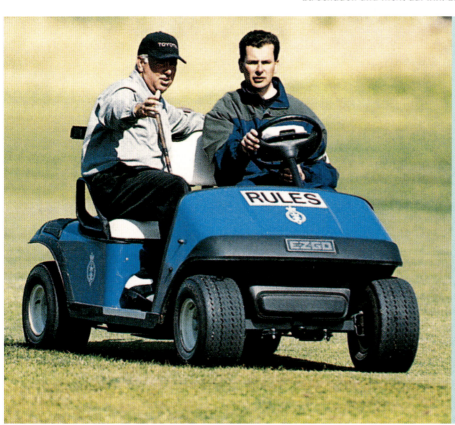

Mark O'Meara kehrt zur Identifizierung seines Balls zurück, der innerhalb der Suchzeit von fünf Minuten während der Open Championship 1998 gefunden wurde.

Zwei Bälle wurden gefunden, als Gary Evans auf dem 17. Loch in Muirfield ins Rough schlug, aber keiner davon gehörte ihm. Einer war tatsächlich ein Titleist 2, genau die von ihm gespielte Ballmarke, aber er war nicht mit Evans' Identifizierungskennzeichen versehen. Dies zeigte, wie wichtig es ist, seinen Ball zu kennzeichnen, um Strafen für das Spielen eines falschen Balls zu vermeiden.

der Ball trotz 50 Ballsuchern nicht gefunden. Der bei der Gruppe mitlaufende Platzrichter informierte Evans, dass die Suchzeit abgelaufen sei und Evans musste sich auf den weiten Weg zurück machen, von wo aus er den zweiten Schlag gespielt hatte, um einen weiteren Ball unter Strafschlag und Distanzverlust ins Spiel zu bringen (Regel 27-1).

Bei der Open gibt es eine Wettspielbedingung, die das Fahren oder Mitfahren in Golfcarts verbietet, es sei denn, es wäre von der Spielleitung genehmigt worden. Wenn ein umherfahrender Platzrichter mit einem Golfcart zur Stelle ist, so wird einem Spieler, der zurückgehen muss, um einen neuen Ball zu spielen, eine Mitfahrgelegenheit von dem Platzrichter angeboten, der dies als Mitglied der Spielleitung zulassen darf. Evans wurde diese Gelegenheit geboten, doch er entschied sich zu laufen, vielleicht, um seine Gedanken zu sortieren, bevor er seinen vierten Schlag machte. Dies schien zu wirken, denn Evans machte einen hervorragenden Schlag auf das 17. Grün, gefolgt von einem unglaublichen Putt zum Par.

▸ REGEL 27
HÄUFIG GESTELLTE FRAGEN

F. Darf ein Spieler Erleichterung von Behinderung durch einen Aus-Zaun nehmen?
A. Nein. Gegenstände, die Aus bezeichnen, wie Mauern, Zäune, Pfähle oder Geländer gelten als befestigt und sind deshalb keine Hemmnisse.

F. Ein Spieler spielt seinen Ball in eine Fläche mit langem Gras und kann ihn dort nicht finden. Darf er einen Ball dort fallen lassen, wo er seinen ursprünglichen Ball verloren glaubt?
A. Nein. Der Spieler muss an den Ort zurückkehren, an dem er zuletzt gespielt hatte und dort einen Ball mit Strafschlag und Distanzverlust ins Spiel bringen – siehe Regel 27-1.

▶ REGEL 28
BALL UNSPIELBAR

Der Spieler darf seinen Ball überall auf dem *Platz* für unspielbar halten, ausgenommen, der Ball ist in einem *Wasserhindernis*. Ob sein Ball unspielbar ist, unterliegt einzig und allein der Entscheidung des Spielers.

Hält der Spieler seinen Ball für unspielbar, so muss er **mit einem Strafschlag**:

a) einen Ball so nahe wie möglich der Stelle spielen, von der der ursprüngliche Ball zuletzt gespielt wurde (siehe Regel 20-5); oder

b) einen Ball in beliebiger Entfernung hinter dem Punkt, an dem der Ball lag, fallen lassen, wobei dieser Punkt auf gerader Linie zwischen dem *Loch* und der Stelle liegen muss, an der der Ball fallen gelassen wird; oder

c) einen Ball nicht näher zum *Loch* innerhalb zweier Schlägerlängen von der Stelle, an der er lag, fallen lassen.

Ist der unspielbare Ball in einem *Bunker*, so darf der Spieler nach a, b oder c dieser Regel verfahren. Verfährt er nach b oder c, so muss ein Ball in dem *Bunker* fallen gelassen werden.

ERKLÄRUNGEN
Feststehende Begriffe sind kursiv geschrieben und alphabetisch im Abschnitt II „Erklärungen" aufgeführt (siehe Seiten 13–24).

BALL FÜR UNSPIELBAR HALTEN

REGEL 28

BALL UNSPIELBAR IM BUNKER: MÖGLICHKEITEN DES SPIELERS

Der Abschlag des Spielers landet unspielbar im Bunker. Mit einem Strafschlag kann der Spieler:
(a) einen Ball von der Stelle spielen, von der er zuvor geschlagen hat; oder
(b) einen Ball im Bunker fallenlassen, und zwar auf der verlängerten Linie von Loch und Punkt 1 (beispielsweise an Punkt 2); oder
(c) einen Ball innerhalb zweier Schlägerlängen von Punkt 1 fallenlassen, aber nicht näher zum Loch (s. Abb.)

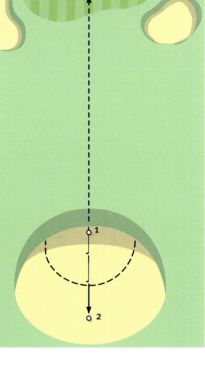

BALL UNSPIELBAR IM BUSCH: STELLE, WO BALL FALLENZULASSEN IST

Der Spieler darf, wenn er nach dieser Regel verfährt, seinen Ball aufnehmen und reinigen oder einen anderen Ball einsetzen.

**STRAFE
FÜR REGELVERSTOSS:**
Lochspiel – Lochverlust;
Zählspiel – Zwei Schläge.

▸ REGEL 28
REGELFÄLLE

Der frühere Ryder Cup-Spieler Peter Fulke hatte während der PGA Championship 2004 einen ungewöhnlichen Fall auf dem 16. Loch in Wentworth. Fulke verzog seinen Abschlag in die Bäume auf der linken Seite und fand seinen Ball unspielbar. Die Möglichkeit nach Regel 28b, auf der Linie zurückzugehen und dort den Ball fallen zu lassen, brachte Fulke keine Erleichterung, und so prüfte er die Möglichkeit, innerhalb von zwei Schlägerlängen den Ball fallen zu lassen. Er fand heraus, dass die einzige Stelle innerhalb zweier Schlägerlängen, an der er eine spielbare Lage hatte, sich in einem ausgetrockneten seitlichen Wasserhindernis befand. Der Spieler dachte, dass er die Möglichkeit hätte, wenn er seinen Ball in dem Wasserhindernis fallen lassen würde und er den fallen gelassenen Ball nicht spielen könnte, mit einem weiteren Strafschlag nach Regel 26-1c aus dem Wasserhindernis zu kommen.

Zu diesem Zeitpunkt kam ein Platzrichter dazu und gab Fulke umgehend die Auskunft, wenn er seinen Ball im Wasserhindernis fallen lassen würde und dann nicht spielen könne, müsse er mit Strafschlag und Distanzverlust nach der Wasserhindernis-Regel 26-1a verfahren. Dies liegt daran, dass der Spieler keinen Bezugspunkt hatte, an dem Ball die Grenze des Hindernisses überschritten hat, da er den Ball im Hindernis fallen lassen würde und er nicht in Folge eines Schlages in das Hindernis gekommen wäre. Die Begründung für die Entscheidung des Platzrichters findet sich in der Entscheidung 28/4.5, die bemerkenswerterweise 1998 eingeführt wurde, nachdem Eamonn Darcy einen identischen Regelfall am gleichen Loch hatte.

Fulke entschied, dass die Wahrscheinlichkeit von zwei Strafschlägen (einer für die unspielbare Lage und ein weiterer nach der Wasserhindernis-Regel) sowie der eventuelle Weg zurück zum Abschlag ein zu großes Risiko waren. Deshalb ging er sofort nach Regel 28a mit einem Strafschlag und Distanzverlust auf den Abschlag zurück.

▸ REGEL 28
HÄUFIG GESTELLTE FRAGEN

F. Wo darf ein Spieler seinen Ball für unspielbar halten?
A. Ein Spieler kann seinen Ball überall auf dem Platz für unspielbar halten, außer in einem Wasserhindernis. Der Spieler allein entscheidet darüber, ob sein Ball spielbar ist.

F. Wenn ich mich entscheide, nach Regel 28c Erleichterung zu nehmen (einen Ball innerhalb zweier Schlägerlängen nicht näher zum Loch fallen lassen), von wo aus messe ich die zwei Schlägerlängen?
A. Die Fläche, in der der Ball nach Regel 28c fallen zu lassen ist, wird von dort gemessen, wo der Ball liegt und nicht von der Grenze des für unspielbar angesehenen Bereichs.

▸ REGEL 29
DREIER UND VIERER

ERKLÄRUNGEN
Feststehende Begriffe sind kursiv geschrieben und alphabetisch im Abschnitt II „Erklärungen" aufgeführt (siehe Seiten 13–24).

29-1 Allgemeines
In einem *Dreier* oder *Vierer* müssen die *Partner* während einer *festgesetzten Runde* abwechselnd von den *Abschlägen* abschlagen und beim Spielen jedes Lochs abwechselnd schlagen. *Strafschläge* berühren die Spielfolge nicht.

29-2 Lochspiel
Spielt ein Spieler, wenn sein *Partner* hätte spielen müssen, so ist **die Strafe für seine Partei Lochverlust.**

29-3 Zählspiel
Machen die *Partner* einen oder mehrere *Schläge* in falscher Reihenfolge, so sind die entsprechenden Schläge annulliert, und **die Partei zieht sich eine Strafe von zwei Schlägen zu.** Die *Partei* muss ihren Fehler berichtigen, indem sie einen Ball in richtiger Reihenfolge so nahe wie möglich der Stelle spielt, von der sie zum ersten Mal in falscher Reihenfolge gespielt hat (siehe Regel 20-5). Macht die *Partei* einen *Schlag* auf dem nächsten *Abschlag*, ohne zuvor ihren Fehler zu berichtigen, bzw. verlässt sie das *Grün*, sofern es sich um das letzte Loch der Runde handelt, ohne zuvor ihre Absicht zur Berichtigung des Fehlers anzukündigen, so **ist die Partei disqualifiziert.**

VIERER: SPIELFOLGE, WENN ABSCHLAG DES PARTNERS AUS IST

> Der Ball liegt weit im Aus. Was passiert in einem gemischten Vierer?

> Deine Partnerin muss vom Herrenabschlag spielen. Das wäre dann der 3. Schlag.

VIERER: WER VON DEN PARTNERN DEN BALL FALLENLASSEN MUSS

Vergleiche Regel 20–2a. Sie bestimmt, dass ein Ball durch den Spieler selbst fallengelassen werden muss.

SPIELFOLGE IM WETTSPIEL ÜBER 36 LÖCHER

Regel 29–1. Siehe Erklärung festgesetzte Runde.

▸ REGEL 29
REGELFÄLLE

Das Übungsgrün des Old Course in St. Andrews liegt unmittelbar neben dem Platz, nur ein paar Schritte vom ersten Abschlag entfernt. Während des Walker Cups 1975 war am Vormittag des zweiten Tages der erfahrene William C. Campbell zusammen mit John Grace für den Vierer eingeteilt. Sie kamen ziemlich früh zum ersten Abschlag, so dass sie noch etwas Zeit hatten. Sie hatten schon vereinbart, dass Grace auf den ungeraden Löchern abschlagen sollte, und so beschloss Campbell, die zusätzliche Zeit zu nutzen, um auf dem Übungsgrün ein paar Putts zu üben.

Als auswärtiges Team hatten Campbell und Grace die Ehre. Der Wind wehte heftig von Westen über die Bucht von St. Andrews, so dass die Ansage des Starters über den Beginn des Spiels von Campbell überhört wurde.

Als der Wind einen Moment nachließ, hörte Campbell das „Klick" des Abschlags von Grace, gerade als er einen Übungsputt spielen wollte. Er war aber nicht mehr in der Lage, den Schlag abzubrechen. Er hatte also während des Spielens eines Loches geübt. Sofort erkannte er automatisch den Regelverstoß und ging auf das Fairway zu einem Platzrichter, um diesem mitzuteilen, dass die USA das erste Loch verloren hatten (Regel 7-2 und Regel 29).

Der Platzrichter dieses Spiels nahm Campbells Äußerung zur Kenntnis, teilte dies aber nicht sofort den anderen Spielern mit. Obwohl das Spiel des Loches mit dem Verstoß gegen Regel 7-2 beendet war, durfte Campbell den zweiten Schlag seiner Seite spielen, einfach, um noch etwas mehr zu üben.

Als sie über die Brücke des Swilcan Burn gingen, erzählte Campbell Grace, was geschehen war. „Er konnte es gar nicht glauben, und das ist schon vorsichtig ausgedrückt", erinnert sich Campbell.

Die Amerikaner verloren das erste Loch und dann auch das Spiel an Mark James und Richard Eyles.

▸ REGEL 29
HÄUFIG GESTELLTE FRAGEN

F. Wer spielt den provisorischen Ball in einem Vierer-Wettspiel?
A. Besteht die Möglichkeit, dass der ursprüngliche Ball „Aus" oder verloren ist und wird dann ein provisorischer Ball gespielt, so muss dieser vom Partner gespielt werden, also nicht von dem, der den ursprünglichen Ball gespielt hatte.

▸ REGEL 30
DREIBALL-, BESTBALL- UND VIERBALL-LOCHSPIEL

ERKLÄRUNGEN
Feststehende Begriffe sind kursiv geschrieben und alphabetisch im Abschnitt II „Erklärungen" aufgeführt (siehe Seiten 13–24).

30-1 Golfregeln gelten
Im *Dreiball-*, *Bestball-* und *Vierball-*Lochspiel gelten die *Golfregeln*, soweit sie nicht mit nachstehenden Sonderregeln in Widerspruch stehen.

30-2 Dreiball-Lochspiel
30-2 a Ball in Ruhe von Gegner bewegt
Sofern die *Regeln* nichts anderes vorsehen, ist nach Regel 18-3b zu verfahren, wenn der Ball des Spielers, außer beim Suchen, von einem *Gegner*, dessen *Caddie* oder

REGELVERSTOSS EINES PARTNERS IM LOCHSPIEL

dessen *Ausrüstung* berührt oder *bewegt* wird. **Der Gegner zieht sich einen Strafschlag in seinem Lochspiel mit dem betreffenden Spieler zu,** nicht aber in seinem Lochspiel mit dem anderen Gegner.

30-2 b Ball von Gegner versehentlich abgelenkt oder aufgehalten
Wird der Ball eines Spielers von einem Gegner, dessen *Caddie* oder dessen *Ausrüstung* versehentlich abgelenkt oder aufgehalten, so ist das straflos. In seinem Lochspiel mit diesem Gegner darf der Spieler, bevor von einer *Partei* ein weiterer *Schlag* gemacht wird, den *Schlag* annullieren und straflos einen Ball so nahe wie möglich der Stelle spielen, von der der ursprüngliche Ball zuletzt gespielt wurde (siehe Regel 20-5) oder den Ball spielen, wie er liegt. In seinem Lochspiel mit dem anderen Gegner muss der Ball gespielt werden, wie er liegt.

Ausnahme
Trifft ein Ball die Person, die den *Flaggenstock* bedient, hochhält oder irgendetwas, was von ihr getragen wird – siehe Regel 17-3b.
(Ball von Gegner absichtlich abgelenkt oder aufgehalten – siehe Regel 1-2.)

30-3 Bestball- und Vierball-Lochspiel
30-3 a Vertretung einer Partei
Ein *Partner* einer *Partei* darf das Lochspiel ganz oder teilweise allein spielen; es ist nicht erforderlich, dass sämtliche *Partner* zur Stelle sind. Ein fehlender *Partner* darf zwischen Löchern, nicht aber beim Spielen eines Lochs dazukommen.

30-3 b Spielfolge
Die Bälle einer *Partei* dürfen in einer Reihenfolge nach deren Belieben gespielt werden.
30-3 c Falscher Ball

Zieht sich ein Spieler die Strafe des Lochverlusts nach Regel 15-3a für einen Schlag nach einem falschen Ball zu, so **ist er für das Loch disqualifiziert.** Sein *Partner* zieht sich keine Strafe zu, auch dann nicht, wenn der *falsche Ball* ihm gehört. Gehört der *falsche Ball* einem anderen Spieler, so muss sein Besitzer einen Ball an der Stelle hinlegen, an der der *falsche Ball* zuerst gespielt worden war.

30-3 d Strafen einer Partei
Eine *Partei* **zieht sich eine Strafe** für einen der nachfolgenden Verstöße durch einen der Partner zu:
- Regel 4 Schläger
- Regel 6-4 Caddie
- Jegliche Platzregel oder Wettspielbedingung, für die die Strafe in der Berichtigung des Stands des Lochspiels besteht.

30-3 e Disqualifikation einer Partei
(I) **Eine *Partei* ist disqualifiziert,** wenn einer der *Partner* sich die Strafe der Disqualifikation für einen der nachfolgenden Verstöße zuzieht:

• Regel 1-3	Übereinkunft über Nichtanwendung von Regeln
• Regel 4	Schläger
• Regel 5-1 oder 5-2	Der Ball
• Regel 6-2a	Vorgabe
• Regel 6-4	Caddie
• Regel 6-7	Unangemessene Verzögerung, langsames Spiel
• Regel 11-1	Aufsetzen des Balls

- Regel 14-3   Künstliche Hilfsmittel, ungebräuchliche Ausrüstung und ungebräuchliche Benutzung von Ausrüstung
- Regel 33-7   Von der Spielleitung verhängte Disqualifikationsstrafe

(II) **Eine *Partei* ist disqualifiziert,** wenn alle *Partner* sich die Strafe der Disqualifikation nach einer der folgenden Regeln zuziehen:
- Regel 6-3   Abspielzeit und Spielergruppen.
- Regel 6-8   Spielunterbrechung.

(III) In allen anderen Fällen, in denen ein Regelverstoß die Strafe der Disqualifikation nach sich ziehen würde, **ist der Spieler nur für das betreffende Loch disqualifiziert.**

30-3 f Auswirkung anderer Strafen

Unterstützt der Regelverstoß eines Spielers das Spiel seines *Partners* oder wirkt sich nachteilig auf das Spiel eines Gegners aus, so zieht sich der *Partner* **die zutreffende Strafe zusätzlich zu jeder Strafe des Spielers zu.**

In allen anderen Fällen betrifft die Strafe, die sich ein Spieler für einen Regelverstoß zuzieht, nicht seinen *Partner*. Ist die Strafe Lochverlust, so wirkt sie sich als Disqualifikation des Spielers für dieses Loch aus.

Jim Furyk im Gespräch mit seinem Spielpartner Tiger Woods beim Ryder Cup 2006. Nach Regel 30-3b liegt es im Ermessen jeder Partei, in welcher Reihenfolge die Bälle geschlagen werden (siehe Vorfall auf Seite 155).

▸ REGEL 30
REGELFÄLLE

Während der Vierball-Lochspiele im Ryder Cup 2006 spielte die amerikanische Seite mit Tiger Woods und Jim Furyk gegen Darren Clarke und Lee Westwood vom europäischen Team. Als sie das 7. Loch im K-Club spielten, schlug Woods seinen zweiten Schlag in das Wasser hinter dem Grün und hatte danach nicht vor, das Loch zu Ende zu spielen, was im Lochspiel erlaubt ist. Von den verbleibenden drei Bällen war Clarke am weitesten vom Loch entfernt, aber Furyk wollte zuerst spielen. Obwohl er das Loch nicht zu Ende spielen wollte, war sein Ball im Wasser deutlich am weitesten vom Loch entfernt. Da Regel 30-3b festlegt, dass eine Partei in der Reihenfolge spielen darf, die sie für die beste hält, hatte Tiger „die Ehre" und Furyk war deshalb berechtigt, zuerst zu spielen. Die Amerikaner fragten, ob Woods den Ball erst fallen lassen müsse, da er den Ball im Wasser mit Sicherheit nicht spielen konnte. Der Platzrichter dieses Spiels bestätigte aber, dass der Bezugspunkt zur Bestimmung der Spielreihenfolge die Stelle ist, an der der Ball im Wasser liegt und nicht die, an der er fallen gelassen werden könne. Somit war ein Fallenlassen nicht nötig (siehe Anmerkung zu Regel 10-1b).

▸ REGEL 30
HÄUFIG GESTELLTE FRAGEN

F. In einem Vierball-Spiel kann der Spieler mit der niedrigsten Vorgabe nicht teilnehmen. Sollte der abwesende Partner bei der Berechnung der Vorgabenschläge unberücksichtigt bleiben?
A. Nein. Eine Partei kann durch einen Partner für das ganze Spiel oder einen Teil des Spiels vertreten werden. Bei der Bestimmung der Vorgabenschläge sollten die Vorgaben der drei Spieler um die Vorgabe des abwesenden Spielers reduziert werden.

▸ REGEL 31
VIERBALL- ZÄHLSPIEL

ERKLÄRUNGEN
Feststehende Begriffe sind kursiv geschrieben und alphabetisch im Abschnitt II „Erklärungen" aufgeführt (siehe Seiten 13–24).

31-1 Allgemeines
Im *Vierball*-Zählspiel gelten die *Golfregeln*, soweit sie nicht mit nachstehenden Sonderregeln in Widerspruch stehen.

31-2 Vertretung einer Partei
Jeder der *Partner* einer *Partei* darf die *festgesetzte Runde* ganz oder teilweise allein spielen; es ist nicht erforderlich, dass beide *Partner* zur Stelle sind. Ein fehlender *Bewerber* darf zwischen Löchern, nicht aber beim Spielen eines Lochs zu seinem *Partner* dazukommen.

31-3 Aufschreiben der Schlagzahl
Der *Zähler* muss für jedes Loch nur die Brutto-Schlagzahl desjenigen *Partners* aufschreiben, dessen Schlagzahl zu werten ist. Die zu wertenden Brutto-Schlagzahlen müssen jedem *Partner* einzeln so zugeschrieben werden, dass der gewertete *Partner* für jedes Loch feststellbar ist; **anderenfalls ist die Partei disqualifiziert.** Nur einer der *Partner* braucht die Verantwortung für Einhaltung von Regel 6-6b zu tragen.
(Falsche Schlagzahl – siehe Regel 31-7a.)

VIERBALL- ZÄHLSPIEL

REGEL 31

Date: 3RD APRIL 2009
Competition: SPRING OPEN FOUR-BALL
PLAYER A: J. SUTHERLAND   Handicap: 16   Strokes: 12
PLAYER B: W. B. TAYLOR   Handicap: 12   Strokes: 9

Hole	Length Yards	Par	Stroke Index	Gross Score A	Gross Score B	Net Score A	Net Score B	Won X Lost – Half O	Mar. Score	Hole	Length Yards	Par	Stroke Index	Gross Score A	Gross Score B	Net Score A	Net Score B	Won X Lost – Half O	Mar. Score
1	437	4	4		4		3			10	425	4	3	5		4			
2	320	4	14		4		4			11	141	3	17	3		3			
3	162	3	18		4		4			12	476	5	9	6		5			
4	504	5	7	6		5				13	211	3	11		4		4		
5	181	3	16	4		4				14	437	4	5	5			4		
6	443	4	2	5			4			15	460	4	1	5			4		
7	390	4	8	5			4			16	176	3	15		4		4		
8	346	4	12	5			4			17	340	4	13		4		4		
9	340	4	10	4			3			18	435	4	6	6		5			
Out	3123	35					35			In	3101	34					37		
										Out	3123	35					35		
										T'tl	6224	69					72		

Player's Signature: J. Sutherland
Marker's Signature: R. J. Parker

Handicap
Net Score

Die Ergebnisse der Partner müssen unterscheidbar sein.

1. Das niedrigere Ergebnis der Partner ist das Ergebnis für das Loch (Regel 31).

2. Nur einer der Partner muss entsprechend Regel 6–6b für das Aufschreiben der Schlagzahlen, das Nachprüfen der Schlagzahlen, das Unterzeichnen und die Rückgabe der Zählkarte verantwortlich sein (Regel 31-4).

3. Der Bewerber ist allein für die Richtigkeit der Bruttoschlagzahlen auf der Zählkarte verantwortlich. Der Bewerber oder sein Zähler müssen die Nettoschlagzahlen nicht aufschreiben. Es liegt in der Verantwortung der Spielleitung, die Schlagzahl des besten Balles an jedem Loch zu ermitteln, die Schläge zu addieren und die Vorgaben zu berücksichtigen (Regel 33–5). Demzufolge ist es straflos, wenn der Bewerber oder sein Zähler eine falsche Nettoschlagzahl aufschreiben.

4. Schlagzahlen der Partner müssen in unterschiedliche Spalten eingetragen werden, da es sonst für die Spielleitung unmöglich ist, die richtige Vorgabe anzuwenden. Sind die Ergebnisse der Partner (bei unterschiedlicher Vorgabe) in die gleiche Spalte eingetragen, bleibt der Spielleitung nichts anderes übrig, als die Partner zu disqualifizieren (Regel 31-7 und 6–6).

5. Die Spielleitung ist verantwortlich für die Ausschreibungsbedingungen (Regel 33–1), einschließlich der Berücksichtigung der Vorgaben. In der obigen Abbildung wird mit 3/4 der Vorgabe gespielt.

31-4 Spielfolge
Die Bälle einer *Partei* dürfen in einer Reihenfolge nach deren Belieben gespielt werden.

31-5 Falscher Ball
Verstößt ein *Bewerber* gegen Regel 15-3b weil er einen Schlag nach einem falschen Ball macht, **so zieht er sich die Strafe von zwei Schlägen zu,** und muss seinen Fehler berichtigen, in dem er den richtigen Ball spielt oder nach den *Regeln* verfährt. Sein *Partner* zieht sich keine Strafe zu, auch dann nicht, wenn der *falsche Ball* ihm gehört.

Gehört der falsche Ball einem anderen *Bewerber*, so muss sein Besitzer einen Ball an der Stelle hinlegen, an der der falsche Ball zuerst gespielt worden war.

31-6 Strafen einer Partei
Eine *Partei* **zieht sich eine Strafe** für einen der nachfolgenden Verstöße durch einen der Partner zu:
- Regel 4   Schläger
- Regel 6-4   Caddie
- Jegliche Platzregel oder Wettspielbedingung, für die es eine höchstzulässige Strafe für die Runde gibt.

31-7 Strafen der Disqualifikation
31-7 a Regelverstoß eines Partners
Eine *Partei* **ist von dem Wettspiel disqualifiziert,** wenn einer der *Partner* sich die Strafe der Disqualifikation nach einer der folgenden Regeln zuzieht:

- Regel 1-3   Übereinkunft über Nichtanwendung von Regeln.
- Regel 3-4   Regelverweigerung
- Regel 4   Schläger
- Regel 5-1 oder 5-2 Der Ball
- Regel 6-2b   Vorgabe
- Regel 6-4   Caddie
- Regel 6-6b   Zählkarte unterschreiben und einreichen
- Regel 6-6d   Falsche Schlagzahl für das Loch
- Regel 6-7   Unangemessene Verzögerung, langsames Spiel
- Regel 7-1   Üben vor oder zwischen Runden
- Regel 11-1   Aufsetzen des Balls
- Regel 14-3   Künstliche Hilfsmittel, ungebräuchliche Ausrüstung und ungebräuchliche Benutzung von Ausrüstung
- Regel 22-1   Ball unterstützt Spiel
- Regel 31-3   Die zu wertenden Brutto-Schlagzahlen nicht einzeln zugeschrieben
- Regel 33-7   Von der Spielleitung verhängte Disqualifikationsstrafe

31-7 b Regelverstoß beider Partner
Eine *Partei* ist für das Wettspiel disqualifiziert
(I) wenn sich jeder *Partner* für einen Verstoß gegen Regel 6-3 (Abspielzeit und Spielergruppen) oder Regel 6-8 (Spielunterbrechung) die Strafe der Disqualifikation zuzieht, oder
(II) wenn jeder *Partner* am selben **Loch einen Regelverstoß begeht, der mit Disqualifikation von Loch oder Wettspiel bestraft wird.**

31-7 c Nur für das Loch
In allen anderen Fällen wirkt sich ein Regelverstoß, der zur Disqualifikation führt, **nur als Disqualifikation des Bewerbers für das betreffende Loch** aus.

31-8 Auswirkung anderer Strafen

Unterstützt der Regelverstoß eines *Bewerbers* das Spiel seines *Partners*, so zieht sich der Partner die zutreffende Strafe zusätzlich zu jeder Strafe des Bewerbers zu. In allen anderen Fällen betrifft die Strafe, die sich ein *Bewerber* für einen Regelverstoß zuzieht, nicht seinen *Partner*.

► REGEL 32
WETTSPIELE GEGEN PAR UND NACH STABLEFORD

32-1 Spielbedingungen

Wettspiele gegen Par und nach Stableford sind Zählspielarten, bei denen gegen ein festgesetztes Ergebnis (gegen das Par bzw. Netto-Par) jedes Lochs gespielt wird. Es gelten die *Regeln* des Zählspiels, soweit sie nicht mit nachstehenden Sonderregeln in Widerspruch stehen.

In Vorgabe-Wettspielen gegen Par und nach Stableford hat der *Bewerber* mit dem niedrigsten Nettoergebnis an einem *Loch* die Ehre auf dem nächsten *Abschlag*.

ERKLÄRUNGEN
Feststehende Begriffe sind kursiv geschrieben und alphabetisch im Abschnitt II „Erklärungen" aufgeführt (siehe Seiten 13–24).

32-1 a Wettspiele gegen Par

Im Wettspiel gegen Par wird wie im Lochspiel gerechnet. Ein Loch, an dem ein *Bewerber* kein Ergebnis erzielt, gilt als verlorenes Loch. Gewinner ist der *Bewerber* mit dem besten Gesamtergebnis der Löcher.

Der *Zähler* ist nur für das Aufschreiben der Brutto-Schlagzahlen für jedes Loch verantwortlich, an dem der *Bewerber* eine Schlagzahl (bzw. eine Netto-Schlagzahl) gleich oder unter Par erzielt.

ANMERKUNG 1

Das Ergebnis des *Bewerbers* wird durch den Abzug von einem oder mehrerer Löcher nach der anwendbaren Regel angepasst, wenn eine andere Strafe als die der Disqualifikation für Nachfolgendes anfällt:
- Regel 4 Schläger
- Regel 6-4 Caddie
- Jegliche Platzregel oder Wettspielbedingung, für die es eine höchstzulässige Strafe für die Runde gibt.

Der *Bewerber* ist dafür verantwortlich, den Sachverhalt des betreffenden Verstoßes der *Spielleitung* zu melden, bevor er seine Zählkarte einreicht, so dass die Spielleitung die Strafe auferlegen kann. Versäumt der *Bewerber*, seinen Verstoß der *Spielleitung* zu melden, **so ist er disqualifiziert.**

ANMERKUNG 2

Verstößt der *Bewerber* gegen Regel 6-7 (Unangemessene Verzögerung, langsames Spiel), **wird die Spielleitung ein Loch vom Gesamtergebnis der Löcher abziehen.**

Für einen wiederholten Verstoß – siehe Regel 32-2a.

32-1 b Wettspiele nach Stableford

Im Stableford-Wettspiel wird nach Punkten gerechnet, die im Verhältnis zu einem festgesetzten Ergebnis (zum Par bzw. Netto-Par) an jedem Loch vergeben werden, und zwar folgendermaßen:

Ergebnis (Loch gespielt mit)	Punkte
Mehr als eins über dem festgesetzten Ergebnis (Par) oder kein Ergebnis	0
Eins über dem festgesetzten Ergebnis (Par)	1
Festgesetztes Ergebnis (Par)	2
Eins unter dem festgesetzten Ergebnis (Par)	3
Zwei unter dem festgesetzten Ergebnis (Par)	4
Drei unter dem festgesetzten Ergebnis (Par)	5
Vier unter dem festgesetzten Ergebnis (Par)	6
usw.	

Gewinner ist der *Bewerber* mit den meisten Punkten.

Der *Zähler* ist nur für das Aufschreiben der Brutto-Schlagzahlen für jedes Loch verantwortlich, an dem der *Bewerber* einen oder mehrere Punkte (bzw. Netto-Punkte) erzielt.

ANMERKUNG 1
Verstößt ein *Bewerber* gegen eine Regel, für die es eine höchstzulässige Strafe für die Runde gibt, so muss er den Sachverhalt der *Spielleitung* melden, bevor er seine Zählkarte einreicht. Versäumt er dies, **ist er disqualifiziert**. Die *Spielleitung* wird von der erzielten Gesamtpunktzahl dieser Runde **zwei Punkte für jedes Loch** abziehen, an dem ein Verstoß erfolgte, höchstens jedoch vier Punkte pro Runde für jede Regel, gegen die verstoßen wurde.

ANMERKUNG 2
Verstößt der *Bewerber* gegen Regel 6-7 (Unangemessene Verzögerung, langsames Spiel), wird die *Spielleitung* **zwei Punkte vom erzielten Gesamtpunktergebnis der Runde abziehen.**
Für einen wiederholten Verstoß – siehe Regel 32-2a.

32-2 Strafen der Disqualifikation
32-2 a Vom Wettspiel
Ein *Bewerber* ist von dem Wettspiel disqualifiziert, wenn er sich die Strafe der Disqualifikation nach einer der folgenden Regeln zuzieht:

- Regel 1-3   Übereinkunft über Nichtanwendung von Regeln
- Regel 3-4   Regelverweigerung
- Regel 4   Schläger
- Regel 5-1 oder 5-2 Der Ball
- Regel 6-2b   Vorgabe
- Regel 6-3   Abspielzeit und Spielergruppen
- Regel 6-4   Caddie
- Regel 6-6b   Zählkarte unterschreiben und einreichen
- Regel 6-6d   Falsche Schlagzahl für das Loch, z. B. wenn die aufgeschriebene Schlagzahl niedriger ist als die tatsächliche erzielte, außer dass der Verstoß gegen diese Regel straflos ist, wenn er sich nicht auf das Ergebnis des Lochs auswirkt
- Regel 6-7   Unangemessene Verzögerung, langsames Spiel
- Regel 6-8   Spielunterbrechung
- Regel 7-1   Üben vor oder zwischen Runden
- Regel 11-1   Aufsetzen des Balls
- Regel 14-3   Künstliche Hilfsmittel, ungebräuchliche Ausrüstung und ungebräuchlich Benutzung von Ausrüstung
- Regel 22-1   Ball unterstützt Spiel
- Regel 33-7   Von der Spielleitung verhängte Disqualifikationstrafe

32-2 b Nur für das Loch
In allen anderen Fällen wirkt sich der Regelverstoß eines *Bewerbers*, der zu einer Disqualifikation führt, **nur als Disqualifikation für das betreffende Loch** aus.

▸ REGEL 32
HÄUFIG GESTELLTE FRAGEN

F Wie wird in einem Stableford-Nettowettspiel die Ehre bestimmt?
A Am ersten Loch ergibt sich die Ehre durch die Startliste. Danach wird die Ehre nach dem niedrigsten Nettoergebnis auf jedem einzelnen Loch bestimmt.

▸ REGEL 33
DIE SPIELLEITUNG

33-1 Ausschreibung; Außerkraftsetzung von Golfregeln
Die *Spielleitung* muss die Bedingungen festlegen, unter denen ein Wettspiel gespielt wird. Die *Spielleitung* ist nicht befugt, eine Golfregel außer Kraft zu setzen.
Bestimmte Zählspielregeln sind von den Lochspielregeln so verschieden, dass die Verbindung beider Spielformen weder durchführbar noch zulässig ist. **Das Ergebnis eines Lochspiels gespielt unter diesen Umständen ist ungültig, und die Bewerber sind für das Zählwettspiel disqualifiziert.**
Im Zählspiel darf die *Spielleitung* die Aufgaben eines *Platzrichters* einschränken.

> **ERKLÄRUNGEN**
> Feststehende Begriffe sind kursiv geschrieben und alphabetisch im Abschnitt II „Erklärungen" aufgeführt (siehe Seiten 13–24).

33-2 Der Platz
33-2 a Festlegung der Platz- und anderen Grenzen
Die *Spielleitung* muss genau bezeichnen
(I) den *Platz* und das *Aus*;
(II) die Grenzen von *Wasserhindernissen* und *seitlichen Wasserhindernissen*;
(III) *Boden in Ausbesserung*;
(IV) *Hemmnisse* und Bestandteile des *Platzes*.

33-2 b Neue Löcher
Neue *Löcher* sollten an dem Tage, an dem ein Zählwettspiel beginnt, und im Übrigen nach Ermessen der *Spielleitung* gesetzt werden, wobei sicherzustellen ist, dass alle *Bewerber* in einer bestimmten Runde alle *Löcher* an gleicher Stelle spielen.
Ausnahme
Ist es unmöglich, ein beschädigtes *Loch* so wieder herzustellen, dass es der Erklärung „*Loch*" entspricht, so darf die *Spielleitung* in naher, gleichartiger Lage, ein neues *Loch* setzen lassen.

> **ANMERKUNG**
> Geht ein und dieselbe Runde über mehr als einen Tag, so darf die Spielleitung in der Ausschreibung (Regel 33-1) bestimmen, dass Löcher und Abschläge an jedem Tag des Wettspiels anders gelegen sein dürfen, sofern sich für alle Bewerber am jeweiligen Tag sämtliche Löcher und Abschläge an gleicher Stelle befinden.

Wenn der Platz „unbespielbar" ist, kann die Spielleitung das Spiel unterbrechen. Nur im Zählspiel kann die Spielleitung, wenn weiteres Spiel unmöglich ist, das Spiel annullieren und abbrechen.

33-2 c Übungsfläche

Wo eine Übungsfläche außerhalb der Fläche eines Wettspielplatzes nicht zur Verfügung steht, sollte die *Spielleitung*, wenn durchführbar, die Fläche bestimmen, auf der Spieler an jedem Tag eines Wettspiels üben dürfen. Im Regelfall sollte die *Spielleitung* an keinem Tag eines Zählwettspiels das Spielen auf einem bzw. auf ein *Grün* oder aus einem *Hindernis* des Wettspielplatzes gestatten.

33-2 d Platz unbespielbar

Sind die *Spielleitung* oder deren Befugte der Auffassung, dass der *Platz* aus irgendeinem Grund unbespielbar oder nach den Umständen ordnungsgemäßes Spielen unmöglich ist, so darf sie im Lochspiel oder Zählspiel eine zeitlich begrenzte Spielaussetzung anordnen oder im Zählspiel das Spiel für nichtig erklären und die Schlagzahlen der betreffenden Runde annullieren. Wird eine Runde annulliert, so sind auch sämtliche Strafen dieser Runde annulliert.
(Verfahren bei Spielunterbrechung und Wiederaufnahme des Spiels – siehe Regel 6-8.)

33-3 Abspielzeiten und Spielergruppen

Die *Spielleitung* muss die Abspielzeiten festlegen und im Zählspiel die Gruppen aufstellen, in denen die *Bewerber* spielen müssen.
Wird ein Lochspielwettbewerb über einen längeren Zeitraum ausgetragen, so legt die *Spielleitung* die Frist fest, innerhalb der jede Runde beendet sein muss. Ist den Spielern gestattet, den Termin ihres Lochspiels innerhalb dieser Fristen frei zu vereinbaren, so sollte die *Spielleitung* ankündigen, dass das Lochspiel zur festgesetzten Zeit am letzten Tag der Frist gespielt werden muss, sofern sich die Spieler nicht auf einen früheren Termin einigen.

33-4 Vorgabenverteilung
Die *Spielleitung* muss die Verteilung der Vorgaben auf die Löcher bekannt geben.

33-5 Zählkarte
Im Zählspiel muss die *Spielleitung* für jeden *Bewerber* eine Zählkarte mit Datum und dem Namen des *Bewerbers* bzw. im *Vierer-* oder *Vierball*-Zählspiel die Namen der *Bewerber* ausgeben.

Im Zählspiel ist die *Spielleitung* für das Zusammenzählen der Schlagzahlen und die Anrechnung der auf der Karte eingetragenen Vorgabe verantwortlich.

Im *Vierball*-Zählspiel ist die *Spielleitung* für die Wertung des besseren Balls pro Loch und für die Anrechnung der auf der Zählkarte eingetragenen Vorgaben sowie für das Zusammenzählen der Schlagzahlen des besseren Balls verantwortlich.

In Par- und Stableford-Wettspielen ist die *Spielleitung* für die Anrechnung der auf der Zählkarte eingetragenen Vorgabe und für die Feststellung des Ergebnisses an jedem Loch sowie des Gesamtergebnisses bzw. des Gesamtpunktergebnisses verantwortlich.

> **ANMERKUNG**
> Die *Spielleitung* kann dazu auffordern, dass jeder *Bewerber* selbst das Datum und seinen Namen auf seiner Zählkarte einträgt.

33-6 Entscheidung bei gleichen Ergebnissen
Die *Spielleitung* muss Art, Tag und Stunde des Stechens bei halbiertem Lochspiel oder Gleichstand im Zählspiel sowie Stechen mit oder ohne Vorgabe ankündigen. Bei halbiertem Lochspiel darf nicht durch Zählspiel gestochen werden. Bei Gleichstand im Zählspiel darf nicht durch Lochspiel gestochen werden.

33-7 Strafe der Disqualifikation; Ermessen der Spielleitung
Eine Strafe der Disqualifikation darf in besonders gelagerten Einzelfällen aufgehoben, abgeändert oder verhängt werden, wenn es die *Spielleitung* für gerechtfertigt hält. Keinerlei geringere Strafe als Disqualifikation darf aufgehoben oder abgeändert werden. Ist die *Spielleitung* der Meinung, dass ein Spieler einen schwerwiegenden Etiketteverstoß begangen hat, so darf sie die Strafe der Disqualifikation nach dieser Regel verhängen.

33-8 Platzregeln
33-8 a Grundsätzliches
Die *Spielleitung* darf Platzregeln für örtlich außergewöhnliche Umstände erlassen, sofern sie mit den Grundsatzbestimmungen, wie sie aus dem Anhang I dieser Golfregeln hervorgehen, vereinbar sind.

33-8 b Außerkraftsetzen oder Abändern einer Regel
Eine *Golfregel* darf nicht durch eine Platzregel außer Kraft gesetzt werden. Beeinträchtigen jedoch örtlich außergewöhnliche Umstände reguläres Golfspielen in einem Ausmaß, dass von der *Spielleitung* die Abänderung von *Regeln* durch eine Platzregel als erforderlich erachtet wird, so muss für diese Platzregel die Zustimmung des *R&A* (über den Deutschen Golf Verband) eingeholt werden.

▸ REGEL 33

REGELFALL

Während der ersten Runde der Open 2007 in Carnoustie kam der Abschlag von Tiger Woods auf der Bahn 10 links im Rough nahe einiger Kabel zur Ruhe, die an der Zuschauerabsperrung entlang liefen.

Die Platzregel für Kabel in der Meisterschaft besagt, dass für „sofort bewegliche" Kabel Regel 24-1 (Bewegliche Hemmnisse) gilt und die Kabel bewegt werden dürfen. Sind die Kabel jedoch „befestigt oder nicht sofort beweglich", werden sie als unbewegliche Hemmnis angesehen und der Spieler darf seinen Ball aufnehmen und innerhalb einer Schlägerlänge vom nächstgelegenen Punkt der Erleichterung fallen lassen (Regel 24-2 Unbewegliche Hemmnisse).

Demnach wird die Entscheidung hinsichtlich der Kabel unterschiedlich ausfallen, abhängig davon ob sie beweglich oder unbeweglich sind. Darüber hinaus kann der Status von Kabeln sich im Verlauf des Wettspiels ändern. Folgen einer Gruppe z. B. viele Zuschauer, Fotografen und TV-Mitarbeiter auf Golfcarts (wie es bei jeder Gruppe mit Tiger Woods normalerweise der Fall ist), so können Hunderte von Personen und einige Golfcarts auf den Kabeln stehen. Dies kann dazu führen, dass die Kabel unbeweglich werden.

Im Fall von Tiger Woods in Carnoustie versuchte der Platzrichter dieser Gruppe, die Kabel zu bewegen und bestimmte, dass sie nicht „sofort beweglich" seien, nachdem er sie nicht bewegen konnte. Deshalb durfte Tiger Woods seinen Ball in Übereinstimmung mit der o. g. Regel aufnehmen und fallen lassen.

Kurze Zeit nachdem die Zuschauer weitergegangen waren wurden die Kabel als beweglich vorgefunden, aber die Entscheidung war völlig richtig und in passte zu den Platzregeln der Meisterschaft, den Golfregeln und den Umständen zum Zeitpunkt der Entscheidung.

In Anwesenheit eines aufmerksamen Platzrichters nimmt Tiger Woods bei der Open Championship 2007 Erleichterung von den Kabeln auf dem Boden.

Die Bedeutung von Regel 33-6 (Bestimmung des Stechens bei gleichen Ergebnissen vor Beginn der Zählspielrunde) wurde in den Damen-Amateur-Weltmeisterschaften 2006 in Stellenbosch (Südafrika) deutlich. Die zweijährig stattfindenden Meisterschaften haben Mannschaften aus drei Spielern, die über vier Tage Zählspiel spielen. Die besten zwei Ergebnisse der Mannschaftsspieler je Tag zählen. Da es dunkel wurde, konnte ein Mannschaftsstechen auf dem Platz nicht stattfinden und es war notwendig, ein Verfahren zur Entscheidung bei gleichen Ergebnissen festzulegen, falls zwei Mannschaften gemeinsam auf dem ersten Platz lägen.

Zu Ende der Meisterschaft lagen die Mannschaften aus Schweden und Südafrika mit 10 unter Par gleichauf, wodurch ein Stechen notwendig wurde. Bei zwei oder mehr gleichen Ergebnissen für den ersten Platz wurde zur Bestimmung der Reihenfolge zuerst das Streichergebnis für die Schlussrunde gewertet. Das Streichergebnis des letzten Tages für Südafrika und Schweden war jedoch jeweils eine 75, und deshalb musste das Strechergebnis der dritten Runde genommen werden. Das Streichergebnis von Südafrika am dritten Tag war eine 73 und das von Schweden eine 77, und so gewannen die südafrikanischen Spielerinnen die Meisterschaft. Dies unterstrich die Bedeutung eines vollständigen Verfahrens zur Ermittlung des Siegers bei gleichen Ergebnissen.

► REGEL 33
HÄUFIG GESTELLTE FRAGEN

F. Kann ein Spieler disqualifiziert werden, falls er sein Ergebnis oder seine Stablefordpunkte auf der Zählkarte falsch oder nicht addiert hat?
A. Ein Bewerber ist für die Richtigkeit der Ergebnisse jedes einzelnen Lochs verantwortlich (Regel 6-6d) und die Spielleitung ist für die Addition der Ergebnisse oder Punkte verantwortlich (Regel 33-5). Wird ein Gesamtergebnis vom Spieler falsch eingetragen, ist es die Aufgabe der Spielleitung, dies straflos zu ändern.

F. Darf ich ein Golfcart benutzen?
A. Ein Spieler darf ein Golfcart in einem Wettspiel benutzen, es sei denn, die Benutzung eines Golfcarts wäre von der Spielleitung in der Ausschreibung untersagt worden.
Der R&A möchte Spieler mit gesundheitlichen Problemen ermutigen, Golf zu spielen, wenn sie es irgendwie können. Es ist jedoch notwendig, dass sich die Golfclubs um das Thema der Benutzung von Golfcarts kümmern und um die Aspekte der Gesundheit, Sicherheit wie auch die Wetter- und Platzbedingungen. Sie sollten ebenfalls entscheiden, ob die topografische Beschaffenheit des Platzes die Benutzung von Golfcarts verhindert.

Wenn eine Spielleitung die Benutzung von Golfcarts zulässt, mag sie hierzu Richtlinien aufstellen, die die Benutzung einschränken, so z. B. die Beschränkung auf Spieler mit einem ärztlichen Attest oder für Spieler mit einem bestimmten Mindestalter, die aufgrund von altersbedingten physischen Einschränkungen anderenfalls nicht am Wettspiel teilnehmen könnten. Es ist Aufgabe der einzelnen Golfclubs und Spielleitungen, dies zu entscheiden und sich separat über die rechtliche Situation zu informieren. Es wäre wichtig für Golfclubs, sich des Themas der Diskriminerung Behinderter und aller Richtlinien der Regierung oder ähnlicher Stellen dazu bewusst zu sein. Lässt ein Golfclub die Benutzung von Golfcarts zu, so wäre es ratsam, für den Fall eines Unfalls oder Verletzungen durch die Benutzung eines Golfcarts auf das Vorhandensein einer entsprechenden Versicherung zu achten.

F. Darf ein Jugendlicher in Clubwettspielen für Erwachsene spielen und dort Preise gewinnen?
A. Es liegt in der Verantwortung der Spielleitung des jeweiligen Wettspiels, die Bedingungen festzulegen, unter denen das Wettspiel gespielt wird (Regel 33-1). Hierzu

Erst nach der außergewöhnlichen Berücksichtigung der südafrikanischen und schwedischen Streichergebnisse des dritten Tages konnte die Spielleitung Südafrika als Sieger der Damen-Amateur-Weltmeisterschaft 2006 bestimmen.

gehört z. B. der Kreis der Teilnehmer, Höchstvorgaben, Alter, Geschlecht, Spielform usw. Deshalb bestimmt auch die Spielleitung, ob Jugendliche an bestimmten Wettspielen teilnahmeberechtigt sind oder nicht.

F. Ist der Spieler für das Ausfüllen der Zählkarte hinsichtlich der Wettspieldetails, des Datums usw. verantwortlich?
A. Es liegt in der Verantwortung der Spielleitung jedem Spieler eine Zählkarte mit seinem Namen und dem Datum des Wettspiels zu geben (Regel 33-5). Eine Spielleitung darf die Spieler aber bitten, diese Informationen zu vervollständigen, um bei der Abwicklung des Wettspiels zu helfen, aber sie kann die Spieler nicht zwingen, dies zu tun. Letztlich ist es Aufgabe der Spielleitung, dies zu tun und ein Spieler kann nicht dafür bestraft werden, es nicht zu tun.

► REGEL 34
ENTSCHEIDUNG IN STRITTIGEN FÄLLEN

ERKLÄRUNGEN
Feststehende Begriffe sind kursiv geschrieben und alphabetisch im Abschnitt II „Erklärungen" aufgeführt (siehe Seiten 13–24).

34-1 Beanstandungen und Strafen
34-1 a Lochspiel
Ist eine Beanstandung nach Regel 2-5 bei der *Spielleitung* anhängig geworden, so sollte eine Entscheidung so bald wie möglich gefällt werden, damit der Spielstand des Lochspiels, falls erforderlich, berichtigt werden kann. Wurde eine Beanstandung nicht in Übereinstimmung mit Regel 2-5 erhoben, so darf sie von der *Spielleitung* nicht berücksichtigt werden.
Die Verhängung der Strafe der Disqualifikation wegen Verstoßes gegen Regel 1-3 unterliegt keiner zeitlichen Beschränkung.

34-1 b Zählspiel
Im Zählspiel darf keine Strafe aufgehoben, abgeändert oder verhängt werden, nachdem das Wettspiel beendet ist. Ein Wettspiel ist beendet, wenn das Ergebnis offiziell bekannt gegeben worden war oder bei Zählspielqualifikation mit nachfolgenden Lochspielen, wenn der Spieler in seinem ersten Lochspiel abgeschlagen hat.

Ausnahmen
Die Strafe der Disqualifikation muss auch nach Beendigung des Wettspiels verhängt werden, wenn ein *Bewerber*

(I) gegen Regel 1-3 (Übereinkunft über Nichtanwendung von Regeln) verstoßen hat; oder

(II) eine Zählkarte einreichte, auf der er eine Vorgabe eingetragen hatte, von der er vor Beendigung des Wettspiels wusste, dass sie höher war als die ihm zustehende, und sich dies auf die Anzahl der erhaltenen Vorgabeschläge ausgewirkt hat (Regel 6-2b); oder

(III) für irgendein Loch aus irgendeinem Grund eine niedrigere als die tatsächlich benötigte Schlagzahl einreichte (Regel 6-6d), es sei denn, es war eine Strafe nicht mitgerechnet, der er sich vor Beendigung des Wettspiels nicht bewusst war; oder

(IV) vor Beendigung des Wettspiels wusste, dass er gegen irgendeine andere Regel verstoßen hatte, die mit Disqualifikation geahndet wird.

34-2 Entscheidung des Platzrichters
Ist ein *Platzrichter* von der *Spielleitung* bestimmt, so ist seine Entscheidung endgültig.

34-3 Entscheidung der Spielleitung
Ist kein *Platzrichter* zur Stelle, so müssen die Spieler jede strittige oder zweifelhafte Einzelheit bezüglich der *Regeln* der *Spielleitung* vortragen, deren Entscheidung endgültig ist. Gelangt die *Spielleitung* nicht zu einer Entscheidung, so kann sie die strittige oder zweifelhafte Einzelheit dem *R&A* vortragen, dessen Entscheidung endgültig ist.

ANMERKUNG
Im Bereich des Deutschen Golf Verbandes ist die Anfrage grundsätzlich zuerst an dessen Regelausschuss zu richten, der sie nur im Zweifelsfalle an den R&A weiterleitet.
Wird die strittige oder zweifelhafte Einzelheit durch die Spielleitung nicht dem Deutschen Golf Verband vorgetragen, so können der oder die Spieler ersuchen, eine bestätigte Sachdarstellung durch einen hierzu beauftragten Vertreter der Spielleitung beim Deutschen Golf Verband vorzutragen, um eine Stellungnahme bezüglich der Richtigkeit der getroffenen Entscheidung zu erhalten. Der Bescheid wird diesem beauftragten Vertreter zugeleitet.
Wurde das Spiel nicht nach den Golfregeln durchgeführt, so trifft der Regelausschuss des Deutschen Golf Verbandes keine Entscheidung zu irgendeiner Frage.

▸ REGEL 34
REGELFALL

In der Open Championship 2004 geschah ein Regelfall, der die Bedeutung der Zeit unterstrich, zu der ein möglicher Regelverstoß festgestellt wird. Am 14. Loch des letzten Tages puttete der spätere Sieger Todd Hamilton wenige Meter ans Loch. Als er die Lage des Balls gekennzeichnet und diesen aufgenommen hatte, klopfte er mit seinem Ball dreimal auf den Ballmarker, legte den Ball zurück und lochte den Putt ein.

Hamilton war bereits auf dem ersten Loch des Stechens über vier Löcher mit Ernie Els, als ein Fernsehzuschauer das „Rules Office" des R&A bei der Meisterschaft anrief und mitteilte, er meinte gesehen zu haben, dass Hamilton auf dem 14. Loch seine Puttlinie unter einem Verstoß gegen Regel 16-1a berührt hätte.

Der Südafrikaner Dawie van der Walt wurde bei der Russian Open 2007 noch zwei Wochen nach dem Spiel disqualifiziert, als bekannt wurde, dass er eine 4 auf dem 13. Loch unterschrieben hatte an Stelle der 5, die er tatsächlich gespielt hatte. Er hatte damit eine 68 für die dritte Runde notiert statt einer 69. Nur bei außergewöhnlichen Umständen darf die Strafe der Disqualifikation nach Beendigung des Wettspiels verhängt werden. Eine dieser Umstände ist der Fall, dass ein Spieler aus irgendeinem Grund ein niedrigeres Ergebnis für ein Loch abgegeben hat als er es tatsächlich gespielt hatte, es sei denn, der Grund hierfür wäre eine fehlende Strafe, von der er vor Beendigung des Wettspiels nichts wusste (Regel 34-1b(III)). Das falsche Ergebnis wurde aber nicht aufgeschrieben, da der Spieler eine Strafe vergessen hatte; es war einfach nur ein unschuldiger aber teurer Fehler. Van der Walt wurde bei dem Wettspiel Vierter, aber nach der Disqualifikation musste er seinen Scheck über 48.361 englische Pfund zurückgeben.

▸ REGEL 34

HÄUFIG GESTELLTE FRAGEN

F. Wie sind die Regeln für Vierer mit Auswahldrive und Scramble?
A. Dies sind keine anerkannten Spielformen und deshalb sind sie nicht in den Regeln enthalten. Deshalb ist es Sache der Spielleitung, alle auftretenden Fragen dazu endgültig zu entscheiden (Regel 34-3).

F. Wann ist ein Rekordergebnis offiziell ein Platzrekord?

A. Der Begriff „Platzrekord" wird in den Golfregeln nicht erklärt. Es ist deshalb Sache der Spielleitung, ob sie ein Ergebnis als Platzrekord akzeptiert.
Es wird empfohlen, ein Rekordergebnis nur anzuerkennen, wenn es in einem Einzel-Zählspiel (nicht in Wettspielen nach Stableford oder Gegen Par) erzielt wurde, die Löcher und Abschläge in den Positionen waren, die bei Meisterschaften üblich sind und nicht mit Besserlegen gespielt wurde.

Während Todd Hamilton sein Stechen über vier Löcher gegen Ernie Els spielte, wurde ein möglicher Regelverstoß auf dem 14. Loch dem Rules Office des R&A in Royal Troon gemeldet. Zum Glück für Hamilton bestätigte sich dies nicht, und er wurde der Open Sieger 2004.

ANHANG

▶ ANHANG I
Platzregeln, Wettspielausschreibungen

TEIL A
Platzregeln 170

1. Festlegung der Platz- und anderen Grenzen 170
2. Wasserhindernisse 170
   a) Seitliche Wasserhindernisse 170
   b) Ball provisorisch nach Regel 26-1 gespielt 170
3. Schonflächen auf dem Platz, Geschützte Biotope 170
4. Platzzustand – Schlamm, übermäßige Nässe, erschwerte Umstände und Schonung des Platzes 170
   a) Eingebetteten Ball aufnehmen, Reinigen 170
   b) „Besserlegen" und „Winterregeln" 170
5. Hemmnisse 170
   a) Allgemeines 170
   b) Steine in Bunkern 170
   c) Straßen und Wege 170
   d) Unbewegliche Hemmnisse nahe am Grün 170
   e) Schutz junger Bäume 170
   f) Zeitweilige Hemmnisse 170
6. Drop-Zonen 171

TEIL B
Musterplatzregeln 171

1. Wasserhindernisse, Ball provisorisch nach Regel 26-1 gespielt 171
2. Schonflächen auf dem Platz, geschützte Biotope 171
   a) Boden in Ausbesserung, Spielen nicht gestattet 171
   b) Geschützte Biotope 171
3. Schutz junger Bäume 172
4. Platzzustand – Schlamm, übermäßige Nässe, erschwerte Umstände und Schonung des Platzes 173
   a) Erleichterung für eingebetteten Ball 173
   b) Ball reinigen 173
   c) „Besserlegen" und „Winterregeln" 174
   d) Bodenbelüftungslöcher 170
   e) Schnittkanten von Graden 174
5. Steine in Bunkern 175
6. Unbewegliche Hemmnisse nahe am Grün 175
7. Zeitweilige Hemmnisse 176
   a) Zeitweilige unbewegliche Hemmnisse 176
   b) Zeitweilige Stromleitungen und Kabel 177
8. Drop-Zonen 178
9. Entfernungsmesser 178

TEIL C
Wettspielausschreibung 179

1. Spezifikation von Schlägern und Bällen 179
   a) Verzeichnis zugelassener Driver-Köpfe 179
   b) Verzeichnis zugelassener Bälle 179
   c) Ein-Ball-Regelung 179
2. Abspielzeit 180
3. Caddie 180
4. Spieltempo 180
5. Aussetzung des Spiels wegen Gefahr 180
6. Üben 181
   a) Allgemein 181
   b) Zwischen dem Spielen von Löchern 181
7. Belehrung in Mannschaftsspielen 181
8. Neue Löcher 181
9. Beförderung 182
10. Dopingverbot 182
11. Entscheidung bei gleichen Ergebnissen 182
12. Auslosung bei Lochspielen; Allgemeine numerische Auslosung 183

▶ ANHANG II
Form von Schlägern 185

1. Schläger 185
   a) Allgemeines 185
   b) Verstellbarkeit 185
   c) Länge 185
   d Ausrichtung 185
2. Schaft 187
   a) Geradheit 187
   b) Biegungs- und Torsionseigenschaften 187
   c) Befestigung am Schlägerkopf 187
3. Griff (siehe Abb. VII) 187
4. Schlägerkopf 187
   a) Glatte Form 187
   b) Abmessungen, Volumen und Trägheitsmoment 188
   c) Trampolineffekt und dynamische Eigenschaften 189
   d) Schlagflächen 189
5. Schlagfläche 189
   a) Allgemeines 189
   b) Aufrauung und Material der Treffzone 189
   c) Prägungen in der Treffzone 189
   d) Verzierende Markierungen 190
   e) Markierungen auf nicht metallischen Schlagflächen 190
   f) Schlagfläche von Puttern 190

▶ ANHANG III
Der Ball 191

1. Allgemeines 191
2. Gewicht 191
3. Größe 191
4. Symmetry der Kugelform 191
5. Anfangsgeschwindigkeit 191
6. Gesamtlängenstandard 191

▶ ANHANG I
Platzregeln
Wettspielausschreibungen

Erklärungen
Feststehende Begriffe sind kursiv geschrieben und alphabetisch im Abschnitt II „Erklärungen" aufgeführt (siehe Seiten 13–24).

TEIL A Platzregeln

Die *Spielleitung* darf nach Regel 33-8a Platzregeln für örtlich außergewöhnliche Umstände erlassen und bekannt geben, sofern sie mit den Grundsatzbestimmungen aus diesem Anhang vereinbar sind. Einzelheiten bezüglich zulässiger und unzulässiger Platzregeln gehen noch dazu aus den „Entscheidungen zu den Golfregeln" zu Regel 33-8 und den DGV-Vorgaben- und Spielbestimmungen hervor. Beeinträchtigen örtlich außergewöhnliche Umstände reguläres Golfspielen und wird von der *Spielleitung* die Abänderung einer Golfregel als erforderlich erachtet, so muss die Zustimmung des R&A (über den Deutschen Golf Verband e. V.) eingeholt werden.

1 Festlegung der Platz- und anderen Grenzen
Darlegen, wie *Aus*, *Wasserhindernisse*, *seitliche Wasserhindernisse*, *Boden in Ausbesserung*, *Hemmnisse* und zum Bestandteil des *Platzes* erklärte Anlagen festgelegt wurden (Regel 33-2a).

2 Wasserhindernisse
a) **Seitliche Wasserhindernisse**
Klarstellen, welche Teile von *Wasserhindernissen* *seitliche Wasserhindernisse* sein sollen (Regel 26).
b) **Ball provisorisch nach Regel 26-1 gespielt**
Das Spielen eines *provisorischen Balls* nach Regel 26-1 für einen Ball zulassen, der in einem *Wasserhindernis* (einschließlich eines seitlichen *Wasserhindernisses*) sein kann, wenn das *Wasserhindernis* so beschaffen ist, dass, falls der ursprüngliche Ball nicht gefunden wird, es bekannt oder so gut wie sicher ist, dass er in dem *Wasserhindernis* ist, und dass es undurchführbar wäre, festzustellen, ob der Ball in dem *Wasserhindernis* ist, oder dies das Spiel unangemessen verzögern würde.

3 Schonflächen auf dem Platz, geschützte Biotope
Die Schonung des *Platzes* unterstützen, indem Sodenkulturen, Neuanpflanzungen, junge Pflanzen oder andere Kultivierungsflächen auf dem *Platz* zu *Boden in Ausbesserung* erklärt werden, von dem nicht gespielt werden darf.

Ist die *Spielleitung* gefordert, das Spielen in einem geschützten Biotop auf oder angrenzend an den *Platz* zu unterbinden, so sollte sie durch Platzregel das Erleichterungsverfahren klarstellen.

4 Platzzustand – Schlamm, übermäßige Nässe, erschwerte Umstände und Schonung des Platzes
a) **Eingebetteten Ball aufnehmen und reinigen**
Beeinträchtigen zeitweilige Bedingungen, einschließlich Schlamm und übermäßige Nässe, reguläres Golfspielen, so kann Erleichterung für einen eingebetteten Ball überall im *Gelände* gerechtfertigt sein, oder das Aufnehmen, Reinigen und Zurücklegen eines Balls überall im *Gelände*, oder im *Gelände* auf einer kurz gemähten Fläche, erlaubt werden.
b) **„Besserlegen" und „Winterregeln"**
Erschwerte Umstände, wie schlechter Platzzustand oder Verschlammung, können – vor allem im Winter – so verbreitet sein, dass die *Spielleitung* Erleichterung durch zeitweilige Platzregel zur Schonung des *Platzes* oder zur Gewährleistung gerechter und tragbarer Spielbedingungen gestatten darf. Diese Platzregel sollte außer Kraft gesetzt werden, sobald es die Umstände zulassen.

5 Hemmnisse
a) **Allgemeines**
Status von Gegenständen klarstellen, die *Hemmnisse* sein könnten (Regel 24).
Jede Art von Anlagen, wie künstliche Böschungen von *Grüns*, *Abschlägen* und *Bunkern*, die keine *Hemmnisse* sein sollen, zu Bestandteilen des *Platzes* erklären (Regeln 24 und 33-2a).
b) **Steine in Bunkern**
Entfernen von Steinen aus *Bunkern* erlauben, indem sie zu *beweglichen Hemmnissen* erklärt werden (Regel 24-1).
c) **Straßen und Wege**
(I) Künstlich angelegte Oberflächen und Begrenzungen von Straßen und Wegen zu Bestandteilen des *Platzes* erklären, oder
(II) Erleichterung im Sinne der Regel 24-2b von Straßen und Wegen ohne künstlich angelegte Oberflächen und Begrenzungen ermöglichen, wenn sie das Spiel in unbilliger Weise beeinträchtigen könnten.
d) **Unbewegliche Hemmnisse nahe am Grün**
Erleichterung bei Behinderung durch *unbewegliche Hemmnisse* ermöglichen, die auf dem oder innerhalb zweier Schlägerlängen vom *Grün* sind, wenn der Ball innerhalb *zweier Schlägerlängen* von einem solchen *Hemmnis* liegt.
e) **Schutz junger Bäume**
Erleichterung zum Schutz junger Bäume gewährleisten.
f) **Zeitweilige Hemmnisse**
Erleichterung bei Behinderung durch zeitweilige *Hemmnisse* (z. B. Tribünen, Fernsehkabel und -installationen usw.) gewährleisten.

6 Drop-Zonen

Flächen festlegen, auf denen Bälle fallen gelassen werden dürfen oder müssen, wenn es nicht angebracht oder nicht durchführbar ist, in genauer Übereinstimmung mit Regel 24-2b oder 24-3 (*unbewegliches Hemmnis*), Regel 25-1b oder 25-1c (*ungewöhnlich beschaffener Boden*), Regel 25-3 (*falsches Grün*), Regel 26-1 (*Wasserhindernisse* und *seitliche Wasserhindernisse*) oder Regel 28 (Ball unspielbar) zu verfahren.

TEIL B Musterplatzregeln

Entsprechend den Grundsatzbestimmungen im Teil A dieses Anhangs dürfen von der *Spielleitung* auf Zählkarten, in Bekanntmachungen oder durch Hinweis auf die betreffende Musterplatzregel diese als Platzregeln übernommen werden. Musterplatzregeln, die nur vorübergehende Gültigkeit haben, sollten nicht auf Zählkarten abgedruckt werden.

1 Wasserhindernisse; Ball provisorisch nach Regel 26-1 gespielt

Ist ein Wasserhindernis (einschließlich eines seitlichen Wasserhindernisses) so groß oder so geformt und/oder so gelegen, dass
(I) es undurchführbar wäre, festzustellen, ob der Ball in dem Hindernis ist oder würde dies das Spiel ungebührlich verzögern; und
(II) falls der ursprüngliche Ball nicht gefunden wird, es bekannt oder so gut wie sicher ist, dass er in dem Wasserhindernis ist, so darf die Spielleitung eine Platzregel erlassen, die das Spielen eines provisorischen Balls nach Regel 26-1 erlaubt. Der Ball wird provisorisch nach einer der anwendbaren Wahlmöglichkeiten nach Regel 26-1 oder einer anwendbaren Platzregel gespielt. Wird auf solche Weise ein provisorischer Ball gespielt und ist der ursprüngliche Ball in einem *Wasserhindernis*, so darf der Spieler den ursprünglichen Ball spielen, wie er liegt oder den provisorischen Ball weiterspielen. Er darf jedoch nicht mit dem ursprünglichen Ball nach Regel 26-1 verfahren.
Unter diesen Umständen **wird folgende Platzregel empfohlen:**

> „Ist es nicht sicher, ob ein Ball in dem Wasserhindernis ‹hier Ort angeben› ist oder darin verloren ist, so darf der Spieler einen anderen Ball provisorisch nach jeder der anwendbaren Wahlmöglichkeiten von Regel 26-1 spielen.
> Wird der ursprüngliche Ball außerhalb des *Wasserhindernisses* gefunden, so muss der Spieler das Spiel mit ihm fortsetzen.
> Wird der ursprüngliche Ball im *Wasserhindernis* gefunden, so darf der Spieler entweder den ursprünglichen Ball spielen, wie er liegt oder das Spiel mit dem provisorisch nach Regel 26-1 gespielten Ball fortsetzen.
> Wird der ursprüngliche Ball nicht innerhalb der fünf Minuten Suchfrist gefunden oder identifiziert, muss der Spieler das Spiel mit dem provisorischen gespielten Ball fortsetzen.

STRAFE FÜR VERSTOSS GEGEN PLATZREGELN:
Lochspiel – Lochverlust;
Zählspiel – Zwei Schläge."

2 Schonflächen auf dem Platz; geschützte Biotope

a) Boden in Ausbesserung; Spielen nicht gestattet
Will die *Spielleitung* irgendeinen Platzbereich schonen, so sollte sie diesen zu *Boden in Ausbesserung* erklären, von dem nicht gespielt werden darf.
Folgende Platzregel wird empfohlen:

> „Der Platzbereich .... (kenntlich durch ....) ist *Boden in Ausbesserung*, von dem nicht gespielt werden darf. Liegt der Ball eines Spielers in diesem Bereich oder behindert solcher die *Standposition* oder den Raum des beabsichtigten Schwungs des Spielers, so muss der Spieler Erleichterung nach Regel 25-1 in Anspruch nehmen.

STRAFE FÜR VERSTOSS GEGEN PLATZREGELN:
Lochspiel – Lochverlust;
Zählspiel – Zwei Schläge."

b) Geschützte Biotope
Hat eine zuständige Behörde (z. B. eine Landesbehörde oder dergleichen) das Betreten und/oder Spielen in einem Landschaftsteil auf dem oder angrenzend an den *Platz* zum Zweck des Umweltschutzes verboten, so sollte die *Spielleitung* durch eine Platzregel das Erleichterungsverfahren klarstellen.
Die *Spielleitung* darf nach eigenem Ermessen das geschützte Biotop als *Boden in Ausbesserung*, als *Wasserhindernis* oder als *Aus* festlegen, jedoch darf sie diesen Landschaftsteil nicht als *Wasserhindernis* bezeichnen, wenn es sich gemäß der Erklärung „Wasserhindernis" um kein solches handelt. Die *Spielleitung* sollte bemüht sein, die Charakteristik des Lochs zu bewahren.
Folgende Platzregel wird empfohlen:

> „I. Erklärung
> Ein geschütztes Biotop ist ein Landschaftsteil, für den die zuständige Behörde das Betreten und/oder Spielen darin zum Zweck des Umweltschutzes verboten hat. Solche Landschaftsteile dürfen nach Ermessen der *Spielleitung* als *Boden in Ausbesserung*, *Wasserhindernis*, *seitliches Wasserhindernis* oder Aus festgelegt werden.
> Voraussetzung der Bezeichnung eines derartigen Landschaftsteils als *Wasserhindernis bzw. seitliches*

Wasserhindernis ist dabei, dass es sich tatsächlich um Wasserhindernisse gemäß der Erklärung handelt.

ANMERKUNG
Die *Spielleitung* selbst ist nicht befugt, einen Landschaftsteil zu einem geschützten Biotop zu erklären.

II Ball in geschütztem Biotop
a) Boden in Ausbesserung
Ist ein Ball in einem geschützten Biotop, das als *Boden in Ausbesserung* bezeichnet wurde, so muss ein Ball nach Regel 25-1b fallen gelassen werden.
Ist es bekannt oder so gut wie sicher, dass ein Ball, der nicht gefunden wurde, in einem geschützten Biotop ist, das als *Boden in Ausbesserung* bezeichnet wurde, darf der Spieler straflose Erleichterung nach Regel 25-1c in Anspruch nehmen.
b) Wasserhindernisse oder seitliche Wasserhindernisse
ist es bekannt oder so gut wie sicher, dass ein Ball, der nicht gefunden wurde, in einem geschützten Biotop ist, das als *Wasserhindernis* oder *seitliches Wasserhindernis* bezeichnet wurde, muss der Spieler nach Regel 26-1 verfahren und zieht sich einen *Strafschlag* zu.

ANMERKUNG
Rollt ein in Übereinstimmung mit Regel 26 fallen gelassener Ball in eine Lage, in der die *Standposition* oder der Raum des beabsichtigten Schwungs des Spielers durch das geschützte Biotop betroffen ist, muss der Spieler Erleichterung entsprechend Ziffer III dieser Platzregel in Anspruch nehmen.

c) Aus
Ist ein Ball in einem geschützten Biotop, das als *Aus* bezeichnet ist, so muss der Spieler mit einem Strafschlag einen Ball so nahe wie möglich der Stelle spielen, von der der ursprüngliche Ball zuletzt gespielt wurde (siehe Regel 20-5).

III Behinderung von Standposition oder Raum des beabsichtigten Schwungs
Behinderung durch ein geschütztes Biotop ist gegeben, wenn durch einen solchen Umstand die *Standposition* des Spielers oder der Raum seines beabsichtigten Schwungs betroffen ist. Ist Behinderung gegeben, so muss der Spieler wie folgt Erleichterung in Anspruch nehmen:
(a) Im *Gelände*: Liegt der Ball im *Gelände*, so muss der dem Ball nächstgelegene Punkt auf dem *Platz* festgestellt werden, der (a) nicht näher zum *Loch* ist, (b) die Behinderung durch den Umstand ausschließt und (c) nicht in einem *Hindernis* oder auf einem *Grün* ist. Der Spieler muss den Ball aufnehmen und ihn straflos innerhalb einer Schlägerlänge von dem so festgestellten Punkt auf einen Teil des *Platzes* fallen lassen, der die Voraussetzungen nach (a), (b) und (c) erfüllt.

(b) Im *Hindernis*: Ist der Ball in einem *Hindernis*, so muss der Spieler den Ball aufnehmen und ihn fallen lassen entweder (I) straflos in dem *Hindernis* so nahe wie möglich der Stelle, an der der Ball lag, jedoch nicht näher zum *Loch*, auf einen Teil des *Platzes*, der vollständige Erleichterung von diesem Umstand bietet; oder (II) mit einem Strafschlag außerhalb des *Hindernisses*, wobei der Punkt, auf dem der Ball lag, auf gerader Linie zwischen dem *Loch* und der Stelle liegen muss, an der der Ball fallen gelassen wird, und zwar ohne Beschränkung, wie weit hinter dem *Hindernis* der Ball fallen gelassen werden darf. Zusätzlich darf der Spieler nach Regel 26 oder 28, sofern anwendbar, verfahren.
(c) Auf dem *Grün*: Liegt der Ball auf dem *Grün*, so muss ihn der Spieler aufnehmen und straflos an der der vorherigen Lage nächstgelegenen Stelle hinlegen, die vollständige Erleichterung von diesem Umstand bietet, jedoch nicht näher zum *Loch* und nicht in einem *Hindernis*. Der Ball darf gereinigt werden, wenn er nach Ziffer III dieser Platzregel aufgenommen wurde.

AUSNAHME
Ein Spieler darf keine Erleichterung nach Ziffer III dieser Platzregel nehmen, wenn (a) es für ihn wegen Behinderung durch irgendetwas anderes als einen Umstand nach dieser Platzregel ganz und gar unvernünftig wäre, einen Schlag zu spielen, oder (b) die Behinderung durch einen solchen Umstand ausschließlich infolge unnötig abnormer Art von Standposition, Schwung oder Spielrichtung eintreten würde.

STRAFE FÜR VERSTOSS GEGEN PLATZREGELN:
Lochspiel – Lochverlust;
Zählspiel – Zwei Schläge.

ANMERKUNG
Im Fall eines schwerwiegenden Verstoßes gegen diese Platzregel kann die *Spielleitung* die Strafe der Disqualifikation verhängen."

3 Schutz junger Bäume
Soll der Schädigung junger Bäume vorgebeugt werden, so **wird folgende Platzregel** empfohlen:
„Schutz junger Bäume, kenntlich durch ....
Wenn solch ein Baum die Standposition oder den Raum des beabsichtigten Schwungs eines Spielers behindert, so muss der Ball straflos aufgenommen und in Übereinstimmung mit dem in Regel 24-2b *(unbewegliches Hemmnis)* vorgeschriebenen Verfahren fallen gelassen werden. Liegt der Ball in einem *Wasserhindernis*, so muss der Spieler den Ball aufnehmen und in Übereinstimmung mit Regel 24-2b (I) fallen lassen, doch muss der *nächstgelegene Punkt der Erleichterung in dem Wasserhindernis* sein und der Ball muss in dem *Wasserhindernis* fallen gelassen werden, oder der Spieler darf nach Regel 26 verfahren. Der nach dieser Platzregel aufgenommene Ball darf gereinigt werden.

ERLEICHTERUNG VON BEPFLOCKTEN BÄUMEN

AUSNAHME
Ein Spieler darf Erleichterung nach dieser Platzregel dann nicht in Anspruch nehmen, wenn (a) es für ihn wegen Behinderung durch irgendetwas anderes als den Baum ganz und gar unvernünftig wäre, einen Schlag zu spielen oder (b) die Behinderung durch den Baum ausschließlich infolge unnötig abnormer Art von Standposition, Schwung oder Spielrichtung eintreten würde.

STRAFE FÜR VERSTOSS GEGEN PLATZREGELN:
Lochspiel – Lochverlust;
Zählspiel – Zwei Schläge."

4 Platzzustand – Schlamm, übermäßige Nässe, erschwerte Umstände und Schonung des Platzes

a Erleichterung für eingebetteten Ball
Nach Regel 25-2 darf für einen im *Gelände* auf irgendeiner kurz gemähten Fläche in seinem eigenen Einschlagloch eingebetteten Ball straflos Erleichterung in Anspruch genommen werden. Auf dem *Grün* darf ein Ball aufgenommen und Schaden, welcher durch den Einschlag eines Balls hervorgerufen wurde, ausgebessert werden (Regeln 16-1b und c). Ist die Erlaubnis zur Inanspruchnahme von Erleichterung für einen irgendwo im *Gelände* eingebetteten Ball gerechtfertigt, so **wird die folgende Platzregel empfohlen:**
„Ist im *Gelände* ein Ball in sein eigenes Einschlagloch im Boden eingebettet, so darf er straflos aufgenommen, gereinigt und so nahe wie möglich der Stelle, an der er lag, jedoch nicht näher zum Loch, fallen gelassen werden. Der Ball muss beim Fallenlassen zuerst auf einem Teil des *Platzes* im *Gelände* auftreffen.

AUSNAHMEN
1 Ein Spieler darf keine Erleichterung nach dieser Platzregel in Anspruch nehmen, wenn der Ball in Sand auf einer nicht kurz gemähten Fläche eingebettet ist.
2 Ein Spieler darf keine Erleichterung nach dieser Platzregel in Anspruch nehmen, wenn es für ihn wegen Behinderung durch irgendetwas anderes als den Umstand nach dieser Platzregel ganz und gar unvernünftig wäre, einen *Schlag* zu machen.

STRAFE FÜR VERSTOSS GEGEN PLATZREGELN:
Lochspiel – Lochverlust;
Zählspiel – Zwei Schläge."

b) Ball reinigen
Umstände wie extreme Nässe, unter denen merkliche Mengen Schlamm am Ball haften, können so sein, dass die Erlaubnis zum Aufnehmen, Reinigen und Zurücklegen des Balls angebracht sein kann. In solchen Fällen **wird die folgende Platzregel empfohlen:**
„Ein Ball darf in der nachstehend bezeichneten Fläche (genaue Ortsangabe machen) straflos aufgenommen, gereinigt und zurückgelegt werden.

ANMERKUNG
Die Lage des Balls muss vor dem Aufnehmen nach dieser Platzregel gekennzeichnet werden – siehe Regel 20-1.

STRAFE FÜR VERSTOSS GEGEN PLATZREGELN:
Lochspiel – Lochverlust;
Zählspiel – Zwei Schläge."

c „Besserlegen" und „Winterregeln"

Boden in Ausbesserung wird in Regel 25 behandelt, so dass vereinzelte, örtlich außergewöhnliche Umstände, die faires Golfspielen beeinträchtigen können und sich auf kleine Bereiche beschränken, als *Boden in Ausbesserung* gekennzeichnet werden sollten.

Widrige Umstände wie heftiger Schneefall, Tauwetter im Frühjahr, lang anhaltender Regen oder extreme Hitze können die Spielbahnen in sehr unbefriedigenden Zustand versetzen und auch den Einsatz von schweren Platzmaschinen verhindern. Wenn diese Bedingungen auf dem ganzen *Platz* so verbreitet sind, dass nach Meinung der *Spielleitung* „Besserlegen" oder „Winterregeln" faires Golfspielen fördern oder helfen kann, den *Platz* zu schonen, **wird folgende Platzregel empfohlen:**

„Ein auf einer kurz gemähten Fläche im *Gelände* [oder einschränken auf eine Fläche wie z. B. „auf dem 6. Loch"] liegender Ball darf straflos aufgenommen und gereinigt werden. Vor dem Aufnehmen muss der Spieler die Lage des Balls kennzeichnen. Der so aufgenommene Ball muss innerhalb [genaue Entfernungsangabe wie: „15 Zentimeter", „einer Schlägerlänge" etc. machen] von seiner ursprünglichen Lage, jedoch nicht näher zum *Loch* und nicht in ein *Hindernis* oder auf ein *Grün*, hingelegt werden. Ein Spieler darf seinen Ball nur einmal hinlegen, und nachdem der Ball so hingelegt worden war, ist er *im Spiel* (Regel 20-4). Kommt der hingelegte Ball nicht auf der Stelle zur Ruhe, auf die er hingelegt wurde, findet Regel 20-3d Anwendung. Wenn der Ball auf der Stelle zur Ruhe kommt, auf die er hingelegt wurde und sich anschließend *bewegt*, so ist dies straflos und der Ball muss gespielt werden, wie er liegt, es sei denn, die Vorschriften einer anderen *Regel* finden Anwendung. Versäumt es der Spieler, die Lage des Balls vor dem Aufnehmen zu kennzeichnen oder bewegt er den Ball auf andere Art und Weise und rollt ihn z. B. mit dem Schläger, so zieht er sich einen *Strafschlag* zu.

ANMERKUNG

„Kurz gemähte Rasenfläche" beschreibt jedes Gebiet auf dem Platz, einschließlich Wege durch das Rough, das auf Fairwayhöhe oder kürzer gemäht ist.

* STRAFE FÜR VERSTOSS GEGEN PLATZREGELN:

Lochspiel – Lochverlust;
Zählspiel – Zwei Schläge.

* Zieht sich ein Spieler die Grundstrafe für den Verstoß gegen diese Platzregel zu, kommt keine andere Strafe nach dieser Platzregel hinzu."

d) Bodenbelüftungslöcher

Wurde ein *Platz* aerifiziert, so kann eine Platzregel, die straflose Erleichterung von einem Bodenbelüftungsloch gewährt, gerechtfertigt sein. **Die folgende Platzregel wird empfohlen:**

„Kommt ein Ball im *Gelände* in oder auf einem Bodenbelüftungsloch zur Ruhe, so darf er straflos aufgenommen, gereinigt und fallen gelassen werden, und zwar so nahe wie möglich der Stelle, an der er lag, jedoch nicht näher zum *Loch*. Der Ball muss beim Fallenlassen zuerst auf einem Teil des *Platzes* im *Gelände* auftreffen.

Auf dem *Grün* darf ein Ball, der in oder auf einem Bodenbelüftungsloch zur Ruhe kommt, in die nächstgelegene Lage, die einen solchen Umstand ausschließt und nicht näher zum *Loch*, hingelegt werden.

STRAFE FÜR VERSTOSS GEGEN PLATZREGELN:

Lochspiel – Lochverlust;
Zählspiel – Zwei Schläge."

e) Schnittkanten von Grassoden

Will eine *Spielleitung* Erleichterung von Schnittkanten von Grassoden gewähren, jedoch nicht von den Grassoden an sich, so **wird folgende Platzregel empfohlen:**

„Schnittkanten von Grassoden (nicht die Soden an sich) gelten im Gelände als *Boden in Ausbesserung*. Jedoch gilt die Behinderung der Standposition des Spielers durch die Schnittkanten allein nicht als Behinderung nach Regel 25-1. Berührt der Ball die Schnittkante oder liegt er darin, oder behindert die Schnittkante den Raum des beabsichtigten Schwungs, so wird Erleichterung nach Regel 25-1 gewährt. Alle Schnittkanten innerhalb des Bereichs der Grassoden gelten als dieselbe Schnittkante.

BESSERLEGEN

Wir spielen mit Besserlegen, deshalb bewege ich meinen Ball gerade mit dem Schläger.

Nein. Du musst die Lage des Balls kennzeichnen, den Ball aufnehmen und dann hinlegen. Der Ball darf nicht mit dem Schläger bewegt werden.

STRAFE FÜR VERSTOSS GEGEN PLATZREGELN:
Lochspiel – Lochverlust;
Zählspiel – Zwei Schläge."

5 Steine in Bunkern

Steine sind gemäß Erklärung *lose hinderliche Naturstoffe*, und ist der Ball eines Spielers in einem *Hindernis*, so darf ein Stein, der im *Hindernis* liegt oder dieses berührt, nicht berührt oder bewegt werden (Regel 13-4). Jedoch können Steine in Bunkern eine Gefahr für Spieler darstellen (ein Spieler könnte durch einen Stein verletzt werden, der durch den Schläger des Spielers beim Versuch, den Ball zu spielen, getroffen wird) und sie können faires Golfspiel beeinträchtigen.
Erscheint die Erlaubnis zum Aufnehmen eines Steins gerechtfertigt, so **wird die folgende Platzregel empfohlen:**
„Steine in Bunkern sind *bewegliche Hemmnisse* (Regel 24-1 gilt)."

6 Unbewegliche Hemmnisse nahe am Grün

Bei Behinderung durch ein *unbewegliches Hemmnis* darf nach Regel 24-2 straflos Erleichterung in Anspruch genommen werden. Dies gilt, außer auf dem *Grün*, jedoch nicht, wenn lediglich die *Spiellinie* durch die Behinderung betroffen ist.
Sind Vorgrüns so kurz gemäht, dass Spieler auch von knapp außerhalb des *Grüns* putten wollen, so kann ein *unbewegliches Hemmnis* im Vorgrün faires Golfspiel beeinträchtigen. **Folgende Platzregel zur zusätzlichen straflosen Erleichterung von die Spiellinie behindernden unbeweglichen Hemmnissen erscheint dann gerechtfertigt:**

„Erleichterung von Behinderung durch ein *unbewegliches Hemmnis* darf nach Regel 24-2 in Anspruch genommen werden. Liegt ein Ball außerhalb des *Grüns*, aber nicht in einem *Hindernis*, und befindet sich ein derartiges *unbewegliches Hemmnis* auf dem *Grün* oder innerhalb zweier Schlägerlängen vom *Grün* und auch innerhalb zweier Schlägerlängen vom Ball entfernt auf der *Spiellinie* zwischen Ball und Loch, so darf der Spieler zusätzlich noch wie folgt Erleichterung in Anspruch nehmen: Der Ball muss aufgenommen und an der seiner ursprünglichen Lage nächstgelegenen Stelle (a) nicht näher zum *Loch*, (b) frei von Behinderung und (c) nicht in einem *Hindernis* oder auf einem *Grün* fallen gelassen werden. Der so aufgenommene Ball darf gereinigt werden. Erleichterung darf nach dieser Platzregel auch genommen werden, wenn der Ball des Spielers auf dem *Grün* liegt und ein *unbewegliches Hemmnis* sich innerhalb von zwei Schlägerlängen vom *Grün* entfernt auf seiner *Puttlinie* befindet. Der Spieler darf wie folgt Erleichterung in Anspruch nehmen:
Der Ball muss aufgenommen und an die nächstgelegene Stelle seiner ursprünglichen Lage hingelegt werden, die a) nicht näher zum *Loch* ist, b) Behinderung ausschließt, und c) nicht in einem *Hindernis* ist. Der Ball darf gereinigt werden, wenn er so aufgenommen wurde.

STRAFE FÜR VERSTOSS GEGEN PLATZREGELN:
Lochspiel – Lochverlust;
Zählspiel – Zwei Schläge."

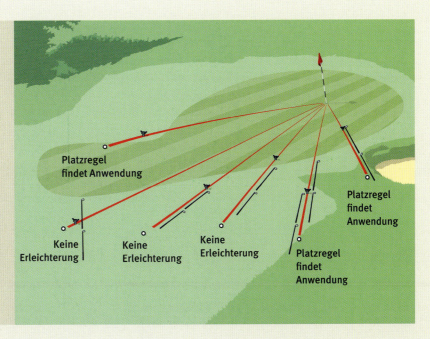

Ein Spieler darf Erleichterung von einem unbeweglichen Hemmnis (z. B. Sprengwasserauslass) nach Regel 24-2 in Anspruch nehmen. Bei übernommener Musterplatzregel gilt dies auch, wenn das Hemmnis auf der Spiellinie liegt, vorausgesetzt:
(a) das unbewegliche Hemmnis ist auf dem Grün oder bis zu zwei Schlägerlängen entfernt; und
(b) der Ball liegt innerhalb zweier Schlägerlängen vom unbeweglichen Hemmnis entfernt.
(c) der Ball liegt auf dem Grün und das unbewegliche Hemmnis innerhalb zweier Schlägerlängen vom Ball entfernt in der Spiellinie zwischen Ball und Loch.

7 Zeitweilige Hemmnisse

Wurden zeitweilige Hemmnisse auf dem *Platz* oder angrenzend an den *Platz* installiert, so sollte die *Spielleitung* den Status von derartigen Hemmnissen als bewegliche, unbewegliche oder zeitweilige, unbewegliche Hemmnisse festlegen.

a) Zeitweilige, unbewegliche Hemmnisse

Hat die *Spielleitung* derartige Hemmnisse als zeitweilige, unbewegliche Hemmnisse bezeichnet, so **wird die folgende Platzregel empfohlen:**

I. Erklärung

Ein zeitweiliges unbewegliches Hemmnis (Temporary Immovable Obstruction – TIO) ist ein künstlicher Gegenstand, der vorübergehend installiert wurde, oftmals in Verbindung mit einem Wettspiel und befestigt ist und nicht ohne weiteres bewegt werden kann.

Beispiele für TIO sind Zelte, Anzeigetafeln, Tribünen, Fernsehtürme, Toiletten und Ähnliches.

Spanndrähte sind Teile dieses TIO, es sei denn, die *Spielleitung* hat festgelegt, dass sie wie hochgelegte Stromleitungen oder Kabel zu behandeln sind.

II. Behinderung

Behinderung durch ein TIO ist gegeben, wenn (a) der Ball davor oder so dicht dabei liegt, dass die *Standposition* des Spielers oder der Raum seines beabsichtigten Schwungs durch das TIO betroffen sind, oder (b) der Ball in, auf, unter oder hinter dem TIO liegt, so dass irgend ein Teil des TIO direkt zwischen dem Ball des Spielers und dem *Loch* und auf seiner *Spiellinie* ist. Behinderung liegt auch dann vor, wenn der Ball innerhalb einer Schlägerlänge von einer gleich weit vom *Loch* entfernten Stelle liegt, an der eine derartige Beeinträchtigung der *Spiellinie* bestehen würde.

ANMERKUNG

Ein Ball ist unter einem TIO, wenn er unter den äußersten Rändern des TIO liegt, auch wenn diese Ränder nicht bis an den Boden reichen.

III Erleichterung

Ein Spieler darf bei Behinderung durch ein TIO, auch wenn dieses im *Aus* ist, wie folgt Erleichterung in Anspruch nehmen:

a) Im Gelände: Liegt der Ball im *Gelände*, so muss der dem Ball nächstgelegene Punkt auf dem *Platz* festgestellt werden, der (a) nicht näher zum *Loch* ist, (b) die in Ziffer II umschriebene Behinderung ausschließt und (c) nicht in einem *Hindernis* oder auf einem *Grün* ist. Der Spieler muss den Ball aufnehmen und ihn straflos innerhalb einer Schlägerlänge von dem so festgestellten Punkt auf einem Teil des *Platzes* fallen lassen, der obige Voraussetzungen nach (a), (b) und (c) erfüllt.

(b) In einem Hindernis: Ist der Ball in einem *Hindernis*, so muss der Spieler den Ball aufnehmen und fallen lassen, und zwar entweder

(I) straflos in Übereinstimmung mit obiger Ziffer IIIa, außer dass der nächstgelegene Teil des Platzes, der vollständige Erleichterung gewährleistet, in dem *Hindernis* sein muss und dass der Ball im *Hindernis* fallen gelassen werden muss, oder, wenn vollständige Erleichterung nicht möglich ist, auf einem Teil des *Platzes* innerhalb des *Hindernisses*, der größte erzielbare Erleichterung bietet, oder

(II) mit einem Strafschlag außerhalb des Hindernisses wie folgt: Der dem Ball nächstgelegene Punkt auf dem *Platz* muss festgestellt werden, der (a) nicht näher zum *Loch* ist, (b) die in Ziffer II umschriebene Behinderung ausschließt und (c) nicht in einem *Hindernis* ist. Der Spieler muss den Ball innerhalb einer Schlägerlänge

Bei zeitweiligen unbeweglichen Hemmnissen, wie Kameratürmen auf dem Platz, sollte die Spielleitung eine Platzregel festlegen, die Erleichterung von solchen zeitweiligen unbeweglichen Hemmnissen vorsieht.

von dem so festgestellten Punkt auf einem Teil des *Platzes* fallen lassen, der obige Voraussetzungen nach (a), (b) und (c) erfüllt.
Der Ball darf gereinigt werden, wenn er nach Ziffer III aufgenommen wurde.

ANMERKUNG 1
Liegt der Ball in einem *Hindernis*, so hindert diese Platzregel den Spieler nicht, nach Regel 26 oder Regel 28 zu verfahren, wenn diese anwendbar sind.

ANMERKUNG 2
Ist ein Ball, der nach dieser Platzregel fallen zu lassen ist, nicht sofort wiederzuerlangen, darf ein anderer Ball eingesetzt werden.

ANMERKUNG 3
Die *Spielleitung* darf eine Platzregel erlassen, die (a) einem Spieler bei Inanspruchnahme von Erleichterung von einem TIO die Benutzung einer Drop-Zone erlaubt oder vorschreibt oder (b), die einem Spieler als zusätzliche Erleichterungsmöglichkeit erlaubt, den Ball ausgehend von dem nach Ziffer III festgelegten Punkt auf der gegenüberliegenden anderen Seite des TIO, aber anderweitig in Übereinstimmung mit Ziffer III, fallen zu lassen.

AUSNAHMEN
Liegt der Ball eines Spielers vor oder hinter dem TIO (also nicht in, auf oder unter dem TIO), so darf er keine Erleichterung nach Ziffer III in Anspruch nehmen, wenn
1. es für ihn wegen Behinderung durch irgendetwas anderes als das TIO ganz und gar unvernünftig wäre, einen Schlag zu machen, oder, falls die Spiellinie behindert wird, einen Schlag zu machen, bei dem der Ball auf einer direkten Linie zum Loch landen könnte;
2. die Behinderung durch das TIO ausschließlich infolge unnötig abnormer Art von Standposition, Schwung oder Spielrichtung eintreten würde; oder
3. es ganz und gar unvernünftig wäre, zu erwarten, dass der Spieler den Ball so weit in Richtung Loch schlagen kann, dass der Ball das TIO auf der Spiellinie zwischen Ball und Loch erreicht.

Hat ein Spieler wegen dieser Ausnahmen keinen Anspruch auf Erleichterung, so darf er, wenn anwendbar, nach Regel 24-2 verfahren.

IV IV. Ball in TIO nicht gefunden
Ist es bekannt oder so gut wie sicher, dass ein Ball, der nicht gefunden wurde, in, auf oder unter einem TIO ist, so darf, wenn anwendbar, ein Ball nach den Vorschriften von Ziffer III oder Ziffer V fallen gelassen werden. Dabei gilt der Ball als an der Stelle liegend, an der er zuletzt die äußerste Begrenzung des TIO gekreuzt hat (Regel 24-3).

V V. Drop-Zonen
Ist der Spieler durch ein TIO behindert, so darf die *Spielleitung* die Benutzung einer Drop-Zone erlauben oder vorschreiben. Benutzt der Spieler bei Inanspruchnahme von Erleichterung eine Drop-Zone, so muss er den Ball in derjenigen Drop-Zone fallen lassen, die der ursprünglichen Lage bzw. als solche geltenden Lage (vgl. Ziffer IV) des Balls nächstgelegen ist (selbst wenn die nächstgelegene Drop-Zone näher zum *Loch* ist).

ANMERKUNG
Eine *Spielleitung* darf durch Platzregel die Benutzung einer näher zum Loch liegenden Drop-Zone verbieten.

STRAFE FÜR VERSTOSS GEGEN PLATZREGELN:
Lochspiel – Lochverlust;
Zählspiel – Zwei Schläge."

b) **Zeitweilige Stromleitungen und Kabel**
Sind zeitweilige Stromleitungen, Kabel oder Telefonleitungen auf dem *Platz* verlegt, so **wird die folgende Platzregel empfohlen:**
„Zeitweilige Stromleitungen, Kabel, Telefonleitungen und sie bedeckende Matten oder deren Stützpfosten sind *Hemmnisse*:
1. Es gilt Regel 24-1, wenn sie ohne weiteres beweglich sind.
2. Sind sie befestigt oder nicht ohne weiteres beweglich, so darf der Spieler Erleichterung nach Regel 24-2b in Anspruch nehmen, wenn der Ball im *Gelände* oder in einem *Bunker* liegt. Liegt der Ball in einem *Wasserhindernis*, so kann der Spieler Erleichterung nach Regel 24-2b (I) in Anspruch nehmen, doch muss der *nächstgelegene Punkt der Erleichterung* in dem *Wasserhindernis* sein. Der Spieler muss den Ball in dem *Wasserhindernis* fallen lassen oder er kann nach Regel 26 verfahren.
3. Trifft ein Ball eine hochgelegte Stromleitung oder ein hochgelegtes Kabel, so muss der *Schlag* annulliert und straflos wiederholt werden (siehe Regel 20-5). Ist der Ball nicht sofort wiederzuerlangen, darf ein anderer Ball eingesetzt werden.

ANMERKUNG
Spanndrähte an einem zeitweiligen unbeweglichen *Hemmnis* sind Teil desselben, es sei denn, die *Spielleitung* hat durch Platzregel festgelegt, dass sie wie hochgelegte Stromleitungen oder Kabel zu behandeln sind.

AUSNAHME
Ein Schlag, bei dem ein Ball ein hochgelegtes Anschlussstück eines vom Boden aufsteigenden Kabels trifft, darf nicht wiederholt werden.

4 Grasbedeckte Kabelgräben sind Boden in Ausbesserung, auch wenn sie nicht so gekennzeichnet sind, und es gilt Regel 25-1b."

8 Drop-Zonen

Stellt die Spielleitung fest, dass es nicht möglich oder durchführbar ist, in Übereinstimmung mit einer Regel Erleichterung zu nehmen, so darf sie Drop-Zonen einrichten, in denen Bälle fallen gelassen werden können oder müssen, wenn Erleichterung in Anspruch genommen wird. Üblicherweise sollten diese Drop-Zonen zusätzlich zu den in der Regel selbst vorhandenen Wahlmöglichkeiten der Erleichterung vorgesehen und nicht zwingend vorgeschrieben sein.

Am Beispiel eines Wasserhindernisses, an dem eine solche Drop-Zone eingerichtet ist, **wird folgende Platzregel empfohlen:**

„Ist ein Ball im Wasserhindernis ‹Ort angeben› oder ist es bekannt oder so gut wie sicher, dass ein Ball, der nicht gefunden wurde, in dem Wasserhindernis ist, so kann der Spieler

(I) nach Regel 26 verfahren; oder

(II) als zusätzliche Wahlmöglichkeit einen Ball mit einem Strafschlag in der Drop-Zone fallen lassen.

STRAFE FÜR VERSTOSS GEGEN PLATZREGELN:
Lochspiel – Lochverlust;
Zählspiel – Zwei Schläge."

ANMERKUNG

Bei Benutzung einer Drop-Zone gelten folgende Vorschriften für das Fallenlassen und das erneute Fallenlassen des Balls:

a) Der Spieler muss nicht in der Drop-Zone stehen, wenn er den Ball fallen lässt.

b) Der fallen gelassene Ball muss zuerst auf einem Teil des Platzes innerhalb der Drop-Zone auftreffen.

c) Ist die Drop-Zone mit einer Linie gekennzeichnet, so befindet sich die Linie innerhalb der Drop-Zone.

d) Der fallen gelassene Ball muss nicht innerhalb der Drop-Zone zur Ruhe kommen.

e) Der fallen gelassene Ball muss erneut fallen gelassen werden, wenn er rollt und in einer Lage zur Ruhe kommt wie in Regel 20-2c(I-VI) beschrieben.

f) Der fallen gelassene Ball darf näher zum Loch rollen als die Stelle, an der er zuerst auf einen Teil des Platzes auftraf, sofern er innerhalb zweier Schlägerlängen von dieser Stelle zur Ruhe kommt und nicht in einer Lage gemäß Absatz (e).

g) Unter Einhaltung der Vorschriften aus den Absätzen (e) und (f) darf der fallen gelassene Ball näher zum Loch rollen und zur Ruhe kommen als:

- seine ursprüngliche oder geschätzte Lage (siehe Regel 20-2b);
- der nächstgelegene Punkt der Erleichterung oder größtmöglicher Erleichterung (Regel 24-2, 24-3, 25-1 oder 25-3); oder
- der Punkt, an dem der ursprüngliche Ball zuletzt die Grenze des Wasserhindernisses oder seitlichen Wasserhindernisses gekreuzt hat (Regel 26-1).

9 Entfernungsmesser

Will die Spielleitung in Übereinstimmung mit der Anmerkung zu Regel 14-3 verfahren, so **wird folgender Text vorgeschlagen:**

ENTFERNUNGSMESSER

Da hier eine Platzregel die Benutzung von Entfernungsmessern erlaubt, benutze ich das Laserfernglas um zu messen, wie nahe ich am Loch bin.

Das ist in Ordnung, solange das Gerät nichts Anderes messen kann, wie z.B. die Steigung, die Windgeschwindigkeit oder die Temperatur.

„‹Hier gegebenenfalls angeben, z. B. In diesem Wettspiel oder Für alle Spiele auf dem Platz, usw.,› darf ein Spieler sich über Entfernungen informieren, indem er ein Gerät verwendet, das ausschließlich Entfernungen misst. Benutzt ein Spieler während der festgesetzten Runde ein Gerät, mit dem andere Umstände geschätzt oder gemessen werden können, die sein Spiel beeinflussen können (z. B. Steigung, Windgeschwindigkeit, Temperatur usw.), so verstößt der Spieler gegen Regel 14-3, wofür die Strafe Disqualifikation ist, ungeachtet ob die zusätzliche Funktion tatsächlich benutzt wurde."

TEIL C WETTSPIELAUSSCHREIBUNG

Regel 33-1 schreibt vor: „Die *Spielleitung* muss die Bedingungen ausschreiben, unter denen ein Wettspiel gespielt wird." Diese Bedingungen sollten solche Regelungen, die nicht ihren Platz in den Golfregeln oder diesem Anhang haben, wie Art und Ort der Meldung, Teilnehmerberechtigung, Zahl der Spielrunden usw., beinhalten. Einzelheiten dieser Bedingungen sind den „Entscheidungen zu den Golfregeln" zu Regel 33-1 und den DGV-Vorgaben- und Spielbestimmungen zu entnehmen.

Auf eine Anzahl möglicher Regelungen, die in die Bedingungen zu einem Wettspiel aufgenommen werden können, soll die *Spielleitung* jedoch besonders aufmerksam gemacht werden:

1. **Spezifikation von Schlägern und Bällen**

Die folgenden Bedingungen werden nur für Wettspiele mit versierten Spielern empfohlen:

a) **Verzeichnis zugelassener Driver-Köpfe**

Auf seiner Homepage (www.randa.org) veröffentlicht der *R&A* regelmäßig ein Verzeichnis der zugelassenen Driver-Köpfe, das die Schlägerköpfe von Drivern aufführt, die bewertet und mit den Golfregeln übereinstimmend befunden wurden. Wünscht die *Spielleitung*, dass Spieler mit Drivern spielen müssen, die einen durch Typ und Neigung der Schlagfläche (Loft) bezeichneten Schlägerkopf besitzen, der auf der Liste steht, so sollte die Liste verfügbar sein und **folgende Wettspielbedingung in Kraft gesetzt werden:**

„Jeglicher Driver, den ein Spieler mit sich führt, muss einen Schlägerkopf haben, der bezüglich Typ und Neigung der Schlagfläche (Loft) in dem vom R&A herausgegebenen Verzeichnis zugelassener Driver-Köpfe aufgeführt ist.

AUSNAHME
Ein Driver, dessen Schlägerkopf vor 1999 hergestellt wurde, ist von dieser Wettspielbedingung befreit.

* STRAFE FÜR DAS MITFÜHREN EINES SCHLÄGERS UNTER VERSTOSS GEGEN DIESE WETTSPIELBEDINGUNG OHNE DIESEN ZU SPIELEN:
Lochspiel – Nach Beendigung des Lochs, an dem der Verstoß festgestellt wurde, ist der Stand des Lochspiels zu berichtigen; dabei wird für jedes Loch, bei dem ein Verstoß vorkam, ein Loch abgezogen, höchstens jedoch zwei Löcher pro Runde.
Zählspiel – Zwei Schläge für jedes Loch, bei dem ein Verstoß vorkam, höchstens jedoch vier Schläge pro Runde.
Zählspiel oder Lochspiel – Bei einem Verstoß zwischen zwei Löchern wirkt sich die Strafe für das nächste Loch aus.
Wettspiele gegen Par – siehe Anmerkung 1 zu Regel 32-1a.
Wettspiele nach Stableford – siehe Anmerkung 1 zu Regel 32-1b.
* Jeder unter Verstoß gegen diese Wettspielbedingung mitgeführte Schläger muss, nachdem festgestellt wurde, dass ein Verstoß vorlag, unverzüglich vom Spieler gegenüber seinem Gegner im Lochspiel oder seinem Zähler oder einem Mitbewerber im Zählspiel für neutralisiert erklärt werden. Unterlässt der Spieler dies, so ist er disqualifiziert.

STRAFE FÜR DAS SPIELEN EINES SCHLAGS MIT EINEM SCHLÄGER UNTER VERSTOSS GEGEN WETTSPIELBEDINGUNG:
Disqualifikation."

b) **Verzeichnis zugelassener Golfbälle**

Auf seiner Homepage (www.randa.org) veröffentlicht der *R&A* regelmäßig ein Verzeichnis zugelassener Golfbälle, das Bälle auflistet, die geprüft und als mit den Golfregeln in Übereinstimmung stehend erklärt wurden. Wünscht die *Spielleitung*, dass Spieler mit einem Typ eines Golfballs dieser Liste spielen, sollte die Liste verfügbar sein und **folgende Wettspielbedingung verwendet werden:**

„Der Ball, den ein Spieler spielt, muss im aktuell gültigen Verzeichnis zugelassener Golfbälle des R&A aufgeführt sein.

STRAFE FÜR VERSTOSS GEGEN DIE WETTSPIELBEDINGUNG:
Disqualifikation."

c) **Ein-Ball-Regelung**

Wird gefordert, dass Marken und Typen von Golfbällen während einer *festgesetzten* Runde nicht gewechselt werden dürfen, so **wird folgende Bedingung empfohlen:**

„Beschränkung des Gebrauchs von Bällen während der Runde: (Anmerkung zu Regel 5-1)

(I) „Ein-Ball-Regelung"
Während einer *festgesetzten Runde* müssen die Bälle, die ein Spieler spielt, nach Marke und Typ, wie im aktuell gültigen Verzeichnis zugelassener Golfbälle im Einzelnen bezeichnet, gleich sein.

ANMERKUNG
Wird ein Ball einer anderen Marke und/oder eines anderen Typs fallen gelassen oder hingelegt, so darf er straflos aufgehoben werden und der Spieler muss dann einen richtigen Ball fallen lassen oder hinlegen. (Regel 20-6)

STRAFE FÜR VERSTOSS GEGEN DIE WETTSPIELBEDINGUNG:
Lochspiel — Nach Beendigung des Lochs, an dem der Verstoß festgestellt wurde, muss der Stand des Lochspiels berichtigt werden; dabei wird für jedes Loch, bei dem ein Verstoß vorkam, ein Loch abgezogen, höchstens jedoch zwei Löcher pro Runde.
Zählspiel — Zwei Schläge für jedes Loch, bei dem ein Verstoß vorkam, höchstens jedoch vier Schläge pro Runde.

(II) Verfahren bei Feststellung eines Verstoßes
Stellt ein Spieler fest, dass er einen Ball unter Verstoß gegen diese Bedingung gespielt hat, so muss er diesen Ball vor dem Spielen vom nächsten *Abschlag* aufgeben und die Runde mit einem richtigen Ball zu Ende spielen; anderenfalls ist der Spieler disqualifiziert. Wird der Verstoß beim Spielen eines Lochs festgestellt und der Spieler entscheidet sich, vor Beendigung des Lochs einen richtigen Ball einzusetzen, so muss er einen richtigen Ball an der Stelle hinlegen, an der der unter Verstoß gegen die Bedingung gespielte Ball gelegen hatte."

2. Abspielzeit (Anmerkung zu Regel 6-3a)
Beabsichtigt die *Spielleitung*, in Übereinstimmung mit der Anmerkung zu verfahren, so **wird folgender Wortlaut empfohlen:**
„Trifft ein Spieler spielbereit innerhalb von fünf Minuten nach seiner Abspielzeit am Ort des Starts ein, so wird er, sofern die Aufhebung der Strafe der Disqualifikation nach Regel 33-7 nicht gerechtfertigt ist, für das Versäumen der Abspielzeit bestraft am ersten zu spielenden Loch mit Lochverlust im Lochspiel bzw. mit zwei Schlägen im Zählspiel. Strafe für Verspätung nach fünf Minuten ist Disqualifikation."

3. Caddie (Anmerkung zu Regel 6-4)
Regel 6-4 erlaubt dem Spieler die Benutzung eines *Caddies*, vorausgesetzt, er hat nur einen *Caddie* zu gleicher Zeit. Es mag jedoch Umstände geben, in denen es eine *Spielleitung* für nötig hält, *Caddies* nicht zuzulassen oder einen Spieler in seiner Auswahl des *Caddies* einzuschränken, z. B. Geschwister, Berufsgolfer, Elternteil, einen anderen Wettspielteilnehmer etc. In diesen Fällen **wird der folgende Text empfohlen:**

Benutzung eines *Caddies* untersagt:
„Ein Spieler darf während der *festgesetzten Runde* keinen *Caddie* haben."
Einschränkung in der Wahl eines *Caddies*:
„Ein Spieler darf nicht/keinen .... während der *festgesetzten Runde* als *Caddie* haben."

STRAFE FÜR VERSTOSS GEGEN DIE WETTSPIELBEDINGUNG:
Lochspiel — Nach Beendigung des Lochs, an dem der Verstoß festgestellt wurde, muss der Stand des Lochspiels berichtigt werden; dabei wird für jedes Loch, bei dem ein Verstoß vorkam, ein Loch abgezogen, höchstens jedoch zwei Löcher pro Runde.
Zählspiel — Zwei Schläge für jedes Loch, bei dem ein Verstoß vorkam, höchstens jedoch vier Schläge pro Runde.
Lochspiel oder Zählspiel — Für den Fall eines Regelverstoßes zwischen dem Spiel von zwei Löchern gilt die Strafe für das nächste Loch.

4. Spieltempo (Anmerkung 2 zu Regel 6-7)
Zur Verhinderung langsamen Spiels darf die *Spielleitung* für das Spieltempo Richtlinien in Übereinstimmung mit Anmerkung 2 zu Regel 6-7 erlassen.

5. Aussetzung des Spiels wegen Gefahr (Anmerkung zu Regel 6-8b)
Weil es auf Golfplätzen schon viele Todesfälle und Verletzungen durch Blitzschlag gab, sind alle Clubs und Sponsoren für Golfwettspiele aufgefordert, für den Schutz von Personen gegen Blitzschlag Sorge zu tragen. Die Aufmerksamkeit sei auf die Regeln 6-8 und 33-2d gelenkt. Beabsichtigt die *Spielleitung*, in Übereinstimmung mit der Anmerkung unter Regel 6-8b zu verfahren, so **wird folgender Wortlaut empfohlen:**
„Hat die *Spielleitung* das Spiel wegen Gefahr ausgesetzt, so dürfen Spieler, die sich in einem Lochspiel oder einer Spielergruppe zwischen dem Spielen von zwei Löchern befinden, das Spiel nicht wieder aufnehmen, bevor die *Spielleitung* eine Wiederaufnahme angeordnet hat. Befinden sie sich beim Spielen eines Lochs, so müssen sie das Spiel unverzüglich unterbrechen und dürfen es nicht wieder aufnehmen, bevor die *Spielleitung* eine Wiederaufnahme angeordnet hat. Versäumt ein Spieler, das Spiel unverzüglich zu unterbrechen, **so ist er disqualifiziert**, sofern nicht Umstände die Aufhebung der Strafe nach Regel 33-7 rechtfertigen.
Das Signal für Aussetzung des Spiels wegen Gefahr ist ein langer Signalton einer Sirene."

UNTERBRECHUNG DES SPIELS WEGEN MÖGLICHER GEFAHR

Die folgenden Signaltöne werden allgemein benutzt und es wird allen Wettspielleitungen empfohlen, sich dieser Praxis anzuschließen:
Unverzügliches Unterbrechen des Spiels:
Ein langer Signalton einer Sirene.
Unterbrechung des Spiels:
Wiederholt drei aufeinander folgende Signaltöne einer Sirene.
Wiederaufnahme des Spiels:
Wiederholt zwei kurze Signaltöne einer Sirene.

6. Üben
a) Allgemeines
Die *Spielleitung* darf Regelungen für das Üben in Übereinstimmung mit der Anmerkung zu Regel 7-1, Ausnahme (c) zu Regel 7-2, Anmerkung 2 zu Regel 7 und Regel 33-2c treffen.

b) Üben zwischen dem Spielen von Löchern
(Anmerkung 2 zu Regel 7)
Wünscht die *Spielleitung*, in Übereinstimmung mit Anmerkung 2 zu Regel 7-2 zu verfahren, so **wird folgender Wortlaut vorgeschlagen:**
„Zwischen dem Spielen von zwei Löchern darf ein Spieler auf oder nahe dem *Grün* des zuletzt gespielten Lochs keinen Übungsschlag spielen und darf die Oberfläche des *Grüns* des zuletzt gespielten Lochs nicht durch Rollen eines Balls prüfen.

STRAFE FÜR VERSTOSS GEGEN DIE WETTSPIELBEDINGUNG:
Lochspiel — Lochverlust des nächsten Lochs
Zählspiel — Zwei Schläge am nächsten Loch
Lochspiel oder Zählspiel — Für den Fall eines Verstoßes am letzten Loch der festgesetzten Runde zieht sich der Spieler die Strafe für dieses Loch zu."

7. Belehrung bei Mannschaftswettspielen
(Anmerkung zu Regel 8)
Beabsichtigt die *Spielleitung* in Übereinstimmung mit der Anmerkung zu Regel 8 zu verfahren, so **wird folgender Wortlaut empfohlen:**
„In Übereinstimmung mit der Anmerkung zu Regel 8 der Golfregeln ist jeder einzelnen Mannschaft gestattet (zusätzlich zu den Personen, die nach dieser Regel um *Belehrung* gebeten werden dürfen) eine Person einzusetzen, die ihren Mannschaftsteilnehmern *Belehrung* erteilen darf. Die betreffende Person (ggf. Ausschluss bestimmter Personen einfügen) muss vor dem Erteilen von *Belehrung* der *Spielleitung* benannt werden."

8. Neue Löcher (Anmerkung zu Regel 33-2b)
Die *Spielleitung* darf in Übereinstimmung mit der Anmerkung zu Regel 33-2b bestimmen, dass Löcher und Abschläge für ein Ein-Runden-Wettspiel, das an mehreren Tagen abgehalten wird, an jedem Tag an anderer Stelle gelegen sein dürfen.

9. Beförderung

Wird gewünscht, dass Spieler während eines Wettspiels zu Fuss gehen müssen, **wird folgende Bedingung empfohlen:**

„Spieler dürfen während der *festgesetzten Runde* nicht auf irgendeinem Beförderungsmittel mitfahren, außer es ist von der Spielleitung genehmigt worden.

STRAFE FÜR VERSTOSS GEGEN DIE WETTSPIELBEDINGUNG:

Lochspiel — Nach Beendigung des Lochs, an dem der Verstoß festgestellt wurde, muss der Stand des Lochspiels berichtigt werden; dabei wird für jedes Loch, bei dem ein Verstoß vorkam, ein Loch abgezogen, höchstens jedoch zwei Löcher pro Runde.

Zählspiel — Zwei Schläge für jedes Loch, bei dem ein Verstoß vorkam, höchstens jedoch vier Schläge pro Runde.

Loch- oder Zählspiel — Im Falle des Verstoßes zwischen dem Spielen von zwei Löchern wirkt sich die Strafe auf das nächste Loch aus. Die Benutzung irgendeines nicht erlaubten Beförderungsmittels muss unverzüglich nach Erkennen eines Verstoßes eingestellt werden. Anderenfalls ist der Spieler disqualifiziert."

10. Dopingverbot

Die *Spielleitung* kann in der Ausschreibung verlangen, dass die Spieler Anti-Doping-Richtlinien einhalten.

11. Entscheidung bei gleichen Ergebnissen

Sowohl im Lochspiel wie auch im Zählspiel kann ein Gleichstand ein akzeptables Ergebnis sein. Ist es jedoch erwünscht, nur einen Sieger zu haben, so ermächtigt Regel 33-6 die *Spielleitung* festzulegen, wie und wann bei einem Gleichstand entschieden wird. Die Festlegung sollte vorab bekannt gemacht sein.

Der R&A empfiehlt:

Lochspiel

Endet ein Lochspiel gleich, so sollte es Loch für Loch weitergespielt werden, bis eine *Partei* ein Loch gewinnt. Das Stechen sollte an dem Loch beginnen, an dem auch das Lochspiel begann. Im Vorgabe-Lochspiel sollten die Vorgabeschläge wie in der festgesetzten Runde angerechnet werden.

Zählspiel

a) Bei Gleichstand in einem Zählwettspiel ohne Vorgabe wird ein Stechen durch Spielfortsetzung empfohlen. Das Stechen kann, je nach Entscheidung der *Wettspielleitung*, über 18 oder eine geringer festgelegte Anzahl von Löchern ausgetragen werden. Ist dies nicht durchführbar oder besteht danach weiterhin ein Gleichstand, so wird eine lochweise Verlängerung bis zur Entscheidung mit besserem Ergebnis an einem Loch empfohlen.

b) Bei Gleichstand in einem Zählwettspiel mit Vorgabe wird ein Stechen durch Spielfortsetzung mit Vorgabe empfohlen. Das Stechen kann, je nach Entscheidung der *Spielleitung*, über 18 oder eine geringere Anzahl von Löchern ausgetragen werden. Es wird empfohlen, jedes derartige Stechen über mindestens drei Löcher spielen zu lassen. In Wettspielen, in denen die Vorgabeverteilung ohne Bedeutung ist, wird, wenn das Stechen über weniger als 18 Löcher ausgetragen wird, der zu spielende Prozentsatz von 18 Löchern auf die Vorgaben der Spieler angewendet, um deren Vorgaben für das Stechen zu bestimmen. Anteilige Vorgaben, deren erste Stelle hinter dem Komma 0,5 oder größer ist, sollten aufgerundet, anderenfalls sollte abgerundet werden.

Allgemeine numerische Auslosung

Obere Hälfte	Untere Hälfte	Obere Hälfte	Untere Hälfte	Obere Hälfte	Untere Hälfte
64 Qualifizierte		**32 Qualifizierte**		**16 Qualifizierte**	
1 gegen 64	2 gegen 63	1 gegen 32	2 gegen 31	1 gegen 16	2 gegen 15
32 gegen 33	31 gegen 34	16 gegen 17	15 gegen 18	8 gegen 9	7 gegen 10
16 gegen 49	15 gegen 50	8 gegen 25	7 gegen 26	4 gegen 13	3 gegen 14
17 gegen 48	18 gegen 47	9 gegen 24	10 gegen 23	5 gegen 12	6 gegen 11
8 gegen 57	7 gegen 58	4 gegen 29	3 gegen 30		
25 gegen 40	26 gegen 39	13 gegen 20	14 gegen 19	Obere Hälfte	Untere Hälfte
9 gegen 56	10 gegen 55	5 gegen 28	6 gegen 27	**8 Qualifizierte**	
24 gegen 41	23 gegen 42	12 gegen 21	11 gegen 22	1 gegen 8	2 gegen 7
4 gegen 61	3 gegen 62			4 gegen 5	3 gegen 6
29 gegen 36	30 gegen 35				
13 gegen 52	14 gegen 51				
20 gegen 45	19 gegen 46				
5 gegen 60	6 gegen 59				
28 gegen 37	27 gegen 38				
12 gegen 53	11 gegen 54				
21 gegen 44	22 gegen 43				

In Wettspielen, in denen die Vorgabenverteilung berücksichtigt werden muss, wie im Vierball-Zählspiel, oder Wettspielen gegen Par oder nach Stableford, sollten Vorgabenschläge entsprechend der für den Spieler gültigen Vorgabenverteilung, wie sie für das Wettspiel vergeben wurden, gewährt werden.

c) Ist ein Stechen durch Spielfortsetzung nicht durchführbar, so wird ein Vergleich der Zählkarten empfohlen. Die Art und Weise des Vergleichs der Zählkarten sollte im Voraus angekündigt werden und sollte auch vorsehen, was geschieht, wenn dieses Verfahren nicht zur Ermittlung eines Siegers führt. Eine annehmbare Methode des Zählkartenvergleichs ist, den Gewinner auf Grund der niedrigsten Schlagzahl für die letzten neun Löcher zu bestimmen. Haben die Spieler mit Gleichstand auch die gleiche Schlagzahl für die letzten neun Löcher, so sollte der Gewinner auf Grund der letzten sechs Löcher, der letzten drei Löcher und letztendlich des 18. Lochs bestimmt werden. Wird eine solche Methode in einem Wettspiel mit Start von mehreren Abschlägen angewendet, wird empfohlen, dass die „letzten neun Löcher, letzten sechs Löcher, usw." die Löcher 10-18, 13-18 usw. bezeichnen.
Werden in Wettspielen wie dem Einzel-Zählspiel, in denen die Vorgabenverteilung ohne Bedeutung ist, die Ergebnisse der letzten neun, letzten sechs, letzten drei Löcher herangezogen, sollte die Hälfte, ein Drittel, ein Sechstel usw. der Vorgaben von dem Ergebnis dieser Löcher abgezogen werden. Bezüglich der Anwendung von Bruchzahlen für solche Abzüge sollte die Spielleitung den Empfehlungen des Deutschen Golf Verbandes folgen (siehe Spiel- und Wettspielhandbuch).
In Wettspielen, in denen die Vorgabenverteilung berücksichtigt werden muss, wie im Vierball-Zählspiel, oder Wettspielen gegen Par oder nach Stableford, sollten Vorgabenschläge entsprechend der für den Spieler gültigen Vorgabenverteilung, wie sie für das Wettspiel vergeben wurden, gewährt werden.

12. Auslosung bei Lochspielen
Obwohl die Auslosung bei Lochspielen völlig wahllos sein kann oder bestimmte Spieler in verschiedenen Vierteln oder Achteln eingeteilt sein können, wird doch die allgemeine numerische Auslosung empfohlen, wenn Platzierungen durch eine Qualifikationsrunde ermittelt wurden.
Allgemeine numerische Auslosung
Die Bestimmung des Platzes innerhalb der Aufstellung der *Parteien* muss im Fall gleicher Ergebnisse in der Qualifikationsrunde, mit Ausnahme des letzten zur Qualifikation berechtigenden Platzes, in der Reihenfolge des Eingangs gleicher Ergebnisse erfolgen, d. h., der Spieler, der sein Ergebnis zuerst einreicht, erhält die jeweils niedrigste verfügbare Nummer usw. Ist es nicht möglich, die Reihenfolge der Einreichung der Ergebnisse zu ermitteln, muss eine Auslosung erfolgen.

▶ ANHANG I
REGELFALL

Eine häufig auf Links-Courses in Kraft gesetzte Platzregel bezieht sich auf unbewegliche Hemmnisse nahe am Grün. Das häufigste Beispiel eines solchen Hemmnisses sind Sprinklerköpfe im Boden.

Die Platzregel gewährt zusätzliche Erleichterung über die in den Golfregeln beschriebene. Sie erlaubt einem Spieler, dessen Ball außerhalb des Grüns, aber nicht in einem Bunker liegt, von einem Hemmnis Erleichterung zu nehmen, das innerhalb von zwei Schlägerlängen vom Grün liegt und sich innerhalb von zwei Schlägerlängen vom Ball des Spielers und auch auf dessen Spiellinie befindet. Bei dem Erleichterungsverfahren muss der Spieler den Ball am nächstgelegenen Punkt fallen lassen, an dem er nicht von dem Hemmnis betroffen ist, der nicht in einem Hindernis liegt und nicht auf dem Grün. Es ist wichtig daran zu denken, dass es von diesem Punkt nicht noch eine Fläche vom Radius einer Schlägerlänge zum Fallenlassen des Balls gibt, wie es üblicherweise der Fall ist, wenn es Erleichterung von unbeweglichen Hemmnissen gibt. Allerdings darf der Ball nach dem Fallenlassen bis zu zwei Schlägerlängen rollen, ohne dass ein erneutes Fallenlassen verlangt wird (Regel 20-2c).

Die Einführung dieser Platzregel ist auf Plätzen angebracht, auf denen die Spieler häufig vom Vorgrün putten und deshalb wird diese Platzregel auch in der Open Championship angewandt.

In der Schlussrunde 2004 in Royal Troon wandte Tiger Woods die Platzregel an, als sein Ball nahe am 18. Grün lag. Die Angelegenheit wurde jedoch kompliziert, als sein Ball nach dem Fallenlassen am nächstgelegenen Punkt der Erleichterung in einen Bunker rollte. In dieser Situation kommt Regel 20-2c(II) ins Spiel und der Spieler muss den Ball erneut fallen lassen. Tiger tat dies und das Ergebnis war das Gleiche. Regel 20-2c sieht in diesem Fall vor, dass der Ball so nahe wie möglich an die Stelle gelegt wird, an der er beim erneuten Fallenlassen auf den Boden traf.

Der amerikanische Pro und frühere Walker-Cup-Spieler Erik Compton hatte bereits zwei Herztransplantationen, zuletzt im Jahr 2008. Nur sechs Monate später war er bei der USPGA Tour Qualifying School. Auf der Tour gibt es eine Wettspielbedingung, die die Benutzung jeglicher Transportmittel verbietet. Es sei denn, dies wäre von der Spielleitung erlaubt, z. B.

wenn ein Spieler zum Abschlag zurückgebracht wurde, da sein Ball verloren ist.

Unter diesen außergewöhnlichen Umständen erhielt Compton eine Sondergenehmigung zur sechsmonatigen Benutzung eines Golfcarts durch die Tour, bis er seine Kondition wiedererlangt hatte. Compton verpasste es knapp um einen Schlag, sich für die zweite Stufe der Tour School zu qualifizieren, spielt aber weiter auf der Tour auf der Basis von Einladungen durch Sponsoren. Kurz nachdem er die Honda Classic im März 2009 beendet hatte, wo er alle vier Runden zu Fuß gegangen war und mit drei über Par auf dem geteilten 44. Platz landete, sagte er: „Ich wünsche es mir, zu laufen und zu spielen; normal zu sein. Ich habe das Talent, offensichtlich war die Gesundheit das große Problem. Ich denke, ich werde mich in den nächsten Jahren weiter verbessern."

Michelle Wie (an Platz 2 gesetzt) und Maru Martinez (an Platz 63 gesetzt) spielten die erste Runde der US Womens Amateur 2003 im Philadelphia Country Club als Martinez nach der Bahn 9 einen kurzen Abstecher ins Clubhaus machte. Zu diesem Zeitpunkt führte sie zwei auf. Martinez wurde von einem Helfer des Golfclubs zum 10. Abschlag gefahren.

Die USGA hat jedoch eine Wettspielbedingung eingeführt, dass Spieler während ihrer festgesetzten Runde jederzeit zu Fuß gehen müssen. Nun gab es etwas Durcheinander darüber, wie die Strafe anzuwenden sei. Die ursprüngliche Entscheidung war ein Lochverlust für Martinez, und so nahmen die Spielerinnen ihre Bälle vom 10. Fairway auf und gingen zum nächsten Abschlag. Bevor sie den Abschlag erreichten, meldeten sich die Spielleitung über Funk und berichtigte, dass die Strafe nicht Lochverlust sondern eine Anpassung des Spielstands des Lochspiels wäre.

Deshalb gingen die Spielerinnen in die Landezone der Abschläge zurück und setzen das Spiel des Lochs fort. Wie gewann das Loch mit einem geschenkten Birdie und nach Anpassung des Spielstands stand das Match square. Martinez sagte dazu: „Ich ziemlich wütend aber

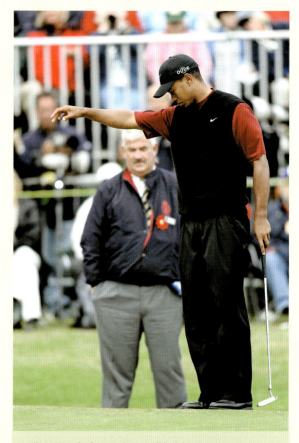

Tiger Woods dropt seinen Ball bei der Open Championship 2004, um Erleichterung nach der Platzregel für unbewegliche Hemmnisse nahe des Puttinggrüns in Anspruch zu nehmen.

ich sagte mir, ich müsse eben noch mal anfangen. Es war mein Fehler." Sie gewann das Match 1 auf.

▶ ANHANG I

HÄUFIG GESTELLTE FRAGEN

F. Wie wird ein Gleichstand im Zählspiel entschieden?
A. Es ist Sache der Spielleitung, über die Entscheidung bei gleichen Spielständen zu befinden. Die Spielleitung sollte dies vor dem Wettspiel bekannt geben. Die Empfehlung des R&A steht im Anhang I, Teil C, 11.

Anhang II und III

Der *R&A* behält sich vor, zu jeder Zeit die Regeln betreffend Schläger und Bälle zu ändern oder Auslegungen zu diesen Regeln zu verfassen oder abzuändern. Für aktuelle Informationen wenden Sie sich bitte an den *R&A* oder informieren Sie sich unter www.randa.org/equipmentrules.

Der *R&A* entscheidet über alle Formen von Schlägern oder Bällen, die nicht durch die Regeln abgedeckt sind und die gegen Zweck und Absicht der Regeln sind, oder wesentlich die Art und Weise des Spiels verändern könnten.

Die in den Anhängen II und III aufgeführten Abmessungen und Toleranzen sind zur Information in metrischen Maßeinheiten angegeben, die aus den Einheiten, in denen die Regelkonformität bestimmt wurde, umgerechnet wurden.

▶ ANHANG II
Form von Schlägern

Ein Spieler, der Zweifel hat, ob ein Schläger zulässig ist, sollte den *R&A* zurate ziehen.

Ein Hersteller sollte dem *R&A* ein Muster des Schlägers, der hergestellt werden soll, zur Überprüfung, ob der Schläger in Einklang mit den *Golfregeln* steht, vorlegen. Jedes dem *R&A* übersandte Muster geht als Belegstück in dessen Eigentum über. Versäumt ein Hersteller, vor der Herstellung und/oder Vermarktung eines Schlägers ein Muster vorzulegen oder, falls er ein Muster eingesandt hatte, hierzu eine Entscheidung abzuwarten, so läuft der Hersteller Gefahr, dass der Schläger als nicht mit den Golfregeln in Einklang stehend erklärt wird.

Die folgenden Abschnitte enthalten allgemeine Regelungen zur Bauweise bzw. Gestaltung von Schlägern sowie Einzelvorschriften und Auslegungsbestimmungen. Weitere Informationen zu diesen Bestimmungen und deren richtiger Auslegung sind in der *R&A*-Veröffentlichung „A Guide to the Rules on Clubs and Balls" enthalten.

Soweit ein Schläger oder Teil eines Schlägers spezielle Anforderungen nach den Regeln erfüllen muss, so muss er mit der Absicht entwickelt und hergestellt werden, diese Anforderung zu erfüllen.

1. Schläger
a) Allgemeines

Ein Schläger ist ein zum Schlagen des Balls bestimmtes Gerät, das allgemein in drei Grundformen vorkommt: Hölzer, Eisen und Putter, unterschieden durch ihre Form und den beabsichtigten Gebrauch. Ein Putter ist ein Schläger mit einer Neigung der Schlagfläche von nicht mehr als 10 Grad, vorwiegenden zum Gebrauch auf dem Grün bestimmt.

Der Schläger darf nicht in erheblicher Weise von der herkömmlichen und üblichen Form und Machart abweichen. Der Schläger muss aus Schaft und Kopf bestehen wobei am Schaft auch Material befestigt sein darf, das dem Spieler einen festen Griff ermöglicht (siehe unten 3., Griff). Alle Teile des Schlägers müssen in der Weise befestigt sein, dass der Schläger ein Ganzes bildet und er darf keine äußeren Zubehörteile aufweisen. Ausnahmen können für Zubehörteile gemacht werden, die keinen Einfluss auf die Spieleigenschaften des Schlägers haben.

b) Verstellbarkeit

Alle Schläger dürfen Vorrichtungen zur Gewichtsabänderung besitzen. Andere Formen der Verstellbarkeit können nach Überprüfung durch den *R&A* auch erlaubt werden. Folgende Anforderungen gelten für alle erlaubten Verfahren der Verstellbarkeit:

(I) die Abänderung ist nicht ohne weiteres möglich;
(II) sämtliche abänderbaren Teile sind nachhaltig befestigt und es ist keine Wahrscheinlichkeit gegeben, dass sie sich während einer Runde lösen könnten; und
(III) sämtliche Gestaltungen der Abänderung stehen mit den *Regeln* in Einklang.

Während einer *festgesetzten Runde* dürfen die Spieleigenschaften nicht absichtlich durch Abänderung oder anderweitig verändert werden (siehe Regel 4-2a).

c) Länge

Die Gesamtlänge des Schlägers muss mindestens 457 mm betragen, und darf, mit Ausnahme von Puttern, nicht länger als 1.219 mm sein.

Die Messung der Länge von Hölzern und Eisen wird vorgenommen, in dem der Schläger wie in Abb. I gezeigt auf einer horizontalen Ebene mit der Sohle gegen eine um 60 Grad geneigte Ebene gelegt wird.

Die Länge wird als die Strecke definiert, die von dem Schnittpunkt der beiden Ebenen bis zum äußersten Ende des Griffs gemessen wird.

Die Messung der Länge von Puttern wird vom äußersten Ende des Griffs aus entlang der Achse des Schafts oder ihrer gradlinigen Verlängerung bis zur Sohle des Schlägers vorgenommen.

d) Ausrichtung

Befindet sich der Schläger in seiner normalen Ansprechstellung, muss der Schaft so ausgerichtet sein, dass:

(I) die Neigung des geraden Teils des Schafts von der Senkrechten (im Verhältnis zu einer Verbindungslinie von der Spitze zur Ferse) mindestens 10 Grad abweicht (siehe Abb. II). Ist die gesamte Machart

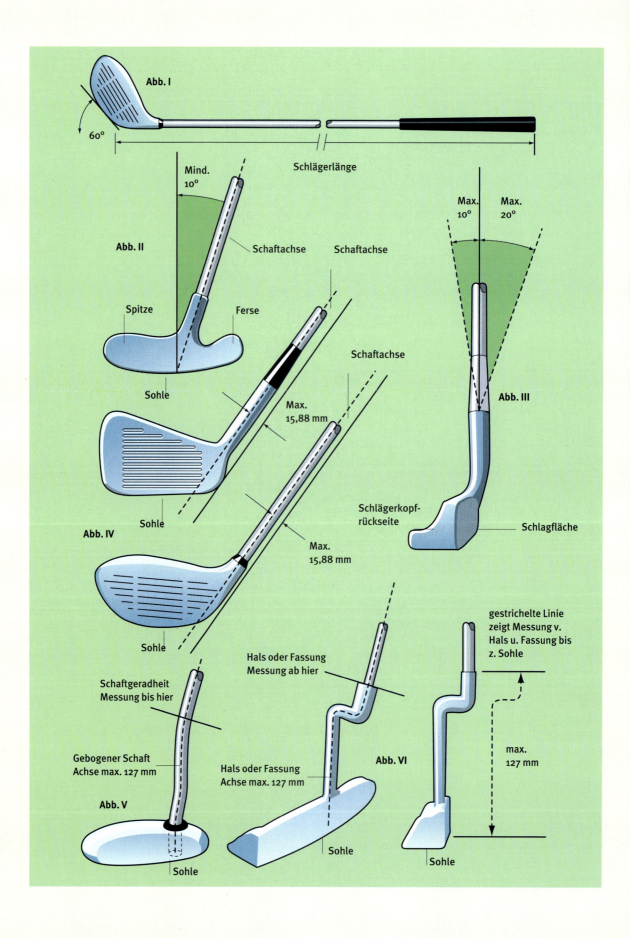

des Schlägers so, dass der Spieler den Schläger gewissermaßen in einer senkrechten oder nahezu senkrechten Stellung verwenden kann, so kann verlangt werden, dass der Schaft um bis zu 25° von der Senkrechten abweicht;

(II) die Neigung des geraden Teils des Schafts von der Senkrechten (im Verhältnis zur beabsichtigten *Spiellinie*) nicht mehr als 20 Grad nach vorne oder 10 Grad nach hinten abweicht (siehe Abb. III).

Außer bei Puttern hat die Ferse des Schlägers innerhalb von 15,88 mm der Ebene zu liegen, die die Achse des geraden Teils des Schafts und der beabsichtigten (horizontalen) *Spiellinie* enthält (siehe Abb. IV).

2. Schaft
a) Geradheit

Der Schaft muss vom oberen Ende des Griffs bis mind. 127 mm über der Sohle gerade sein. Gemessen wird von dem Punkt aus, an dem der Schaft nicht mehr gerade ist, entlang der Achse des gebogenen Teils des Schaftes und dem Hals und/oder der Fassung (siehe Abb. V).

b) Biegungs- und Torsionseigenschaften

Der Schaft muss an jeder Stelle
(I) sich so biegen, dass der Ausschlag nach jeder Seite stets der gleiche ist, unabhängig davon, wie der Schaft in Längsrichtung gedreht ist; und
(II) die gleiche Torsion in beide Richtungen aufweisen.

c) Befestigung am Schlägerkopf

Der Schaft muss entweder direkt oder über einen einzigen einfachen Hals und/oder eine Fassung mit der Ferse des Schlägerkopfs verbunden sein. Die Länge von der Oberseite des Halses und/oder der Fassung bis zur Sohle des Schlägers darf 127 mm nicht überschreiten, wobei entlang der Achse des Halses und/oder der Fassung gemessen wird und alle Biegungen berücksichtigt werden (siehe Abb. VI).

Ausnahme für Putter:

Der Schaft, der Hals oder die Fassung eines Putters dürfen an beliebiger Stelle des Schlägerkopfs befestigt sein.

3. Griff (siehe Abb. VII)

Der Griff besteht aus am Schaft angebrachtem Material, um dem Spieler einen festen Halt zu ermöglichen. Der Griff muss am Schaft befestigt sein, in seiner Form gerade und eben sein, sich bis zum Ende des Schafts erstrecken und darf nicht für irgendeinen Teil der Hände verformt sein. Ist kein Material angebracht, so soll der Teil des Schaftes, der zum Halten durch den Spieler bestimmt ist, als Griff angesehen werden.

(I) Ausgenommen bei Puttern muss der Querschnitt von Schlägergriffen kreisförmig sein. Erlaubt ist nur eine durchgehende, gerade oder nur geringfügig hervortretende Verstärkung, die sich über die gesamte Länge des Griffs erstreckt und eine geringfügig gewölbte Spirale auf einem umwickelten Griff oder der Nachbildung eines solchen.

(II) Ein Putter braucht keinen Griff mit kreisförmigem Querschnitt zu haben. Der Querschnitt darf jedoch an keiner Stelle eingewölbt und muss über die gesamte Grifflänge symmetrisch und von ähnlicher Gestalt sein (siehe Ziffer V unten).

(III) Der Griff darf sich verjüngen, aber an keiner Stelle eine Einwölbung oder Auswölbung aufweisen. Seine Durchmesser dürfen an keiner Stelle größer als 44,45 mm sein.

(IV) Bei anderen Schlägern als Puttern muss die Achse des Griffs mit der Achse des Schafts übereinstimmen.

(V) Ein Putter darf zwei Griffe haben, sofern jeder einzelne im Querschnitt kreisförmig ist und mit der Längsachse des Schafts übereinstimmen, und sofern sie voneinander mindestens 38,1 mm entfernt sind.

4. Schlägerkopf
a) Glatte Form

Die Form des Schlägerkopfs muss im Ganzen glatt sein. Sämtliche Bestandteile müssen steif, wesensgemäß und funktional sein. Der Schlägerkopf oder Teile davon dürfen nicht so gestaltet sein, das sie einem anderen Gegenstand ähnlich sind. Es ist nicht möglich, „glatte Form" präzise und umfassend zu definieren, doch sind Merkmale, die dieser Anforderung widersprechen und damit nicht erlaubt sind, z. B. unter anderem:

(I) Alle Schläger
- Löcher durch die Schlagfläche;
- Löcher durch den Schlägerkopf (einige Ausnahmen für Putter und „cavity-back" Eisen (Eisen mit Hohlräumen an der Schlägerkopfrückseite) können gemacht werden);
- Bauteile, die zum Zweck der Einhaltung von Größenverhältnissen dienen;
- Bauteile, die sich in oder vor die Schlagfläche ausdehnen;
- Bauteile, die sich bedeutend über die Oberkante des Schlägerkopfes ausdehnen;
- Rillen oder Kufen im Schlägerkopf die sich in die Schlagfläche fortsetzen (einige Ausnahmen können bei Puttern gemacht werden); und
- optische oder elektronische Teile.

(II) Hölzer und Eisen
- alle Merkmale aus (I);
- Aushöhlungen in der Kontur der Ferse und/oder Spitze des Schlägerkopfes, die von oben gesehen werden können;
- starke oder mehrfache Aushöhlungen in der Kontur der Schlägerkopfrückseite, die von oben gesehen werden können;
- am Schlägerkopf angebrachtes durchsichtiges Material, mit der Absicht, ein Bauteil als zulässig darzustellen, das anderenfalls nicht zulässig wäre; und
- Bauteile die von oben betrachtet über die Kontur des Schlägerkopfes hinaus stehen.

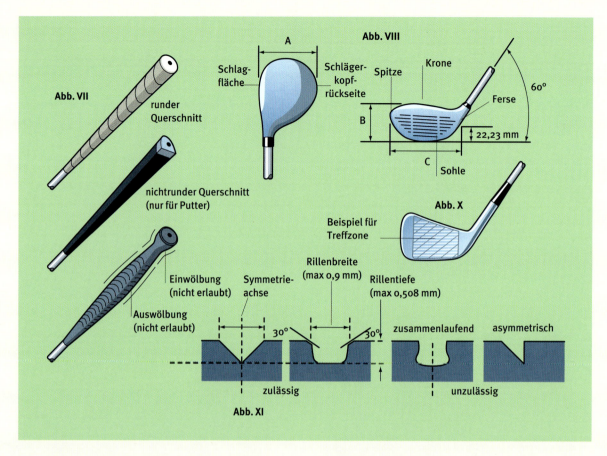

b) **Abmessungen, Volumen und Trägheitsmoment**

(I) Hölzer

Ist der Schläger in einem Anstellwinkel des Schaftes (Lie) von 60 Grad, müssen die Abmessungen des Kopfes wie folgt sein:

- Der Abstand von der Ferse zur Spitze des Schlägerkopfs ist größer als der Abstand von der Schlagfläche zur Schlägerkopfrückseite;
- der Abstand von der Ferse zur Spitze des Schlägerkopfs ist nicht größer als 127 mm; und
- der Abstand von der Sohle zur Krone des Schlägerkopfs einschließlich jeglicher zulässiger Bauteile ist nicht größer als 71,12 mm.

Diese Maße werden auf horizontalen Linien zwischen den vertikalen Projektionen der äußersten Punkten

- der Ferse und der Spitze
- der Schlagfläche und der Schlägerkopfrückseite (siehe Abb. VIII, Abmessung „A")

sowie auf vertikalen Linien der horizontalen Projektionen der äußersten Punkte der Sohle und der Krone (siehe Abb. VIII, Abmessung „B") gemessen. Wenn der äußerste Punkt der Ferse nicht klar erkennbar ist, gilt er als 22,23 mm über der horizontalen Ebene liegend, auf der der Schläger aufliegt (siehe Abb. VIII, Abmessung „C").

Das Volumen des Schlägerkopfes darf 460 cm³ zuzüglich einer Toleranz von 10 cm³ nicht überschreiten.

Ist der Schläger in einem Anstellwinkel (Lie) von 60°, darf das Trägheitsmoment entlang der senkrechten Achse durch den Schwerpunkt des Schlägerkopfes 5.900 g · cm² zuzüglich einer Messtoleranz von 100 g · cm² nicht überschreiten.

(II) Eisen

Steht der Schlägerkopf in seiner normalen Ansprechposition, müssen die Abmessungen des Schlägerkopfs so sein, dass der Abstand von der Ferse zur Spitze größer ist als der Abstand von der Schlagfläche zur Schlägerkopfrückseite.

(III) Putter (siehe Abb. IX)

Steht der Schlägerkopf in seiner normalen Ansprechposition, müssen die Abmessungen des Schlägerkopfs so sein, dass

- der Abstand von der Ferse zur Spitze größer als der Abstand von der Schlagfläche zur Schlägerkopfrückseite ist;
- der Abstand von der Ferse zur Spitze 177,8 mm oder weniger beträgt;
- der Abstand von der Ferse zur Spitze der Schlag-

fläche zwei Drittel oder mehr des Abstandes von der Schlagfläche zur Schlägerkopfrückseite beträgt;
- der Abstand von der Ferse zur Spitze der Schlagfläche die Hälfte des Abstandes oder mehr von der Ferse zur Spitze des Schlägerkopfes ist; und
- der Abstand von der Sohle bis zum höchsten Punkt des Schlägerkopfs einschließlich jeglicher zulässiger Bauteile 63,5 mm oder weniger beträgt.

Für herkömmlich geformte Schlägerköpfe wird diese Messung auf horizontalen Linien zwischen der Projektion der äußersten Punkte von
- Ferse und Spitze des Kopfes;
- Ferse und Spitze der Schlagfläche; und
- Schlagfläche und Schlägerkopfrückseite

und auf senkrechten Linien zwischen der horizontalen Projektionen der äußersten Punkte der Sohle und dem höchsten Punkt des Kopfes durchgeführt.

Für ungewöhnlich geformte Schlägerköpfe kann die Messung des Abstands Ferse zur Spitze auf der Schlagfläche durchgeführt werden.

c) **Trampolineffekt und dynamische Eigenschaften**
Die Form, das Material und/oder die Konstruktion des Schlägerkopfs (einschließlich der Schlagfläche) und jegliche Bearbeitung dieser Teile dürfen nicht
(I) die Wirkung einer Feder haben, die ein in dem Pendel-Testverfahren vom *R&A* festgelegten Grenzwert überschreitet; oder
(II) Bauteile oder Technologien aufweisen, die z. B. (unter anderem) separate Federn oder Federungseffekte aufweisen, die die Absicht oder die Wirkung haben, ungebührlich den Federungseffekt (Trampolineffekt) des Schlägerkopfes zu beeinflussen; oder
(III) über Gebühr die Bewegung des Balls beeinflussen.

Anmerkung:
(I) in o. g. Aufzählung gilt nicht für Putter.

d) **Schlagflächen**
Der Schlägerkopf darf nur eine Schlagfläche haben, ausgenommen Putter mit zwei Schlagflächen, deren Eigenschaften gleich sind und die sich gegenüberliegen.

5. **Schlagfläche**
a) **Allgemeines**
Die Schlagfläche des Schlägers muss hart und starr sein und darf nicht so angelegt sein, dass der Ball wesentlich mehr oder weniger Drall als mit einer normalen Stahl-Schlagfläche erhält (für Putter können einige Ausnahmen gelten). Abgesehen von Prägungen, wie sie weiter unten aufgelistet sind, muss die Schlagfläche glatt sein und darf in keiner Weise gewölbt sein.
b) **Aufrauung und Material der Treffzone**

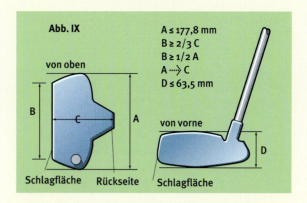

Abb. IX

A ≤ 177,8 mm
B ≥ 2/3 C
B ≥ 1/2 A
A ⋯⋗ C
D ≤ 63,5 mm

Außer für Prägungen, die in den folgenden Absätzen näher beschrieben werden, darf der Bereich, in dem der Ball getroffen werden soll (Treffzone), in seiner Aufrauung der Oberfläche nicht die einer verzierenden Sandstrahlung oder feinen Aufrauung überschreiten (siehe Abb. X). Die gesamte Treffzone muss aus dem gleichen Material bestehen (für hölzerne Schlägerköpfe können Ausnahmen gelten).

c) **Prägungen in der Treffzone**
Hat ein Schläger Rillen und/oder Prägemarken in der Treffzone, so müssen sie derartig entwickelt und hergestellt sein, dass sie folgende Anforderungen erfüllen:
(I) Rillen
- Rillen in der Treffzone dürfen keine scharfen Kanten oder Grate haben (Test ist in den Akten).
- Rillen müssen gerade und parallel verlaufen.
- Rillen müssen einen symmetrischen Querschnitt haben und dürfen keine zusammenlaufenden Seiten aufweisen (siehe Abbildung XI.)
- Breite, Abstand und Querschnitt der Rillen müssen über die gesamte Treffzone gleichbleibend sein.
- Die Abrundungen der Rillenränder müssen die Form eines Radius haben der 0,508 mm nicht überschreitet.
- Die Breite der Rillen darf 0,9 mm nach dem beim *R&A* hinterlegten „30-Grad-Messverfahren" nicht überschreiten.
- Der Abstand benachbarter Rillenränder darf nicht weniger als das Dreifache der Rillenbreite und nicht kleiner als 1,905 mm sein.
- Die Tiefe einer Rille darf 0,508 mm nicht überschreiten.

(II) Prägemarken
- Die Fläche jeder Prägemarke darf nicht größer als 2,84 mm² sein.
- Der Abstand benachbarter Prägemarken (oder zwischen Prägemarken und Rillen) darf nicht weniger als 4,27 mm, gemessen von Mittelpunkt zu Mittelpunkt, sein.
- Die Tiefe jeder Prägemarke darf 1,02 mm nicht

überschreiten.
- Prägemarken dürfen keine scharfen Ecken oder hochstehende Ränder haben (Test ist in den Akten).

d) Verzierende Markierungen
Die Mitte der Treffzone darf durch eine Kennzeichnung markiert werden, deren Ausmaß eine quadratische Fläche mit 9,53 mm Seitenlänge nicht überschreitet. Eine solche Kennzeichnung darf die Bewegung des Balls nicht unangemessen beeinflussen. Dekorative Markierungen außerhalb der Treffzone sind zulässig.

e) Markierungen auf nicht metallischen Schlagflächen
Obige Spezifikationen gelten nicht für Schlägerköpfe aus Holz, deren Treffzonen der Schlagfläche aus einem Material mit einer geringeren Härte als der von Metall und deren Neigung der Schlagflächen (Loft) 24° oder weniger beträgt.

Jedoch sind Markierungen, die die Bewegung des Balls unangemessen beeinflussen könnten, nicht gestattet.

f) Schlagfläche von Puttern
Keine Markierung auf der Schlagfläche eines Putters darf scharfe Kanten oder hoch stehende Ränder haben. Obige Anforderungen für Aufrauung, Material und Markierungen in der Treffzone gelten nicht für Putter.

▶ ANHANG II
HÄUFIG GESTELLTE FRAGEN

F. Gibt es Längenbeschränkungen für Schläger?
A. Ja. Die Gesamtlänge des Schlägers muss mindestens 457 Millimeter (18 Inches) betragen und darf außer bei Puttern 1.219 Millimeter (48 Inches) nicht übersteigen.

F. Darf ein „Chipper" zwei Schlagflächen haben?
A. Nein. Für Chipper gelten die Regeln von Eisen und nicht die von Puttern. Die Entscheidung 4-1/3 bestimmt, dass ein „Chipper" ein Eisen ist, das vorwiegend für den gebrauch außerhalb des Grüns entwickelt wurde und üblicherweise einen Loft von mehr als 10° hat. Da die meisten Spieler den Chipper im „Putt-Stil" verwenden, sind diese Schläger oft wie Putter geformt. Um Missverständnisse zu vermeiden, enthalten die für Chipper gültigen Regeln folgende Punkte:
1) Der Schaft muss an der Ferse des Schlägerkopfes befestigt sein (Anhang II, 2c),
2) Der Griff muss einen runden Querschnitt haben (Anhang II, 3(I)) und nur ein Griff ist erlaubt (Anhang II, 3(V)),
3) Der Schlägerkopf muss im Ganzen glatt sein (Anhang II, 4a) und darf nur eine Schlagfläche haben (Anhang II, 4d), und
4) Die Schlagfläche des Schlägers muss den Anforderungen an Härte, Glätte der Oberfläche, Material und Prägemarken in der Treffzone entsprechen (Anhang II, 5)

F. Darf ein Golfschläger verstellbar konstruiert sein?
A. Ja, jeder Golfschläger darf verstellbar konstruiert sein. Die Art der Verstellbarkeit muss jedoch den Bedingungen aus Anhang II, 4b entsprechen:
(I) Die Verstellbarkeit darf nicht ohne Aufwand erfolgen. Dies bedeutet, dass für die Änderung ein spezielles Werkzeug nötig sein muss und nicht nur die Hand oder etwas, was in der Hosentasche oder dem Golfbag jedes Spielers (z.B. eine Münze oder ein Pitchgabel).
(II) Alle verstellbaren Teile müssen unbeweglich befestigt sein und es muss unwahrscheinlich sein, dass diese sich während der Runde lösen. Teile, die nur durch Spannung befestigt werden, sind normalerweise nicht zugelassen.
(III) Alle durch Verstellbarkeit erreichbaren Einstellungen müssen den Regeln entsprechen. Ist z.B. ein Putter im Anstellwinkel verstellbar, so darf es nicht möglich sein, den Schaft in einem Winkel von weniger als 10° von der Senkrechten zu stellen (siehe Anhang II, 1d).

F. Wie lauten die Regeln zum „Trampolineffekt" bei Drivern?

A. Die Interpretation des R&A zum „Trampolineffekt" bei Drivern geschieht durch eine Messung der Flexibilität (auch „characteristic time") des Schlägerkopfes. Diese wird mit dem „Pendeltest" gemessen, indem eine Metallmasse an einem Pendel aus verschiedenen Höhen auf die Schlagfläche fallen gelassen wird. Die Zeit, die diese beiden Gegenstände dabei miteinander in Kontakt sind, ist die Grundlage für den Test. Das Höchstmaß wurde auf 239 Mikrosekunden zuzüglich einer Toleranz von 18 Mikrosekunden gelegt.
Eine Liste der „Conforming Driver Heads" und die Liste der „Non-conforming Driver Heads" ist auf der Homepage des R&A (www.randa.org) veröffentlicht. Auch weitere Informationen zu Drivern sind auf der Homepage des R&A verfügbar, einschließlich Auskünften zur Wettspielbedingung bezüglich Drivern sowie eine Kopie des vollständigen Testverfahrens.
Die Regeln, Beschreibungen und Interpretationen zu Schlägern und Bällen sind auf der Homepage des R&A und in der Veröffentlichung „A Guide to the Rules on Clubs and Balls" zu finden.

F. Wie finde ich heraus, ob von mir entwickelte Ausrüstung regelkonform ist oder nicht?

A. Der R&A kann nur eine formelle Entscheidung zu einem Ausrüstungsgegenstand treffen, wenn ein Muster zur Prüfung eingesandt wird. Manchmal können jedoch informelle Auskünfte auf der Basis von Beschreibungen, Zeichnungen oder Fotos gegeben werden.
Der R&A empfiehlt dringend, Ideen zu Neuentwicklungen so früh wie möglich im Entwicklungsprozess mitzuteilen oder zur Prüfung vorzulegen, sicher jedoch vor Produktionsbeginn irgendeines Golfschlägers, Hilfsmittels oder Bauteils. Auch wenn eine endgültige Entscheidung nicht ohne ein Muster getroffen werden kann, so können doch durch eine rechtzeitige Kommunikation mit dem R&A kostspielige Irrtümer verhindert werden. Unterlässt ein Hersteller es, dem R&A vor Produktionsbeginn und/oder Beginn der Werbung für einen Gegenstand ein Muster einzusenden, so läuft er Gefahr, das möglicherweise eine Entscheidung getroffen wird, die den Gegenstand als nicht regelkonform erklärt.
Einsendungen von Ausrüstung sollten direkt gerichtet werden an: Equipment Standards, The R&A, St.Andrews, Fife, KY169JD, Scotland

▶ ANHANG III
Der Ball

1. Allgemeines
Der Ball darf nicht wesentlich von der herkömmlichen und üblichen Form und Machart abweichen. Das Material und der Aufbau eines Balls dürfen nicht dem Zweck und der Absicht der Regeln widersprechen.

2. Gewicht
Das Gewicht des Balls darf 45,93 g nicht überschreiten.

3. Größe
Der Durchmesser des Balls darf nicht geringer als 42,67 mm sein. Dieser Anforderung ist Genüge getan, wenn ein Ball bei einer Temperatur von 23±1° Celsius unter dem Druck seines eigenen Gewichts aus weniger als 25 von 100 nach dem Zufallsprinzip bestimmten Ausgangspositionen durch eine kreisförmige Lehre von 42,67 mm Durchmesser fällt.

4. Symmetrie der Kugelform
Der Ball darf nicht so gestaltet, gefertigt oder absichtlich verändert sein, dass er Eigenschaften aufweist, die von denen eines kugelsymmetrisch geformten Balls abweichen.

5. Anfangsgeschwindigkeit
Die Anfangsgeschwindigkeit des Balls darf bei einer Messung mit einem vom *R&A* zugelassenem Gerät das dort im Test vorgesehene Limit nicht überschreiten.

6. Gesamtlängenstandard
Die zusammengerechnete Flug- und Lauflänge eines Balls, der durch ein vom *R&A* zugelassenes Gerät getestet wird, darf nicht die festgelegte Gesamtlänge überschreiten, die vom *R&A* als Gesamtlängenstandard festgelegt ist.

IMPRESSUM

Bildnachweise:
Action Plus Glyn Kirk 184; **Corbis** Bettmann 51 a; **Getty Images** 63, 86, 102, 125, 127 l, 166; Andrew Redington 37, 38, 51 b, 67 a, 75, 134, 164; Craig Jones 116; David Cannon 20, 34, 61, 73, 81, 114, 145, 146; David Frost 122; Donald Miralle 10, 39, 176; Hulton Archive 29; Jeff Gross 101; Jeff Haynes 155; Richard Heathcote 42, 67 b, 95, 104, 126; Ross Kinnaird 78, 97; Martin Hayhow 22; S Greenwood 45; Stephen Dunn 72; Stephen Munday 15; Stuart Franklin 14 a & b; Warren Little 139, 168; **Michael G Leemhuis**/Congressional Country Club 162; **Peter Dazeley** 127 r; **Phil Sheldon** 135.

Herausgeber:
Deutscher Golf Verband e.V. (DGV), Wiesbaden

Verlag:
Köllen Druck + Verlag
Ernst-Robert-Curtius-Straße 14, D-53117 Bonn-Buschdorf
Telefon 02 28 / 98 98 2-0
Telefax 02 28 / 98 98 2-44
Herausgegeben:
April 2010

Übersetzt von:
Deutscher Golf Verband e.V. (DGV), Wiesbaden

Illustrationen:
Sudden Impact Media

Sämtliche Rechte zur deutschsprachigen Ausgabe:
Deutscher Golf Verband e.V., 2008

Das Werk einschließlich all seiner Teile ist urheberrechtlich geschützt. Jede Verwertung außerhalb der engen des Urheberrechtsgesetzes ist ohne Zustimmung unzulässig und strafbar. Das gilt insbesondere für Vervielfältigungen, Übersetzungen sowie die Einspeicherung und Verarbeitung in elektronischen Systemen.

ISBN 978-3-88579-532-2

Druck:
Gedruckt und gebunden in China

Copyright:
Dies ist eine Übersetzung der englischen Originalausgabe mit dem Titel „GOLF RULES ILLUSTRATED". Herausgegeben 2010 von Hamlyn / Octopus Publishing Group Ltd 2–4 Heron Quays, London E14 4JP, www.octopusbooks.co.uk
Text copyright © R&A Rules Limited 2003, 2005, 2008
Design copyright © Octopus Publishing Group Ltd 2003, 2005, 2008